보험전문교육기관 이패스손사
www.sonsakorea.com

손해사정사 2차
문제집

2025
개정1판

2025 이패스
의학이론
정리노트
기출문제 100제

임정원 편저

- 손해사정사 2차 시험 완벽대비
- 최신 기출문제 출제경향 및 유형별 심층 분석
- 답안지 작성방법 및 핵심키워드를 정리
- 사례·계산·약술 문제를 통한 실전 시험을 대비
- 자필 모범답안을 수록하여 답안지 작성능력 향상
- www.sonsakorea.com 저자 직강 온라인 동영상 진행

epasskorea

머리말

형설지공의 자세로 오로지 공부에 불철주야 전념하시는 분들을 보면서, 의학이론이라는 시험 과목에 대한 합격비책은 무엇일까, 어떻게 하면 쪽집게처럼 예상시험문제를 추려낼 수 있을까라는 생각들, 매년 저도 수험생의 입장에서 같은 고민들을 했습니다.

의학이론 과목은 매년 난이도가 일정치 않아 수험생의 입장에서 볼 때 공부하기 매우 까다로운 과목이지만, 이번 출간한 2025의학이론 정리노트는 2024년 출간분을 업데이트한 것으로 의학이론 전체를 개념별로 요약하여, 수험생 분들이 오늘이라도 시험장에 가서 답안지에 바로 쓰실 수 있도록 하는데 초점을 두었습니다.

또한, 올해 의학이론 정리노트에는 두 가지 큰 변화가 있습니다.

첫째, 신체손해사정사 2차 의학이론 2014년부터 2024년도까지의 11년동안의 의학이론 기출문제에 대한 모범답안을 모두 수록하였습니다. 최근 기출문제 출제경향을 파악하고, 모범답안을 통해 답안작성방법을 익힐 수 있습니다.

둘째, 보다 효율적이고 명확한 암기를 위하여 부록 '키워드노트'에 빈칸 채우기 문제를 수록하였습니다. 핵심 단어들을 적는 연습을 통하여 시험을 위해 반드시 암기해야 할 개념을 정리할 수 있습니다.

수험생 분들은 제가 출간한 기본서와 의학이론 정리노트를 같이 활용하여, 기본서를 통한 의학이론에 대한 전반적 개념이해와 더불어 의학이론 정리노트를 통해 핵심내용을 집중 학습하신다면 시험 합격의 길이 멀지 않다고 여겨집니다.

오늘도 직장 및 학교 등에서 열심히 공부하시는 수험생 여러분, 차곡차곡 쌓은 지식은 언젠가는 지식의 창고를 가득 채워서 희망하시는 모든 소중한 꿈들이 이뤄지시길 바랍니다.

저자 임정원 드림

출제경향분석

상해와 질병의 출제 비율

⇨ 상해 : 60%, 질병 : 40%

신체손해사정사 시행 후 출제 경향 (2014 ~ 2024년 : 11년간)

1. 상해 : 기출문제 위주(문제은행)

구분	기출문제	출제년도
골절학	수근골명칭	2013년, 2017년
골절학	구획증후군	2014년, 2017년, 2023년
골절학	스트레스골절	2009년, 2014년
해부학	발을 구성하는 뼈	2009년, 2016년
해부학	손목(수근부)을 구성하는 뼈	2013년, 2017년
해부학	골반을 구성하는 뼈, 관절	2011년, 2022년
관절손상	슬내장(IDK)의 정의 및 원인	2002년, 2015년
관절손상	자동차사고로 좌측 고관절의 후방 탈구 후 예상하는 합병증	2002년, 2016년
골절학	관절강직의 원인	2001년, 2015년
골절학	진구성 골절과 급성골절의 진단에 유용한 검사	2005년, 2020년
골절학	병적골절, 피로골절	1996년, 2009년, 2014년
골절학	대퇴골두무혈성괴사	2013년, 2018년, 2023년
골절학	골절의 불유합, 지연유합, 부정유합	2013년, 2015년, 2024년
골절학	사지의 골절 또는 탈구로 인한 신경 손상	2008년, 2018년, 2024년
골절학	개방성 골절의 치료원칙	1995년, 2018년
골절학	부목고정의 이유	2011년, 2018년
골절학	골절의 치유인자	2011년, 2023년
골절학	골다공증성 골절의 호발부위	2016년, 2023년
소아골절	소아골절의 치료	2007년(객), 2019년
골절학	응급수술의 적응증	2012년, 2024년
기타(척추)	척추전방전위증	1997년, 2021년
기타(척추)	경추의 해부학적 구조 및 운동	2005년, 2008년, 2022년
기타(척추)	마미증후군, 요추간판탈출증	2018년, 2024년

출제경향분석

구분	기출문제	출제년도
기타(외상)	전방십자인대 파열	2014년, 2020년
질병	퇴행성관절염의 방사선소견, 위험요인	2022년, 2024년
질병	대사증후군	2013년, 2023년
질병	치매의 원인	2018년, 2024년
질병	협심증의 분류 및 통증양상, 급성 심근경색의 진단	2018년, 2024년
질병	당뇨의 진단 기준	2014년, 2021년
질병	류마티스관절염의 진단 기준	2010년, 2024년
기타(외상)	운동마비를 평가하기 위한 근력 등급정도	2014년, 2020년
기타(외상)	글라스고우 혼수척도	2011년, 2022년

2. 3보험 담보와 연관지어 질병 문제 출제

① 2016년 간경변의 합병증 : CI 보험의 말기 간질환 담보
 → 2018년 제 3보험 과목의 말기 간질환 진단 기준으로 출제됨
② 2018년 급성 심근경색 진단 방법 : 3보험의 심근경색 진단 담보
③ 2019년 치매 감별 진단 및 원인 : 치매 보험
④ 2018년 중증 재생 불량성 빈혈 진단 기준 : CI보험의 중증 재생 불량성 빈혈 담보
⑤ 2022년 한국 표준질병 사인분류 中 형태학적 분류코드 - 신생물의 조직학적 형태
⑥ 2022년 치매 보험의 치매임상척도(CDR)의 6가지 평가 세부영역

3. 골절에 대한 문제는 매년 2～3문제씩 반드시 출제

① 합병증, 부위별 골절의 합병증, 치료방법 수술적응증 등
② 2017년 3문제, 2018년 5문제, 2019년 3문제, 2022년 2문제, 2023년 3문제, 2024년 2문제

4. 질병은 진단기준, 위험인자(원인) 위주로 출제

① 2018년 급성 심근경색 진단 기준, 치매의 원인
② 2017년 중증재생 불량성 빈혈, 베체트병, 만성 콩팥병 진단기준
③ 2016년 간암의 원인, 골다공증의 위험인자

출제경향분석

④ 2015년 유방암의 위험요인, 자궁경부암의 위험요인

⑤ 2014, 2020년 당뇨의 진단기준, 2020년 자살의 위험요인

⑥ 2021년 결장, 직장의 선종성 용종의 악성화 가능성이 높은 위험인자

⑦ 2023년 백내장의 원인 및 진단 검사

⑧ 2008년 3보험 기출문제 죽상경화증의 위험인자 → 2023년 의학이론에서 출제

⑨ 2024년 류마티스관절염의 진단 기준

⑩ 치매의 위험인자(원인): 2018년, 2024년

좀 더 자세한 내용 및 수험정보 등은 당사 홈페이지(www.sonsakorea.com) 참조

수험전략

출제경향을 통한 공부 방법

1. 2013년 이전 의학이론은 1차로 객관식으로 출제 되었으며 1종 대인, 3종 대인, 3보험, 자동차 보험 과목 안에서 상해의학문제가 주관식 문제로 일부 출제 되었다. 2014년 이후 상해는 기출 문제를 다시 출제하는 문제 은행 방식의 출제 경향을 보여 왔으며 앞으로도 이러한 출제 경향은 크게 달라지지 않을 것으로 생각되므로 기존에 출제된 기출 문제를 정복하는 것이 중요하다. 또한 기존에 객관식으로 출제되었던 문제를 주관식으로 바꿔 출제 할 수 있으므로 객관식 기출 문제 또한 내용을 완벽히 숙지해야 한다.

2. 질병은 정의, 원인(위험인자), 진단기준, 치료방법에서 문제를 출제하므로 단순히 암기하는 방식보다 질병 자체를 이해하여 정의부터 치료방법까지 전체적으로 정리하면서 공부해야 한다. 하지만 질병의 범위가 워낙 광범위하기 때문에 모든 질병을 정의부터 치료방법까지 모두 정리해서 외우기는 현실적으로 어렵기 때문에 기존의 4종 의학 이론 객관식 기출문제 및 직전 4년 전의 2차 의학이론 기출에서 노출되었던 질병과 3보험 담보 및 최근 이슈되고 있는 보험 상품 담보와 연관된 질병들을 위주로 공부하여야 한다.

3. 의학이론은 초보자에게는 너무나 어려운 용어와 내용으로 처음 의학이론을 공부하기에 너무 어려워서 포기하는 경우가 의외로 많다. 의학에 대한 거부감을 조금이라도 줄이기 위해 평소보다 의학관련 유튜브, 건강상식 관련 TV프로그램 등을 통해서 의학상식을 키우는 것은 의학이론 공부에 많은 도움이 될 수 있다.

좀 더 자세한 내용 및 수험정보 등은 당사 홈페이지(www.sonsakorea.com) 참조

이 책의 구성과 특징

STEP 1 책의 구성

① 방대한 의학이론의 기본서의 내용 중 출제 가능성이 높은 부분을 중심으로 핵심내용을 간추려 정리하여 학습자가 서브노트를 만드는 시간을 절약할 수 있습니다.

② 의학이론의 최근의 출제경향을 가장 정확히 반영한 시중 교재로서 의학이론의 시험 시작 직전까지 볼 수 있는 소중한 자료가 될 수 있습니다.

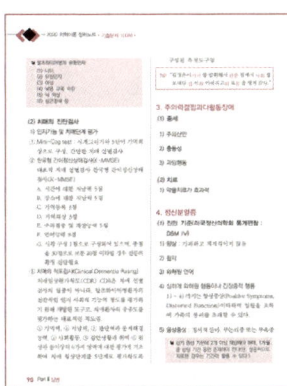

STEP 2 효율적 암기를 통한 의학이론 정복

① 약 100p의 최소한의 분량으로 정리노트를 빠르고 여러 번 다독함으로써 의학이론의 핵심 포인트를 정복할 수 있도록 하였습니다.

② 암기에 효율적일 수 있도록 '앞자 따기', '연상법', '낱말 조합' 등 쏙쏙 외워 잘 수 있는 다양한 tip들을 담았습니다.

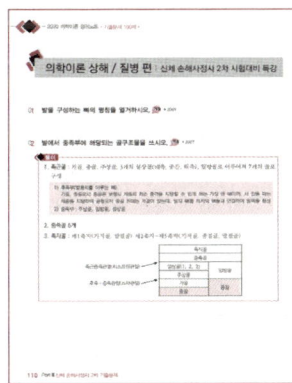

STEP 3 기출문제분석

① 1회 손해사정사 시험부터 41회 신체 손해사정사 기출 문제 중 의학이론과 연관된 시험문제 중 2회 이상 출제된 문제 및 재출제 가능성이 높은 문제를 위주로 100제를 간추려 모범 답안을 수록하였습니다.

② 2014년부터 2024년까지 신체손해사정사 2차 의학이론 기출문제를 통해 최근의 기출문제 경향을 파악하고, 모범 답안을 수록하여 답안작성방법을 익힐 수 있도록 하였습니다.

차 례

Part I 상해

골절 — 12
- I. 골격계 — 12
- II. 골절 탈구의 개론 — 14

두부외상 — 26

척추 — 32
- I. 척추 — 32
- II. 척추의 병변 — 33

신경 — 40
- I. 신경 손상 — 40

상지 — 44
- I. 상지부 병변 — 44

하지 — 51
- I. 하지부 병변 — 51

CONTENTS

◆ Part Ⅱ 질병

- Ⅰ. 근골격계, 관절 질환 …………………………………………… 62
- Ⅱ. 신경계통 질환 …………………………………………………… 65
- Ⅲ. 순환기계 질환 …………………………………………………… 68
- Ⅳ. 호흡기계 질환 …………………………………………………… 75
- Ⅴ. 소화기계 질환 …………………………………………………… 78
- Ⅵ. 내분비 질환 ……………………………………………………… 87
- Ⅶ. 정신 및 행동장애 ……………………………………………… 92
- Ⅷ. 암 …………………………………………………………………… 93
- Ⅸ. 혈액 및 면역질환 ……………………………………………… 95
- Ⅹ. 감염질환 ………………………………………………………… 98
- Ⅺ. 비뇨 생식기 질환 ……………………………………………… 100
- Ⅻ. 피부질환 ………………………………………………………… 105
- ⅩⅢ. 감각기계 질환 ………………………………………………… 109

◆ Part Ⅲ 신체 손해사정사 2차 기출문제

| 의학이론 상해 / 질병 편 | 114 |

◆ Part Ⅳ 보험계리사 및 손해사정사 제2차 시험 연도별 기출문제

| 의학이론 | 182 |

◆ Part Ⅴ 부록

| 키워드 노트 | 254 |

Part I

상해

골절

I 골격계

1. 골의 기능 및 구조

(1) 골의 기능 • 2020
1) 저장 기능 : 무기질 저장(예 칼슘, 마그네슘)
2) 보호 기능 : 내부 장기 보호
3) 지지 기능 : 인체의 모양을 지탱
4) 조혈 기능 : 적색 골수에서 혈구 생성

(2) 골의 구조
1) 골의 해부학적 구조(장골)
① 골간(diaphysis) : 뼈 몸통
② 골단(epiphysis) : 뼈끝
③ 골간단(metaphysis) : 뼈 몸통 끝
④ 골단판(성장판) : 소아골의 골간단과 골단 사이에 있는 연골로 길이성장을 담당

2) 골의 조직학적 구조
① 골막 : 뼈를 싸고 있는 막, 골모세포가 있어 신생골 형성에 관여(골절 치유, 두께성장)
② 피질골(치밀골) : 골의 바깥쪽에 존재
③ 해면골(망상골) : 골의 안쪽에 존재, 스폰지 모양
④ 골내막 : 골수강 내벽과 해면골 표면을 덮고 있음, 골모세포 有
⑤ 골수 : 적골수(조혈작용 O, 유아기), 황골수(조혈작용 X, 성인)

3) 골의 형태적 분류
① 관골(tubular bone)
   a. 장관골(long tubular bone) : 골수강을 가지고 있음
   b. 단골(short tubular bone)
② 편평골(flat bone) : 두개골, 늑골, 흉골, 견갑골
③ 불규칙골(irregular bone) : 척추골, 상악골, 하악골
④ 함기골(air bone) : 전두골, 상악골, 접형골, 사골, 측두골

(3) 골의 성장
1) 막내골화
① 골막에서 골피질 표면에 골질이 증식하는 것으로 뼈의 굵기(두께) 성장에 관여
② 두개골의 편평골, 안면골, 쇄골과 장골의 체부

2) 연골내 골화
① 연골이 성장 발달하는 동안 연골이 뼈로 대체되는 과정
② 골간과 골단 사이에 있는 골단판에서 골의 길이 성장에 관여하며 인체 대부분의 뼈가 해당

2. 연골

(1) 연골의 구성 및 기능
① 대부분 관절의 일부를 이루고 있음
   a. 움직임이 적게 필요한 경우 : 골과 골 사이를 연결하는 연골관절의 형태
   b. 많은 운동이 필요한 경우 : 활막관절의 형태
② 연골의 기능
   a. 탄력성이 높아 충격을 흡수하거나 완충작용을 함

b. 마찰이 없이 움직일 수 있게 함(활막관절)
③ 연골의 종류
  a. 초자연골(유리연골) : 골단연골(성장판). 일반적 연골로 늑연골, 코의 연골 등
  b. 탄성연골 : 후두개, 이관, 외이
  c. 섬유연골 : 추간판, 치골결합

3. 관절

(1) 운동성에 의한 분류
① 가동관절
② 부동관절

(2) 조직학적 분류 기출 • 2015
① 활막관절 : 뼈와 뼈 사이에 일정한 공간이 있고 그 안에 활액이 있어 운동이 자유로운 관절로 관절 연골, 관절낭 활액막, 활액으로 구성됨
② 섬유관절 : 봉합(두개골봉합), 인대결합(경비인대결합), 설상봉합
③ 연골관절 : 골단판, 추간판, 치골결합

(3) 관절면의 모양에 따른 분류
① 구상관절(구와관절 : ball & socket joint) : 굴곡, 신전, 내전과 외전, 내회전과 외회전 가능. 견관절, 고관절 등
② 경첩관절 : 굴곡, 신전가능, 슬관절, 주관절(완척관절), 수지관절, 족근관절 등
③ 차축관절 : 관절와가 관절두를 차바퀴처럼 감싸면서 제한된 회전운동을 하는 관절. 제2 경추(환추 - 축추)관절, 요척관절 등
④ 안장관절 : 관절두와 관절와가 말안장처럼 생김. 엄지(무지)의 수근 중수관절
⑤ 과상관절(타원관절) : 관절두가 타원형 모양. 환추후두관절, 요수근 관절
⑥ 평면관절 : 수근골간관절, 족근골간관절, 견봉쇄골(Acromioclavicular)관절 등

4. 인대 및 건

(1) 인대
관절을 이루는 뼈와 뼈 사이를 서로 연결하고 고정하는 섬유성 결합조직

(2) 건
근육의 수축과 이완을 뼈에 전달하여 관절을 움직이게 하는 줄로서의 기능을 수행

> ➜ 정형외과 영역의 임상 검사
> 1) 운동 범위 검사
>   ① 각도기를 이용하여 검사
>   ② 수지관절, 수관절, 주관절, 고관절, 슬관절, 족지관절의 중립 0도위치 : 해부학적 위치 or 신전 위치
>   ③ 주요 관절별 운동범위
>   • 견관절 : 외전, 내전, 굴곡, 신전, 외회전, 내회전
>   • 주관절 : 골곡, 신전 회내, 회외
>   • 수근관절 : 굴곡, 신전, 요측사위, 척측사위
>   • 고관절 : 굴곡, 신전, 내회전, 외회전, 내전, 외전
>   • 슬관절 : 굴곡, 신전
>   • 족관절 : 굴곡, 신전, 내번, 외번
> 2) 상지 및 하지 길이 측정
>   ① 상지 길이 : 견봉 - 장지(long finger)
>   ② 하지 길이 : 전상장골극 - 경골내과
> 3) 근위축 정도의 평가
>   ① 대퇴둘레, 하퇴둘레, 상박 둘레, 전박 둘레

Ⅱ 골절 탈구의 개론

1. 골절 및 탈구의 정의

(1) 골절의 정의
단일 혹은 반복적인 과부하로 인하여 뼈의 연속성이 완전 혹은 불완전하게 소실된 상태

(2) 탈구의 정의
관절이 파열되거나 붕괴되어 관절을 구성하고 있는 뼈가 어긋나서 관절면의 접촉이 완전히 소실된 상태로 관절면의 접촉이 다소 남아있는 상태를 아탈구라고 함

2. 골절의 분류

(1) 장골의 해부학적 위치에 따른 분류
① 골간골절
② 골간단 골절
③ 골단 골절
④ 관절 내 골절 : 골절선이 관절면을 침범한 경우

(2) 골절의 정도에 따른 분류
① 완전 골절 : 피질골의 연속성 완전 손실
② 불완전 골절 : 피질골의 연속성이 일부에서만 소실된 경우

(3) 골절면의 방향에 따른 분류
① 횡상 골절
② 사상 골절
③ 나선상 골절
④ 종상 골절

(4) 골절편의 수에 따른 분류
① 단순 또는 선상 골절
② 분쇄 골절 : 2개 이상의 골절선이 만나 독립된 골편이 3개 이상인 경우
③ 분절 골절 : 별도의 두개의 완전한 골절이 한 뼈에 동시에 존재하는 경우

(5) 개방창 동반 여부에 따른 분류
① 개방성 골절
② 패쇄성 골절

(6) 골절의 안정성에 따른 분류
① 안정성 골절
② 불안정성 골절 기출 • 2019 : 정복되더라도 쉽게 다시 전위를 일으키는 골절

(7) 골편의 전위에 따른 분류
① 비전위성 골절 : 불완전 골절, 전위가 없는 완전 골절
② 전위성 골절 : 전위된 완전 골절

(8) 손상기전에 따른 분류
① 직접외상에 의한 골절 : 타박골절(척골의 야경봉골절), 압좌골절, 관통골절
② 간접외상에 의한 골절 : 견열골절, 각형성 골절, 회전골절, 압박골절, 각형성장축압박골절

3. 골절 및 탈구의 임상적 진단

(1) 골절의 진단
 1) 환자의 병력

 2) 진찰소견 (국소적 증상) 기출 • 2011
① 국소적 증상
   a. 동통과 압통 (pain & tenderness)
   b. 기능 장애
   c. 변형 : 연부조직의 출혈로 인한 종창(부종) 발생, 각형성과 회전변형을 일으켜 외관 변형을 일으킴
   d. 자세의 변화
   e. 비정상적 운동과 마찰음
   f. 신경 및 혈관손상
② 전신 증상
   a. 열감
   b. 쇼크
   c. 출혈

 3) 영상 검사
① 단순 방사선 촬영검사, 핵의학 검사(골주사), 초음파 검사, MRI, CT 등

(2) 탈구의 진단
1) 통증

2) 관절 외형의 변화

3) 운동상실

4) 자세의 변화

5) 신경 및 혈관 손상

6) 방사선 검사

4. 골절의 치유

(1) 장관골 골절의 치유과정 '염복재'
 1) 염증기
   혈종형성에 따른 혈종 제거 및 청정화 과정으로 보통 1주까지 지속

 2) 복원기
   수상 후 첫 4~5일에서부터 활성화 되어 몇 달 동안 지속되며 염증반응이 가라앉고 가골이 형성되어 점진적 골화가 일어나며 골절치유의 첫 단계로 볼 수 있음
   ① 연성 가골기
   ② 경성 가골기

 3) 재형성기
   불필요한 부위는 파골세포가 가골을 흡수하고 미숙한 골은 성숙시키는 단계로 골절의 임상적 유합이 일어난 후 수년간 계속

> ↘ 정형외과 영역의 영상 검사
> 1) 신선골절과 진구성 골절의 감별
>   ① 방사선 검사 : 신선골절은 골절선이 날카롭게 보이나 진구성골절은 골절선이 둥글고 가골有
>   ② 골주사 : 신선골절의 경우 열소(hot spot)이 있으나 진구성 골절은 없음
>   ③ MRI : 신선 골절의 경우 MRI소견상 T1영상에서 저신호강도 T2영상에서 고신호 강도, 조영증강 영상에서 고신호 강도를 보임

(2) 골절의 치유에 영향을 미치는 인자 기출 • 2023

1) 손상인자 기출 • 2010
① 손상의 중증도
② 개방성 골절여부
③ 골절편간에 연부조직삽입
④ 혈액 공급의 장애
⑤ 관절 내 골절 : 견고한 안정이 안 되면 반복적 부하 및 반복적 손상으로 불유합, 지연유합, 부정유합, 외상성 관절염 발생, 과도한 움직임 제한은 관절 강직 발생 가능
⑥ 분절골절

2) 환자요인
① 질병·장애 : 결핵, AIDS, 당뇨 등은 골절 치유 지연

> **대표적 내분비성 골질환**
> • 부갑상선 기능 항진증
> • 갑상선 기능 항진증 및 저하증
> • 뇌하수체 기능 이상
> • 당뇨병

② 연령 : 나이가 어릴수록 골절의 치유가 잘됨
③ 영양상태
④ 전신성 호르몬 : 갑상선 호르몬, 인슐린, 칼시토닌, 성장호르몬 등은 골절 치유 촉진, 부신피질호르몬은 골절치유 지연
⑤ 니코틴 및 기타 제제(흡연) : 골절 치유 지연

3) 조직인자
① 골괴사
② 뼈의 형태 : 해면골 > 피질골
③ 골질환 : 병적골절
④ 감염

4) 치료인자
① 골절골편의 부가
② 부하 및 미세운동
③ 골절의 안정화

5) 골절치유를 촉진 시키는 방법
① 골이식 : 자가골, 이종골(ex : 소뼈), 합성골
② 골이동
③ 전기자극
④ 초음파

5. 골절 및 탈구의 치료

(1) 골절의 치료

1) 응급처치
① 기도유지 및 호흡곤란에 대한 처치
② 급성 출혈의 조절 및 쇼크에 대한 처치
③ 골절에 대한 부목고정
④ 환자의 전신적 검사 및 실험실 검사

> **부목고정의 장점** 기출 • 2018
> 1) 추가적인 연부조직 손상을 예방하고 폐쇄성 골절이 개방성 골절로 전환되는 것을 방지
> 2) 동통 경감
> 3) 지방색전증 및 쇼크 발생을 감소
> 4) 환자의 이동과 방사선적 검사를 용이하게 해줌

2) 본 치료
① 치료원칙
   a. 적절한 해부학적 형태로 견고한 골유합을 얻어 통증을 완화
   b. 골절 후에 유발될 수 있는 만성 부종, 연부조직 위축, 골다공증 및 관절 강직과 같은 골절 질환 예방

c. 기능 및 미관을 가능한 정상에 가깝게 회복시켜 조기에 본래 생활로 복귀
② 비수술적 방법
　가. 도수정복
　나. 고정
　　　a. 부목(splint) : 쇄골골절 시 8자 붕대 사용
　　　b. 석고붕대 및 석고부목
　　　c. 계속적인 견인 : 골견인, 피부견인
③ 수술적 방법
　가. 관혈적 수술 및 비관혈적 수술로 분류
　나. 대표적 수술방법
　　　a. 골수강 내 금속정 삽입술 : 대퇴골 간부 골절
　　　b. 외고정 및 내고정(강선, 나사, 핀)
　　　c. 인공관절 치환술
④ 수술적 치료의 적응증과 금기증
　가. 수술적 치료의 적응증
　　　a. 도수정복으로 치료가 불가능한 경우
　　　b. 전위된 골절
　　　c. 정복 후 다시 어긋날 가능성이 클 때
　나. 수술적 치료의 금기증
　　　a. 전신 감염이나 골수염이 발생한 경우
　　　b. 내고정이 부적절한 심한 골다공증
　　　c. 골절편이 너무 작아 견고한 내고정을 하기 어렵거나 심한 분쇄골절
　　　d. 주위 연부조직에 심한 화상이나 반흔 또는 염증이 동반된 경우
　　　e. 전신상태가 불량하여 마취를 할 수 없는 경우나 전신 합병증이 예상되는 경우
⑤ 수술의 시기에 따른 분류 기출 • 2024
　가. 응급수술 (수상 후 24시간 이내 시행)의 적응증
　　　a. 고관절, 슬관절, 견관절 등 주요관절의 도수정복 되지 않는 탈구
　　　b. 사지의 혈관손상 및 연부조직 손상을 동반한 개방성 골절 탈구
　　　c. 구획증후군을 동반한 골절
　　　d. 악화되는 신경손상을 동반한 척추 골절 등
　나. 위급수술 (손상 후 24~72시간 내에 시행하는 수술)의 적응증
　　　a. 심한 개방성 골절의 변연절제술
　　　b. 고관절부 골절
　　　c. 불안정 골절 및 탈구 등에서 시행
　다. 선택 수술(손상 후 3~4일에서 3~4주까지 치료가 지연되는 수술)

6. 골절과 탈구의 합병증

(1) 전신적 합병증

1) 쇼크

2) 심폐정지

3) 압궤 증후군

4) 출혈 합병증

5) 지방색전증 및 급성 호흡곤란 증후군 • 2012
① 지방 색전증(fat embolism)
골절 및 어떠한 원인으로 골수(황골수)에서 떨어져 나간 지방입자가 파열된 정맥을 통해 진입한 후 뇌, 심장, 신장 폐 같은 주요장기의 혈관을 막아 색전증을 일으키는 것으로 급성 호흡곤란 증후군의 중요한 원인의 하나임

② 지방 색전증의 주요증상 3가지
보통 외상 후 24~72시간에 증상이 발생
   a. 호흡기 증상 및 징후 : 빈호흡, 호흡곤란, 청색증
   b. 두부손상이나 다른 부위 손상부위와 관련 없는 뇌성 증상 : 기면, 혼미, 혼수 등
   c. 액와부 점상출혈(점상 발진)

6) 심부정맥 혈전증 및 패색전증(Deep vain thrombosis and Pulmonary Embolism)
① 정의
   근육 깊은 곳에 있는 심부정맥에 혈전이 생겨 발생하는 증상으로 이코노미증후군이라고도 함. 이러한 혈전이 갑자기 일어나거나 자세를 바꿀 때 떨어져 나가 혈관을 타고 돌아다니다 폐동맥을 막으면 폐동맥 색전증을 일으킬 수 있으며 최악의 경우 쇼크로 인해 사망까지 이어질 수 있으며 90% 이상이 하지에서 발생함
② 위험인자
   가. 65세 이상의 고령, 비만, 흡연, 경구 피임약, 악성 종양 및 기타 다른 내과 질환 여부 등
   나. 긴 수술시간(고정시간 및 정도가 클수록), 침상안정 기간이 길수록(척수손상, 대퇴골 골절 등)
③ 증상
   종아리나 대퇴부의 통증, 감각 이상, 한 다리의 부종, 압통, 온기, 홍반 증세, 폐동맥색전증을 일으키면 갑작스러운 흉통, 호흡곤란, 혈성 객담 배출 등을 보일 수 있음
④ 진단
   초음파 검사(가장 효율적), 정맥 조영술, CT 정맥 조영술, MRI 등

⑤ 치료(예방)
   항응고제 투여, 조기보행 시도(장비 및 기구 이용), 혈전 절제술 시행

7) 가스 괴저(Gas gangrene) 기출 • 2014
① 정의
   개방성 창상부 혐기성 균이 감염 후 심한 통증, 창백한 빛깔의 피부가 점차 붉은 색, 구리 빛깔, 암록색의 외상을 보이며 균이 자라면서 가스와 독소를 만들어내며 조직의 괴사로 근괴사나 패혈증 등의 전신증상을 일으키는 질환으로 평균잠복기는 약 1~ 4(2일)일 정도임
② 치료
   가. 조기에 수술하여 괴사조직을 전부 제거하고 개방성 창상에는 즉시 철저한 세척, 변연절제술을 시행, 예방적 항생제 투여
   나. 확진 시 창상 개방, 환부 국소 절제 또는 절제술과 같은 응급 수술시행, 수액, 수혈, 강력한 항생제 투여 및 고압산소 요법 시행

8) 파상풍
① 정의
   파상풍균이 생산한 독소가 신경계를 침범하여 심각한 골격근의 연축을 일으키는 질환
② 증상
   평균 8일의 잠복기를 가지며 개구장애(trismus), 복부강직, 후궁반장(opist-hotonus) 및 가슴 및 인후두 근육 경직에 의한 호흡곤란 등
③ 치료
   DPT 능동면역 시행, 파상풍 독소 주사, 외부자극 차단, 호흡 곤란 시 기관절개술 시행, 필요시 고압 산소요법 시행

(2) 국소적 합병증

1) 연부조직손상

① 피부손상

개방성 골절, 수술창의 개방, 석고압박에 의한 피부괴사, 욕창 등의 피부손상 가능

② 근육 및 건의 손상

　a. 콜레스골절 : 장무지신전건 파열

　b. 아킬레스건 파열 : 비복근 + 가자미근으로 구성, 파열시 톰슨 압착검사 양성

2) 신경손상

① 발생 원인

　a. 수상당시 외력이나 탈구로 골두 혹은 골절편에 의한 손상

　b. 석고 압박 마비

　c. 전위된 골절의 정복 시 손상

　d. 부정 유합으로 인한 지연마비

② 신경손상이 호발하는 병변 기출 • 2018

　a. 견관절 탈구 : 액와신경

　b. 상완골 간부골절 : 요골신경(손목하수)

　c. 주관절 탈구 및 주관절 골절 : 요골, 척골, 정중신경 손상

　d. 고관절 탈구 : 좌골신경 손상

　e. 슬관절 탈구 및 비골근위부 골절 : 총비골신경 (족하수)

③ 치료

일차적으로 전위된 골절편 및 탈구 정복 후 관찰, 신경회복의 증거가 보이지 않을 때 수술적 치료 시행

3) 혈관 손상

① 호발병변

　a. 견관절 탈구 : 액와동맥 및 정맥

　b. 주관절 탈구 및 골절 : 상완동맥

　c. 슬관절 탈구 : 슬와동맥 손상

　d. 골반 골절 : 하복동맥 분지

② 진단 및 치료

혈관조영술(동맥조영술) 시행, 신속정복, 혈관봉합술 시행, 혈관 이식이나 인공혈관 성형술 등으로 혈관 복원

4) 장기 손상

① 호발 부위

　a. 골반 골절 : 하부요도 손상

　b. 늑골골절 : 폐 또는 늑막손상

5) 급성 구획 증후군 기출 2014, 2017, 2023

① 정의

사지의 한정된 구획에 압력이 증가하여 이 구획 내 있는 조직의 혈액 순환과 기능이 장애가 되어 근육 및 신경이 괴사되는 것으로 강한 근막 조직에 둘러 쌓인 근육에서 발생

② 급성 구획증후군의 흔한 원인

　a. 골절

　b. 연부조직 외상

　c. 동맥 손상

　d. 의식소실기간 중이 사지 압박 및 손상

③ 증상 및 징후

　a. 5P : 동통(Pain), 창백(Pallor), 이상감각(Paresthesia), 마비(Paralysis), 무맥(Pulselessness) 가장 중요한 징후는 통증임

　b. 확진 : 조직압의 측정

④ 치료

　a. 조이는 석고 붕대, 솜붕대 및 스타키네트 제거

　b. 구획증후군에 이환된 사지는 심장 높이에 둔다.

　c. 조직압이 30mmhg 이상 증가된 경우 즉시

근막 절개술 실시
d. 근막절개술 실시 후 창상은 개방된 채로 유지하고 무균드레싱 실시, 석고 부목으로 고정
e. 괴사조직을 제거한 후 피부 봉합 실시

6) 무혈성 괴사 기출 • 2013, 2018, 2023
① 정의
골절 또는 탈구로 혈류가 차단되어 해당 혈관의 지배하에 있는 골의 부분에 괴사가 일어나는 것
② 호발부위
a. 대퇴골두 : 대퇴 경부 골절, 고관절 탈구 시 발생. 조기 수술로 골절 후 골절면 전위 등으로 인한 혈관 손상의 재손상을 방지하고 관절 내압을 감소시킬 수 있으며 무혈성 괴사 방지
b. 거골체부
c. 수근부 주상골 근위부
d. 월상골(Kienbock's disease 키엔벡병)

➡ 무혈성괴사의 위험인자
(1) 외상 : 고관절 탈구, 고관절부 골절 및 대퇴 골두의 혈액 순환에 영향을 미칠 수 있는 각종 손상
(2) 알코올 과다복용, 스테로이드 : 천식, 류마티스 관절염, 전신성 홍반성 낭창 등의 질환들에 스테로이드가 치료제로 사용되며 스테로이드의 장기 사용은 무혈성 괴사를 유발

7) 감염 및 골수염
① 골절 및 탈구에 속발하는 감염
골절의 지연유합, 불유합, 골수염, 화농성 관절염, 관절강직과 같은 중증의 결과 초래
② 성장이 빠르고 부피가 큰 장골 골단부에서 호발, 성장기의 남아에게 잘 발생
③ 원인
a. 개방성 창상을 통한 외계로부터의 직접 감염
b. 수술에 의한 감염
c. 혈행성 감염

④ 진단
a. 임상적 증상 : 통증, 발적, 부종 및 열
b. 검사실 소견 : 백혈구 증가, CRP증가, 초음파 검사 상 액체(농, 혈종, 점액)의 축적. 단순 방사선 사진, 골주사 , MRI
c. 미생물학적 또는 조직학적 진단
⑤ 치료
a. 외고정 기구를 이용한 골절부 고정 시 핀(pin) 삽입부 감염 발생 빈도 높음
→ 예방적 항생제 요법, 적절한 핀삽입 기술과 수술 후 관리, 조기에 내고정으로 전환
b. 변연절제술 시행

8) 비정상적인 골절 치유
① 부정유합 기출 • 2015, 2024
가. 정의 : 골편들이 원래의 해부학적 위치가 아닌 상태로 유합되는 것으로 지단축, 유합각 형성, 회전 변형 등을 유발
나. 원인
a. 부정확한 정복
b. 불충분한 고정 및 조기보행
c. 심한 연부조직 손상을 동반한 골절
d. 환자의 부주의 또는 중추신경계 손상으로 경련성 마비를 동반했을 경우
다. 치료
a. 하지의 관절 내 부정유합 : 외상성 관절염을 초래하며 수술의 절대적 적응증으로 이차적교정술, 관절외 교정절골술, 관절 유합술, 관절 성형술 등(인공관절 치환술)을 시행
b. 지단축 : 성장판(골단판)의 손상으로 성장이 지연되거나 정지된 경우, 부정유합, 골견손 등이 원인임. 하지 단축이

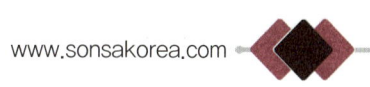

　　　2.5cm 이상시 파행을 초래하며 2.5cm 이상의 하지 단축 시 수술적 치료 고려
② 지연 유합(Delayed union)
　가. 정의 : 골절이 유합될 수 있는 충분한 기간 치료를 했음에도 유합이 지연되는 상태로 치유과정이 완전히 정지된 상태 아님
　나. 증상 및 징후 : 골절된 사지의 열감 및 발적, 국소 종창, 움직이거나 부분 체중 부하 시 골절부 통증 유발
　다. 치료
　　a. 체중부하를 줄임
　　b. 6주간의 석고고정을 시행하여 골절의 치유를 촉진
　　c. 3~6주마다 방사선 사진 촬영
③ 불 유합(Nonunion)
　가. 정의 : 골절부위 유합이 정지된 상태이며 방사선에 골절 부 양단이 둥글고 진하게 되어 골절선이 선명하게 나타거나 가골 형성이 비대하거나 없는 상태로 오래 지속되면 골절면사이 가관절(Pseudoarthrosis)을 형성하기도 함
　나. 원인
　　a. 심한 연부조직손상을 동반한 개방성골절
　　b. 감염으로 인한 골수염
　　c. 분쇄골절로 골편의 상실이 심한 경우
　　d. 골절부 사이에 연부조직이 삽입되어 골유합을 방해하는 경우
　　e. 골절부의 계속적 운동으로 골형성에 장해를 받는 경우
　　f. 부적절한 내고정으로 골절부의 운동이 있는 경우
　　g. 기타 : 분절골절, 관절 내 골절, 병적골절

　다. 진단 및 치료
　　a. 전기자극, 초음파, 골수주사법 등의 비수술적 치료
　　b. 수술적 치료 시행 : 골수강 내 금속정 내 고정술, 골이식 및 외고정 등
　라. 호발부위
　　a. 경골하 1/3 골절
　　b. 대퇴골 경부 골절
　　c. 손의 주상골 골절
　　d. 거골 경부 골절
　마. 종류
　　a. 위축성 불유합(atrophic nonunion)
　　b. 비후형 불유합(hypertrophic nonunion)
　　c. 빈영양형 불유합(oligotrophic nonunion) : 위축형과 비후형의 중간 형태

9) 재골절
① 원인
　내고정 때 삽입한 압박 금속판 및 금속나사의 제거 후 골다공증과 나사구멍으로 인한 골강도 약화
② 예방
　완전 유합 후 압박금속판 제거, 제거 후 4주간 체중부하를 줄이고 4개월까지 스포츠 활동자제

10) 재발성 탈구(recurrent dislocation)
① 원인
　관절자체의 비정상적 형태나 배열, 지지 연부조직의 선천성 이완 및 근육 간 불균형
② 호발 부위
　견관절, 슬관절(슬개대퇴관절), 주관절, 고관절, 견봉 쇄골관절, 원위요척관절 및 흉쇄관절

11) 관절 강직  • 2001, 2015

① 원인
    a. 관절 탈구, 아탈구, 인대손상, 관절타박상
    b. 관절 내 골절
    c. 골절 및 탈구치료를 위한 장기간의 외고정
    d. 광범위한 연부조직의 손상에 대한 반흔 구축
    e. 손상지의 지속적인 부종 등

② 예방 : 견고한 내고정 후 조기 관절 운동 시행

③ 치료
    a. 운동증진을 위한 부드러운 수동범위 운동
    b. 근위축 회복을 위한 능동적 운동
    c. 마취 후 수동적 관절운동
    d. 유착 박리술

12) 외상성 관절염(post traumatic arthritis)

① 원인
    관절면의 부적절한 정복, 하중 전달에 의한 연골 손상, 부정 정렬, 반복 되는 손상 등

② 호발 부위
    체중 부하 관절 (하지의 대퇴, 슬관절, 족관절)

③ 예방
    관절을 많이 사용하지 않고, 적당한 휴식, 식이요법을 통한 비만 조절(체중감소) 약물요법(NSAIDS) 목발, 지팡이를 통한 하중 감소, 온열요법, 마사지, 관절의 능동적 운동적 운동 등의 물리치료 인공관절 성형술, 수지 및 족관절에서 관절 고정술 시행

13) 이소성 골형성

① 정의
    골절이나 탈구 등의 외상 후 연부조직에 석회 침착이나 화골(calcification)이 발생하는 것

② 호발 부위 : 주관절, 고관절 및 견관절

③ 예방
    조기 능동적 운동, 부드러운 수동 운동, 수술 전후의 indomethacin(비스테로이드성 항염증제) 및 저용량의 방사선 치료가 예방에 도움을 줄 수 있음

14) 복합부위 통증 증후군(Complex Regional Pain Syndrome, CRPS)

① 정의
    손상이나 질병으로부터 회복되는 과정 중에 교감신경계의 비정상적 장기간의 반응으로 인한 불명확한 통증이 오는 경우. 통증은 사지 말단에 호발하며 감각, 운동, 발한, 혈관운동, 이영양성 이상소견 등을 동반

② 유발인자
    골절 등의 외상, 신경의 직접적 손상, 수술, 발치, 환상통(환지통), 단단통(절단통증), 뇌혈관 장애, 심혈관 질환 등

③ 진단
    진단 검사 : 단순 방사선 검사, 골주사 검사, 피부온도검사, 자율신경차단검사, 전기생리학적 검사(근전도, 신경전도)

④ 분류
    가. 반사성 교감신경이영양증 : 뚜렷한 신경 손상이 없는 제1형 복합부위 통증 증후군
    나. 작열통 : 신경손상이 동반된 제2형 복합부위통증증후군으로 신경전도검사(EMG)상 명확한 신경손상의 소견이 있음

⑤ 임상적 진단 기준(ISAP : 세계통증학회)

항목	증상 및 징후
감각이상	• 자발통 • 통각과민(기계적, 열성, 심부체성)

혈관이상	• 혈관 확장 또는 수축 • 피부 온도의 비대칭 • 피부색의 변화
발한이상 부종	• 부종 • 다한증 또는 저한증
운동이상, 이영양성 변화	• 운동부전 • 운동가동역감소 • 모발 또는 손발톱 변화 • 피부위축

※ 4개 범주 중 3개에서 최소 1개 이상의 증상 & 평가 당시 4개 범주 중 2개 이상에서 1가지 이상의 징후가 있어야 함

⑥ 치료
  가. 조기 물리치료 및 작업치료
  나. 경피적 신경 전기 자극 치료
  다. 약물치료 : 비스테로이드성 소염진통제, 마약성 진통제, 항우울제, 교감신경 차단제

7. 특수 골절

(1) 병적 골절(pathologic fracture)

기출 • 1996, 2009, 2016

1) 정의
  정상적인 뼈에서는 골절을 일으키기 어려운 힘이 어떠한 기본적 질환 혹은 종양으로 인하여 약해진 뼈에 작용해 골절을 일으키는 경우

2) 분류
① 비신생물성(non neoplasm) 골절
  a. 전신질환 : 골다공증, 골연화증, 구루병, 골형성 부전증, 변형성 골염, 매독
  b. 국소적 골질환 : 골감염, 방사선 조사
② 골다공증성 골절
  a. 척추, 대퇴경부, 상완골, 요골 원위부에 호발
  b. 폐경기 이후 척추 압박 골절 : 골다공증성 골절 중 가장 흔함
  c. 고관절 부위 골절 : 골절 부위의 견고한 내고정 인공관절 치환술 등으로 치료
③ 신생물에 의한 경우
  a. 원인 질환 : 원발성 종양, 전이성 종양, 양성 골종양

3) 진단
① 방사선 사진
② 핵의학적 검사 : 골주사, 양전자 방사단층촬영(PET), CT, 조직검사

(2) 스트레스 골절(stress fracture)

기출 • 1996, 2009, 2014

1) 정의
  정상골이 반복적인 부하를 견디지 못하여 발생되는 골절로 대부분이 불완전 골절임. 행군골절, 피로골절로도 불림

2) 호발부위
  중족골, 대퇴 경부, 경골 간부, 발의 주상골 등

3) 대퇴경부 스트레스 골절
① 원인
  젊고 활동적인 사람이 평소 잘하지 않던 체조, 달리기, 행군 등을 한 후에 잘생기며, 골다공증 같은 골의 대사성 질환을 가진 노인에서 잘 발생

4) 경골 간부 스트레스 골절
① 원인
  하지 골절 중 가장 흔함, 주로 젊은 운동선수, 발레무용수, 군인들에게서 호발

5) 주상골의 피로골절

(3) 개방성 골절(Open fractue) 기출 • 1995, 2009

1) 정의

골절부위가 개방창을 통하여 외부환경과 연결되어 있는 골절을 말하며 이때 반드시 뼈 주위의 연부조직과 피부의 손상이 동반

> ↘ 개방성 골절의 분류(Gustilo와 Anderson)
> • 육안으로 확인되는 창상의 크기, 연부조직의 손상정도, 이물(foreign body)에 의한 오염 정도에 따라 세 가지 유형으로 분류

① 창상의 크기가 < 1 cm로써 작은 저에너지 손상으로 연부조직손상이 경미
② 창상의 크기가 1cm이상으로 연부조직손상과 오염이 중등도
③ 창상의 크기가 10cm 이상으로 이물질이 많고 근육 손상이 심함

2) 치료

① 치료원칙 기출 • 2018
  a. 감염 예방
  b. 연부조직 손상의 치유 및 골절의 유합
② 치료의 단계
  가. 응급실에서의 초기 평가 및 응급 처치
    a. 활력 기능 평가
    b. 소독거즈와 탄력붕대를 이용한 압박 지혈
    c. 정맥 내 수액경로 확보
    d. 개방창에 대한 평가 및 생리식염수 세척, 멸균거즈 드레싱을 통한 처치
    e. 골절로 변형된 사지의 재정렬 및 부목 고정 후 방사선 촬영
    f. 항생제의 조기투여 및 파상풍 백신 접종
  나. 변연절제술 및 세척을 포함한 연부조직에 대한 수술과 골절의 안정화를 위한 수술

  다. 피부와 연부조직의 재건술과 골조직 재건술
  라. 재활 치료

> ↘ 개방성 골절 환자에게 시행하는 변연 절제술 시 근육의 생존 여부를 판단하는 4가지 기준
> • 근육의 색깔(color), 근육의 경도(consistency), 근육의 출혈 능력(capacity to bleed), 근육의 수축도(contractility)

(4) 소아골절

1) 소아골절의 특징
① 소성변형(plastic deformation)
② 융기골절(Torus or buckle fracture)
③ 녹색줄기골절(green stick fracture)
④ 재형성력(remodeling)
⑤ 성장판 손상(골단판 손상)

2) 소아골절 치료의 원칙
① 도수정복 또는 견인요법 등의 비수술적 정복을 원칙으로 함
② 소아골절의 수술을 요하는 경우
  a. 관절내의 전위된 골절
  b. 대퇴 경부골절
  c. 일부의 골단판 손상
③ 소아골절의 합병증
  a. 골단판 손상에 의한 성장 장애로 인한 외반 혹은 내반 등의 변형과 길이의 단축
  b. 개방성 골절의 경우 골수염이 광범위하게 퍼져 이로 인한 성장장애 발생 가능
  c. 볼크만 허혈성 구축, 외상성 화골성 근염, 재골절의 빈도가 높음

3) 분만 골절의 호발부위
① 쇄골 간부
② 상완골 간부

③ 대퇴골 간부

4) 흔한 소아골절(주관절부 손상)
① 상완골 과상부 골절
　가. 치료
　　도수정복, 경피적 핀고정술, 관혈적 정복 및 내고정술
　나. 합병증
　　a. 부정유합 및 이행각의 변화(내반주 변형)
　　b. 볼크만 허혈성 구축
　　c. 신경손상
　　d. 외상성 화골성 근염
　　e. 주관절 운동제한
② 요골두 아탈구
　가. 주관절부 손상에서 가장 빈도가 높고 5세 이하의 소아에서 주로 발생
　나. 요골 윤상인대의 일부가 찢겨서 요골두가 일과성으로 아탈구됨
　다. 치료 : 전완을 회전시키면서 서서히 굴곡시킴(방사선 검사를 위한 팔의 위치선정 시 자연 정복되는 경우가 많음)

두부외상

1. 두부(head)의 해부학적 구조

(1) 해부학적 특징

1) 두개골 • 2022

　뇌두개(Cranial bone : Cranium)와 안면골(facial bone)로 구성

① 뇌두개골 : 6종 8개
　a. 전두골(frontal bone) 1개
　b. 두정골(parietal bone) 2개
　c. 측두골 (temporal bone) 2개
　d. 후두골(occipital bone) 1개
　e. 접형골(sphenoid bone) 1개
　f. 사골(ethmoid bone) 1개

2) 봉합
① 시상 봉합 : 두정골 - 두정골
② 관상 봉합 : 두정골 - 전두골
③ 인상 봉합 : 두정골 - 측두골
④ 삼각 봉합 : 두정골 - 후두골
　● 대천문 : 관상봉합과 시상봉합 사이
　　소천문 : 시상봉합과 삼각봉합 사이

3) 뇌막
① 경막(dura matter) : 가장 바깥쪽
② 지주막(거미막, arachnoid) : 지주막 밑에는 지주막 하강이 있어서 뇌척수액이 채워져 있음
③ 연막(pia matter)

4) 뇌
① 대뇌
　전두엽(언어, 판단), 두정엽, 측두엽(청각, 기억), 후두엽(시각)의 네 엽으로 구성, 좌우 반구 형태임
② 소뇌
③ 뇌간(Brain stem) : 중뇌 뇌교, 연수를 포함하며 10개(3번~ 12번)의 뇌신경이 나옴
　a. 중뇌(Midbrain) : 동안, 활차신경
　b. 뇌교(Pons) : 중뇌와 연수사이에 위치, 삼차, 외전, 안면, 청신경
　c. 연수(숨골) : 생명유지의 중추(호흡, 심장, 혈관운동, 연하, 재채기, 구토, 타액, 위액분비 등). 설인, 미주, 부신경, 설하신경 입구
④ 간뇌(Diencephalon, 사이뇌)
　a. 시상(Thalamus) : 말초에서 전해지는 감각자극을 대뇌피질에 전달하며, 동통, 분노, 공포, 사랑 등 기본적인 정서반응을 조절
　b. 시상하부(Hypothalamus) : 자율신경계 최고 중추로서 자율 신경 조절, 체온 조절, 수분조절, 뇌하수체 호르몬 조절, 감정 표현 조절 등을 담당

5) 뇌신경의 종류 "후시동활 / 삼외안청 / 설미부설"

번호	뇌신경	기능
1	후각신경	감각 : 후각
2	시신경	감각 : 시각
3	동안신경	운동 : 안구운동, 동공수축, 안검거상 ※ 안구운동과 관련된 신경 ① 동안신경(3번) : 안구운동(내직근, 하직근, 하사근, 상직근), 동공수축 상,하, 내전· 외회전 담당 ② 활차신경(4번) : 안구운동 (상사근), 내회전 담당 ③ 외전신경(6번) : 안구운동 (외직근), 외전 담당

번호	뇌신경	기능
4	활차신경	운동 : 안구운동
5	삼차신경 (혼합)	안신경, 상악신경, 하악신경 감각 : 안면부 감각 운동 : 저작근 운동(하악신경)
6	외전신경	운동 : 안구운동
7	안면신경 (혼합)	감각 : 혀의 전방 2/3감각을 담당 운동 : 안면표정근을 지배하여 얼굴 표정을 담당, 눈물분비관여(눈물샘), 타액선 분비와 관련 안면신경 손상(마비) 증상 : 얼굴마비, 눈물소실, 청각과민, 침분비 감소, 미각의 소실 발생 → 벨마비
8	청신경	감각 : 청각(내이신경), 평형(전정 신경)
9	설인신경 (혼합)	감각 : 혀의 후방 1/3 의 맛감각, 인두감각 운동 : 타액 분비 ※ 혀의 감각과 운동에 관여하는 뇌신경 (1) 혀의 감각 　① 안면신경(7번) : 혀의 전방 2/3 미각 　② 설인신경(9번) : 혀의 후방 1/3 미각 　③ 삼차신경(5) : 혀의 전방 2/3 일반감각 (2) 혀의 운동 　① 설하신경(12번)
10	미주신경 (혼합)	감각 : 외이도, 흉복부 장기 감각, 운동 : 연구개, 후두, 연하 운동, 흉복부 장기 운동
11	부신경	운동 : 목의 운동, 흉쇄유돌근과 승모근
12	설하신경	운동 : 혀의 운동

▶ 뇌신경 중 운동, 감각 혼합신경 : 5, 7, 9, 10번

6) 자율신경계
① 대뇌의 직접적인 영향을 받지 않는 불수의적 신경계로 운동신경으로만 구성
② 교감 신경과 부교감 신경이 길항적으로 작용
　가. 교감신경 : 정신적 스트레스, 도피, 격투, 추위, 더위 등 신체의 비상시나 긴장상태 즉, 갑작스런 심한 운동, 공포 및 분노 상태에서 활성화
　나. 부교감 신경 : 안정하고 편히 쉬고 있을 때, 즉 휴식중이나 수면 시에 활성화됨

항목	혈관(혈압)	위장운동 침분비	방광근
교감신경	수축(↑)	억제	이완
부교감신경	확장(↓)	촉진	수축

③ 자율신경계의 중추 : 간뇌

2. 두부외상

(1) 손상 기전
접촉효과, 관성효과

(2) 진단 및 검사

1) 근력 등급 기출 • 2014, 2020

① 운동 마비의 정도를 평가하기 위한 근력 등급

등급기준			상태
Grade 5	Normal	100%	정상 근력
Grade 4	Good	75%	어느 정도 저항을 이길 수 있는 완전범위의 운동수행
Grade 3	Fair	50%	중력을 이길 수 있는 완전범위의 운동수행
Grade 2	Poor	25%	중력을 없애면 부분적 범위에서 운동수행
Grade 1	Trace	10%	근육의 수축이 가능하나 관절운동은 안 됨
Grade 0	zero	0%	완전 마비, 근육 수축 안됨

2) Glasgow Coma Scale(GCS) 기출 • 2022
① 두부 외상 환자의 의식 상태를 평가하고 예후를 예측하는데 객관적인 기준이 되는 검사
② 개안반응(눈뜨기) 4점, 언어반응 5점, 운동반응 6점으로 구성

3) 의식수준의 평가 : 의식수준의 5단계
① 청명(alert) : 의식 명료, 지남력 정상
② 기면(drowsy) : 소리를 지르면 눈을 뜨다가도 가만히 있으면 다시 잠드는 상태
③ 혼미(stupor) : 수의적 운동은 있으나 의사소통이 되지 않는 상태
④ 반혼수(semicoma) : 수의적 운동 없이 동통에만 이상 운동 반응을 보이는 상태
⑤ 혼수(coma) : 수의적 운동은 물론 외부 동통에도 반응하지 않는 상태

4) 뇌신경 검사
① 감각
 • 후각 - 후각신경(1)
 • 청각 - 청신경(8)
 • 시각(시야, 시력) : 시신경(2)
② 동공 반사 : 시신경(2), 동안신경(3)
③ 구역 반사 : 설인신경(9), 미주신경(10)

5) 반사 (reflex)
① 병적반사
 가. 정의
  중추신경계의 이상으로 나타나는 비정상적 반사소견으로 정상 영아기 때의 원시반사가 성숙된 중추신경계에서는 억제되어 나타나지 않고 있다가 이상 시에 출현
 나. 상지의 병적 반사
  a. 호프만 반사 : 가운데 손가락 말단 굴곡 후 급격히 떼었을 때 병적 경우 엄지손가락 포함, 다른 손가락의 굴곡 발생
  b. 전두엽 해체 징후 : 주둥이 반사는 인중 부위를 손가락으로 치면 앞을 삐죽이 내 미는 반사이며 손바닥-턱 반사는 손바닥을 손가락으로 긁으면 같은 쪽 턱 부위 근육이 움직인다.
 다. 하지의 병적반사
  a. 바빈스키 반사 : 정상 성인은 발바닥을 문지르면 발가락이 족저로 굽게 되나 추체로 장애 환자는 족지를 쫙 핌, 1년 이내 신생아에서 나타나는 발가락신전 현상은 정상임
② 근육 신장 반사(Muscle stretch reflex) = 심부건 반사(Deep tendon reflex)
 a. 아킬레스건 반사, 슬개건 반사, 이두근 반사, 완요근 반사, 삼두근 반사 등
 b. 말초신경계 이상 시 반사 저하 : 하위운동신경원증후군
 c. 중추신경계 이상시 반사 항진 : 상위운동신경원증후군

6) 영상 및 보조검사
① 단순 방사선 검사 : 두개골 골절은 대부분 두 개골 X선 촬영으로 진단 가능
② CT
 a. 급성기의 의식장애 국소신경장애가 있을 경우 가장 먼저 시행해야 할 검사
 b. 두개강 내 혈종 유무, 병소의 정확한 위치판정, 주위 뇌조직의 상태파악과 뇌실의 압박정도, 정중편위 등 전반적 두개강 내 상태 파악
 c. 두개저 골절의 진단
③ MRI : 방사선이 필요 없고 연부조직 해상도가 좋으며 여러 가지 방향(시상면, 관상면 모두 촬영가능), 급 - 만성 병기 파악가능
④ 뇌혈관 조영술
⑤ 뇌파검사
⑥ 유발전위 검사(EP)

(3) 두부 손상의 종류

1) 두개골 골절

① 선상 골절
② 함몰 골절(Depressed Fracture)
    a. 수술 적응증 : 소아의 함몰 골절이나 5mm 이상의 함몰 골절 및 개방성 함몰 골절
    b. 수술 금기 : 정맥동 위의 함몰 골절
③ 이개 골절(Diastatic Fracture)
    봉합선의 분리로 봉합선이 2mm이상 벌어졌을 때 진단적 의의가 있음
④ 분쇄 골절
⑤ 두개저 골절
    a. 측두골, 후두골 전두와의 안와면에 주로 발생하는 골절
    b. 너구리눈(raccoon's eye) : 안와주위에 변색을 초래
    c. 이개후부(posterior auricular)의 점상 출혈 : Battle's sign
    d. 뇌척수액 비루 및 이루

2) 국소뇌손상

① 경막외(경막상) 혈종
② 경막하 혈종
③ 뇌실질내 출혈
④ 외상성 뇌지주막하 출혈

(4) 외상성 두개강 내 혈종

1) **경막외 혈종(Epidural hematoma = 경막상 혈종)**
① 두개골의 내면과 경막 사이에 출혈로 인해 혈종이 형성된 것으로 경막동맥이 흔히 파열되며 이때 대량의 출혈이 발생가능
② 두부외상 후 별다른 증상이 없는 의식명료기(lucid interval)를 가짐
③ 진단 : 보통 응급상황으로 CT를 주로 촬영하며 CT상 볼록렌즈 모양의 출혈이 관찰
④ 치료 : 단시간 내 대량 출혈이 발생하면 응급수술이 필요(천두술)

2) **급성 / 만성 경막하 혈종(Acute / Chronic Subdural Hematoma)**
① 경막과 지주막 사이에 혈액이 고이는 것으로 급성은 외상 후 3일 이내, 만성은 두부 외상 후 3주 이상 경과되어 발생한 것으로 정의
② 만성 경막하 혈종이 호발 하는 경우
    a. 남자
    b. 알코올 중독자
    c. 60세 이상의 고령
    d. 항응고제 투여
    e. 출혈성 질환이 있는 경우
③ 진단
    a. 급성 경막하 출혈 시 CT에서 초승달 모양의 음영 관찰
    b. 뇌 MRI의 경우 발병 후 2~3주 이내 T1은 고신호 강도, T2는 저신호 강도를 보이며 발병 후 3주 이후인 만성기에는 T1 및 T2 모두 저신호 강도
    c. 만성의 경우 혈종을 둘러싼 피막을 형성한 것을 관찰 가능
④ 치료 : 수술로서 혈종을 제거하고 뇌압 상승에 대해서 보존적 치료를 시행

3) **미만성 뇌손상**
① 미만성 뇌축삭손상
    a. 심한 가속 및 감속에 의하여 초래되며 CT상 혼수의 원인이 될 만한 공간 점유성 병소가 없음에도 불구하고 외상직후부터 6시간이상 혼수상태가 지속 되는 경우 의심

b. 심한 경우 현미경상 뇌축삭에 광범위한 손상 관찰 가능

4) 뇌진탕
① 정의
두부손상에 의해 나타나는 즉각적이고 일시적인 가역적 신경학적 변화로서 단순한 혼동상태, 일시적 기억상실, 몇 분간의 의식소실 등이 있고 대개는 후유증이 없음
② 검사소견
CT나 MRI에 이상이 나타나지 않으며 뇌의 기질적 변화를 가져오지 않음(뇌의 구조적 변화 ×)

5) 뇌좌상
① 정의
뇌가 충격을 받은 후 뇌 자체에 출혈을 일으키고 뇌가 부어오르는 뇌부종이 발생하여 두개강 내압이 올라가고 의식상실이 몇 분 이상 지속되며 때로는 몇 시간이나 며칠까지 계속되는 중증 뇌손상으로 정의
② 검사소견
뇌의 기질적 손상으로 CT나 MRI에 이상소견이 있음(뇌의 구조적 변화 O)

(5) 두부외상의 치료

1) 두부 손상에 따른 두개강 내압 상승
출혈, 혈종 및 부종 등으로 두개강 내 내용물이 증가되어 두개강 내 공간이 좁아져 뇌압 상승 (정상 15mmHg)

2) 두부손상에 따른 두 개강 내압의 관리
① 두개강 내압의 상승에 따른 증상
  a. 의식 수준변화 : 가장 초기증상으로 대뇌피질산소 공급이 감소되어 발생
  b. 활력징후의 변화 : 서호흡, 서맥, 맥압의 증가(수축기압 상승, 이완기압 유지 또는 저하)
  c. 유두부종(papill edema), 두통, 토사성 구토(projectile vomiting) 등 발생
② 두개강 내압 감소를 위한 내과적 요법
  a. 약물치료 : 삼투성 이뇨제 등
  b. 과환기(hyperventilation)
  c. 저체온 요법
③ 두개강 내압 감소를 위한 외과적 수술
  a. 감압성 두개골 절제술
  b. 뇌실 천자 및 뇌실 배액술
  c. 뇌실 단락술

(6) 두부 손상의 후유증

1) 식물인간
뇌기능의 광범위한 손상에 의해 뇌간(brain stem)기능은 유지되고 있으나 아래의 이상을 나타내는 상태를 말함
① 자신과 주변에 대한 인식이 불가능한 상태
② 자력으로 이동, 음식 섭취 배변 및 배뇨 등이 불가능하고 방뇨, 실금 상태임
③ 안구가 움직이기는 하나 인식은 못함
④ 소리를 내나 표현은 불가능하여 의사소통이 불가능함
⑤ 혈압이나 폐기능은 보통 정상임

2) 뇌사
① 뇌사의 정의
뇌사란 모든 뇌(腦)가 죽은 것(死)을 말하는데, 한번 뇌사에 빠지면 타장기에 보호수단을 취하는 등 어떠한 수단으로도 심장이 정지하게 되며 결코 회복되지 않음

② 뇌사의 조건
   a. 기질적인 뇌장애에 의하여 심혼수 및 무호흡 상태
   b. 원인질환이 확실하게 진단되고 그에 대하여 현재 취하고 있는 모든 적절한 치료수단을 가지고서도 회복의 가능성이 전혀 없는 상태
③ 뇌사 판정의 기준
   a. 외부자극에 전혀 반응이 없는 깊은 혼수상태
   b. 자발호흡이 되살아날 수 없는 상태로 소실
   c. 두 눈의 동공이 확대·고정
   d. 뇌간반사의 완전히 소실
   e. 자발운동·제뇌경직·제피질경직 및 경련 등이 나타나지 않을 것
   f. 무호흡검사 결과 자발호흡이 유발되지 아니하며 자발호흡이 되살아날 수 없다고 판정
④ 뇌파검사 : 평탄 뇌파

척추

I. 척추

1. 척추의 구조 및 기능

(1) 척주(vertebral column)의 구조

총 33개의 추골(vertebra)로 구성

1) 추골의 구조
① 추체(Vertebral body), 추궁(Vertebral arch), 추공(Vertebral foramen), 여러 개의 돌기(Process)로 구성
② 7개의 경추, 12개의 흉추, 5개의 요추, 5개의 천추, 3~4개의 미추

(2) 척추의 관절

1) 추간판
추체 사이 연결하는 관절로 중심부의 수핵과 주위의 섬유륜으로 구성된 전방관절 (섬유연골관절)
① 해부학적 기능
추체에 단단하게 붙어서 추체를 연결 및 고정
② 생리적 기능
완충작용(충격 흡수), 활주작용(척주의 안정성 유지)

2) 인대
① 전종인대, 후종인대 : 인접해 있는 추체 연결
② 황색인대, 극상인대, 극간인대, 횡돌기간인대 : 척추의 후방안정성에 기여

3) 후방관절 : 척추 운동의 방향과 정도를 결정. 관절 돌기(상관절돌기, 하관절 돌기)가 이루는 활막 관절

(3) 척추의 운동 · 2022

1) 경추 : 굴곡, 신전, 측굴(외측굴곡), 회전 운동이 용이
2) 흉추 : 굴곡 신전, 회전 운동 가능
3) 요추 : 굴곡, 신전, 측굴 운동 용이, 회전운동에 제한

2. 척수 및 척수 신경

(1) 척수(spinal cord)

1) 연수(medulla)의 연장으로 제 1~2 요추 추간판 사이에서 끝남

2) 척수 원추 : 척수의 끝부위

3) 구조
① 속질 : 회백질로 H자 모양
② 겉질 : 백질

(2) 척수 신경(spinal nerve)

1) 척수에서 나가는 말초 신경으로 쌍으로 구성

2) 경수신경(8쌍), 흉수신경(12쌍), 요수신경(5쌍), 천수신경(5쌍), 미수신경(1쌍) 총 31쌍으로 구성

II. 척추의 병변

1. 외상성 병변

(1) 염좌

1) 정의 : 관절(뼈)을 지지해주는 인대나 근육이 외부의 충격 등에 의해 과도하게 늘어나거나 일부 찢어지는 경우

2) 편타성 손상

후방 충돌로 인한 두경부의 과신전과 이어지는 굴곡에 의해 손상이 발생하는 경추 염좌

3) 염좌의 치료

① 보조기 : 연성 보조기 2 ~ 4주간 착용
② 찜질 : 손상 72시간 이내에는 냉찜질이 통증과 경직을 감소시킬 수 있으며 이후에는 습윤 찜질이 도움을 줌
③ 운동치료

(2) 경추 골절

1) 경추의 해부학적 특징 〔기출〕 • 2022

① 상부 2개의 경추와 하부 5개의 경추로 분류
② 환추(Atlas)
제1경추. 추체와 극돌기가 없는 환상(고리모양)구조로 후두골과 관절을 이루며 끄덕이는 운동 담당
③ 축추(Axis)
제2경추. 추체 상부에 치돌기가 있어 머리의 회전 운동을 담당

2) 상부 경추(제 1~2경추) 주요 골절

① 환추 골절 (Jefferson 골절) : 제 1경추의 방출성 골절
② 교수형 골절(Hangman 골절) : 제 2경추부 협부 골절로 나타나는 축추의 외상성 전위증
③ 치돌기골절(Fracture of Dens)
제 2경추 치돌기 골절로 개구 촬영(open mouth view)으로 진단 용이

3) 경추골절의 진단

① 병력
② 신체 검진
③ 신경학적 검사
Glasgow coma scale(대뇌기능이상 여부), 근력검사
④ 영상학적 검사
방사선 촬영(개구촬영, 측면촬영), 척수강 조영술, CT, MRI, 골스캔, 혈관 조영술

4) 치료

① 응급 치료
기도 유지, 머리 고정, 골절의 탈구 및 정복 (예 견인)
② 손상의 치료
가. 보존적 치료
두개골 견인을 유지. 경부 collar, 각종 보조기 착용, Halo-vest를 이용한 외고정법
나. 수술적 치료의 적응증
a. 정복이 실패하거나 보존적 치료에도 신경마비가 계속 올 때
b. 신경 조직이 압박되어 부분마비가 지속되는 경우
c. 불안정성의 골절 및 보존적 치료가 실패하여 불안정성 척추로 잔존하는 경우 : 횡인대 손상을 동반한 불안정성 제퍼슨 골절

③ 합병증
    a. 호흡기계 감염
    b. 비뇨기계 감염
    c. 욕창
    d. 심부정맥 색전증, 패색전증

(3) 흉요추 골절
 1) Denis의 삼주설
  ① 척추를 인위적으로 3가지로 나눈 것으로 중주의 손상여부와 후방 인대군의 손상 여부 등에 따라 안정성 골절과 불안정성 골절(두개 이상의 주의 손상이 있는 경우)로 분류
    a. 전주 : 전종인대, 추체의 1/2 전반부, 섬유륜의 전반부
    b. 중주 : 후종인대, 추체의 1/2 후반부, 섬유륜의 후반부
    c. 후주 : 척추궁, 황색 인대, 후관절, 관절낭, 극간 인대
  ② 중주가 손상시 유리된 골편이나 추간판 조각들이 후방으로 전위되며 바로 신경압박을 초래하기 때문에 신경학적 불안정성이 나타날 수 있음

 2) 흉 요추부 주요 골절
  ① 압박 골절 : 외상, 골다공증, 악성 종양
  ② 방출성 골절
  ③ 안전대 손상(seat belt injury) : chance골절
  ④ 골절 탈구 : 척추의 삼주 모두 손상

2. 척수 손상 및 마비

(1) 척수 손상의 병리
 1) 척수진탕
  일시적인 척수 기능의 마비로 이완성마비가 몇 분 또는 몇 시간 지속 후 완전히 회복됨

 2) 척수좌상
  척수가 좌상을 받아 점상출혈(현미경상 출혈 관찰), 골편연부조직이 척수에 손상을 주어 부종 등이 일어나 사지마비나 하반신 마비 발생 완전 마비 시 예후 불량

 3) 척수 쇼크
  척수손상 직후에 수상부위 이하에서 척수기능이 완전히 소실된 상태로 반사운동까지 소실되는 현상. 일시적 정전상태. 회복되는 것은 족저반사, 항문 반사, 구해면체 반사의 회복으로 알 수 있음

(2) 척수 손상의 종류
 1) 완전 손상
  ① 정의
   척수 손상 원위부에 운동이나 감각 기능 전체가 소실된 경우

 2) 불완전 손상
  ① 정의
   척수 손상 원위부에 운동이나 감각 기능의 일부가 보존된 경우

(3) 불완전 척수 손상의 임상증후군
 1) 전척수 증후군(anterior cord syndrome)
  ① 척추의 압박 또는 과굴곡 손상 시에 발생한 골

편이나 탈출된 추간판이 전척수동맥이나 척수 전방 압박
② 운동 : 병변 이하 부위 양측성 운동 마비
③ 감각 : 병변 이하 부위 양측성 통각 및 온도 감각 소실, 촉감, 진동감 및 위치감은 보존
④ 척추의 불완전 손상 중 예후가 가장 나빠 대부분 보행, 방광 및 대장 조절 기능 회복이 어려움

2) 중심 척수 증후군(central cord syndrome)
① 가장 흔한 불완전 척수 손상으로 경추부 과신전 손상 시 발생
② 제 5-6-7 경추부에 호발하며 퇴행성병변(척추분리증, 척추관 협착증)이 있는 중년 또는 노인에게 갑작스러운 과신전 손상 시 발생
③ 운동 : 상지가 하지보다 심하며 특히 상지의 말단부(손, 손가락 등)에 심한 마비
④ 감각 : 양측성 통각이나 온도 감각소실, 촉각, 진동감, 위치감 등 부분적으로 보존

3) 후방척수 증후군
후방척수 동맥의 손상으로 척수 후방으로 지나가는 감각신경의 기능은 소실되나 운동신경이나 통각, 온도감각 등은 보존됨

4) 측방척수 증후군(brown-sequard syndrome)
① 일측성 척추 후궁과 척추경 골절, 관통상, 척추의 회전손상 및 급성 추간판탈출 증 등으로 발생 가능
② 운동 : 손상당한 측의 하부에 편측 마비
③ 감각 : 반대측 편측 통각, 온도감각 소실

5) 척수 원추 증후군
① 제 11흉추와 제2요추 사이 손상에 의해 발생하며 천수(sacral cord)와 척추관내 요추신경근이 손상
② 회음부의 이완성 마비, 방광 및 항문 주의 근육 조절 기능의 소실
③ 원추 주위 요추 신경근(제 1 요추와 제 4 요추 사이 신경근)들이 손상되지 않고 보존되는 경우 하지 운동기능 유지 가능하나, 요추 신경근이 함께 손상되는 경우 보행 장애 발생 가능

6) 마미 증후군 기출 • 2017
① 마미 : 제 2~5요추 사이 척추관내에 존재하는 원추이하 요천추신경근으로 구성된 신경 다발
② 제 2요추 이하 골절이나 추간판 탈출증(가장 흔함)에 의해 발생가능
③ 비대칭적 운동과 감각 소실, 방사성 통증, 방광 및 배변 조절 장애
④ 말초신경의 불완전 마비로 회복 가능성이 있어 적극적 수술치료 요구

(4) 척수 손상의 진단
1) 신체검사

2) 손상 직후 신경학적 검사
① 운동력과 지각을 각 척수 영역별로 세밀히 검사
② 심부 건반사 유무 체크
③ 척수쇼크 유무 체크

3) 운동 신경검사
운동신경 마비의 정도를 평가하기 위한 근력 등급평가

4) 지각신경검사
① 척수 각 분절이 지배하는 피부영역을 검사. 통각, 촉각, 위치감각, 진동감각 검사

② 유두부(T4), 배꼽(T10), 서혜부(T12, L1), 회음부(S2,3,4) 및 항문부(S2,3,4)

5) 미국척수손상협회(American Spinal Injury Association, ASIA)의 척수 손상의 장애척도

등급	손상의 종류	내용
A	완전손상	제 4~5천추분절(항문부위)에 감각 및 근력의 기능이 전혀 없다.
B	불완전손상	손상부위 이하 감각은 일부 보존되어 있으나 근력이 전혀 없다.
C	불완전손상	손상부위 이하 근력은 일부 보존되어 있으나 근력이 3등급 미만
D	불완전손상	손상부위 이하 감각은 보존되어 있으며 주요 근력의 근력 등급이 3등급 이상인 중심 근육이 절반 이상임
E	정상	감각 및 신경의 기능이 정상이다.

6) Frankel's classification

등급	정의
A : 완전소실	손상부위 이하로 감각 및 운동기능의 완전 소실
B : 감각잔존	손상부위 이하로 약간의 감각이 있으나, 운동기능의 완전소실
C : 운동기능	유용한 정도에는 미치지 못하나, 운동기능이 일부 잔존
D : 운동유용	유용한 정도의 운동기능이 잔존
E : 정상	신경학적 결손이나 증상이 없음

(5) 척수손상의 수술 적응증

1) 척추의 전위가 정복(술)이 안 되어 척수 압박이 계속되는 경우

2) 비록 정복은 되었으나 골편이나 파열된 추간판 탈출증으로 척수의 압박이 계속 남아 있는 경우

3) 척추가 불안정하여 추가적인 척수 손상 가능성이 있는 경우 시행

(6) 척수의 상위운동신경원과 하위운동신경원 병변 증상

1) 상위운동신경원

중추신경(대뇌피질)의 운동영역에서 척수강의 전각세포의 하위운동신경원으로 신경 충격을 전달

2) 하위운동신경원

척수강의 전각 회백질에 위치, 근육까지 확장 (말초신경 내 위치)

구분	상위 운동성신경원손상	하위 운동신경원손상
마비의 유형	강직성 부전마비	이완성 마비
근위축	거의 없다	심한 근위축
심부건반사	항진	감소, 소실

3. 척추의 퇴행성 병변

(1) 추간판탈출증

1) 정의

① 추간판의 내용물의 일부가 후방 또는 후측방으로 탈출되어 척수나 신경근을 압박하여 통증(방사통), 저림 등의 감각이상, 근력약화 등을 일으키는 것으로 추간판의 수핵이 탈출하여 섬유륜을 찢고 후방으로 탈출하여 수핵 탈출증이라고도 함

② 호발 부위
   a. 경추간판탈출증 : 제 5~6번 및 6~7번 경추
   b. 요추간판탈출증 : 제 4~5번 요추

◉ 경추 신경근 이환시 증상 및 징후

	제4~5경추	제5~6경추	제6~7경추
압박 신경근	경추5번	경추6번	경추7번
운동기능 이상 (근력약화)	삼각근, 상완이두근	상완이두근, 완관절신전근	완관절 굴곡근
감각이상	삼각근, 상박부 외측	전완부 외측, 1, 2 수지	제3수지
반사저하	상완이두근	이두근반사, 완요근 반사	상완 삼두근

2) 추간판탈출증의 분류

① 발생부위별 : 경추간판 탈출증, 요추간판 탈출증
② 탈출 정도별
   a. 팽윤(Bulging) : 섬유륜의 탄력성 감소로 섬유륜이 추간판의 정상범위의 바깥쪽으로 3mm 이상으로 밀려나는 것으로 섬유륜이 퇴행성 변화로 인한 것
   b. 돌출(Protrusion) : 추간판이 후방으로 탈출되었으나 수핵이 내측 섬유륜만 뚫고 외측 섬유륜까지 파괴하진 않은 상태
   c. 탈출(Extrusion) : 섬유륜이 전층 파괴되어 수핵이 파열된 부위를 따라 추간판을 빠져 나왔으나 모체와 연결된 상태
   d. 격리(Sequestrated) : 탈출된 수핵이 모체와 완전히 단절된 상태
③ 연성 여부에 따른 구분
   a. 연성 추간판탈출증 : 수핵이 섬유륜을 뚫고 나와서 신경조직을 압박하는 상태
   b. 경성 추간판탈출증 : 경추의 퇴행성 변화인 골극의 성장에 따라 경추신경을 압박하여 상지 방사통을 유발하며 노년층에 호발

3) 추간판탈출증의 진단

① 경추간판 탈출증의 증상 유발 검사
   a. 두부압박검사
   b. Spurling 검사
   c. Jackson test : 머리를 위에서 누르거나 경추를 건측쪽으로 경사지게하고 환측의 어깨를 눌러 통증 유발시 양성
② 요추간판탈출증의 증상 유발 검사
   a. 하지직거상 검사
   b. 라세그 검사
   c. 대퇴신장검사
③ 영상검사
   a. 단순 방사선 검사
   b. CT, MRI검사

◉ 요추 신경근 이환시 증상 및 징후 기출 • 2024

	제3~4요추간	제4~5요추간	제5요추 ~ 제1천추간
압박 신경근	제 4요추 신경근	제 5요추 신경근	제 1천추 신경근
운동저하 부위	대퇴사두근 (슬관절 신전)	제 1족지 신전 (족배굴곡 어려움 → 족하수 발생)	족저굴곡 (발끝보행 어려움)
감각저하 부위	내측 족관절 및 족부	제1족지 및 배부	종아리, 족부외측, 발바닥
반사저하 부위	슬개건반사		아킬레스 반사

4) 추간판탈출증의 치료

① 보존적 방법
   a. 침상 안정, 소염진통제, 견인 치료. 온찜질, 보조기 착용. 신경근 차단술, 약물 주입술 (스테로이드, 국소 마취제)
② 수술 요법의 적응증
   a. 보존적 치료를 하여도 효과가 없이 참기 힘든 통증이 있거나 상 하지 마비가 초래되어 호전되지 않거나 진행되는 경우
   b. 대소변 장애가 초래되는 경우
   c. 통증의 재발로 일상생활이 어려운 경우
   d. 마미증후군이 초래된 경우

(2) 척추관 협착증

1) 정의

척추관, 신경근관 혹은 추간공 등이 좁아져서 요통 하지 방사통, 간헐적 파행, 보행장애, 배뇨 및 배변장애 등의 다양한 신경질환을 일으키는 질환(대부분 요추에서 발생)

2) 분류

① 선천성
② 후천성
  a. 퇴행성 : 골극, 황색인대 비후
  b. 혼합형(선천성 + 퇴행성)
  c. 척추 전방전위증, 척추 분리형
  d. 의인성 : 척추 수술 후
  e. 외상성
  f. 대사성 : 파제트씨병

3) 증상

신경분포를 따르지 않는 요통으로 허리를 구부리면 증상이 완화됨

(3) 척추 분리증

1) 정의 : 척추 후궁 협부의 결손

2) 발병원인

① 협부의 형성 부전, 이형성 등의 유전전 요소
② 외상, 반복적 육체활동 으로 인한 물리적 스트레스(협부의 피로골절)

3) 진단

사면(oblique) 방사선 검사 상 "scotty dog sign"(협부 결손)

(4) 척추 전방 전위증 기출 • 2021

1) 정의

추체의 일정한 정렬을 벗어나서 추체가 그 아래의 추체에 대해 전방으로 전위된 상태

2) 발병원인

① 퇴행성
② 척추분리증 : 척추분리증(협부결손상태)에서 전위
③ 선천형
④ 외상성

3) 치료

① 3 ~ 4개월간의 보존적 치료에 호전이 없는 경우 수술치료(추체간 유합술) 시행
② 수술적 치료의 절대적 적응증 : 신경증상의 진행이 뚜렷하거나 마미증후군이 발생하는 경우

(5) 후종인대 골화증

1) 정의

후종 인대가 뼈처럼 단단하게 굳어지며 두꺼워지는 변화를 일으켜 척추관을 지나는 신경을 압박함으로써 신경장애 (척추신경근증 혹은 척수증)가 나타나는 질환으로 주로 경추에서 발생

2) 증상

경미한 경부통, 수부 저린감, 근력저하, 척수 압박이 심하면 사지마비 발생가능

3) 진단 및 치료

① 방사선 검사, CT,MRI
② 경미한 경우 보존적 치료시행(약물치료 보조기, 안정), 나이가 젊거나 척수압박이 심하면 수술적 치료 시행

(6) 기타 하요추부 병변

1) 요통의 원인

① 내장기성 : 신장, 세뇨관, 자궁 등 후복막을 자극하는 질환

② 혈관성 : 하행대동맥이나 장골동맥의 폐쇄, 동맥류, 박리성 동맥류

③ 신경성 : 척수나 마미의 감염, 종양 등

④ 척추성 : 추골성 병변과 요추에 부속된 근육, 인대 등 연부조직 병변으로 구분

　a. 추골성 원인

　　외상(골절, 탈구), 감염, 비특이성 염증(강직성 척추염), 종양(원발성 종양, 전이 종양), 미만성 골질환(호산성 육아종, 파제트병) 신진대사성 골질환(골다공증, 골연화증), 변형(척추분리증, 척추전방 전위증, 척추 측만증)

　b. 연부조직원인

　　근막병변(근염좌, 건염), 추간판병변(추간판탈출증), 후관절 병변(후관절의 퇴행성 관절염)

> ↳ 척추의 퇴행성과 기왕증의 종류
> - 섬유륜팽윤증
> - 척추관협착증, 척추분리증, 척추전방전위증
> - 후종인대골화증
> - 강직성 척추염

신경

I 신경 손상

(1) 말초 신경계의 해부학 및 손상 개론

1) 해부학적 특징
① 중추신경계(뇌, 척수)와 말초신경계(체성신경계 : 뇌신경 12쌍 척수신경 31쌍. 자율 신경계 : 교감신경 부교감 신경)로 구성
② 신경계의 기본 구조인 뉴런(신경원)으로 구성되며 뉴런은 세포체(cell body), 수상돌기, 축삭(axon)으로 구성
   a. 수상돌기 : 다른 축삭에서 들어온 신호를 받아 세포체에 전달함
   b. 축삭 : 세포체의 신호를 다른 뉴런에 전달
③ 대부분의 축삭은 수초(myelin)로 쌓여 있음
   a. 슈반세포가 수초를 형성함

2) 말초 신경 손상의 분류
① Seddon의 분류
   a. 신경 진탕
   b. 축삭절단 : 축삭, 수초 소실되었으나 슈반세포는 보존되어 재생가능
   c. 신경절단 : 슈반세포까지 단절, 재생불가능

3) 말초신경손상의 증상
① 운동마비
② 감각 마비 : 완전 신경손상 시 모든 감각 소실, 부분 손상 시 통각, 촉각 일부 인식
   a. 지각 고유영역 확인 : 한 개의 신경이 단열되면, 그 신경만이 분포하는 좁은 영역의 완전한 지각상실을 보임
③ 자율신경 기능 이상 : 발한이상, 혈관운동장애, 영양장애, 반사작용소멸, 작열통

4) 신경 검사법
① 신경생리학적 검사 : 근전도, 신경전도 검사
② 발한 검사(Sweat Test)
③ 티넬 징후(Tinel's sign)
   가벼운 타진이나 손가락으로 두드리면 신경의 주행을 따라 순간적으로 저린 감각이 발생
④ Wrinkle 검사
⑤ 피부저항 검사

5) 말초신경 손상의 치료
① 보존적 요법 : 자연회복의 가능성이 있는 경우 시도
   a. 부목, 보조기 착용
   b. 계속적 근육 마사지 및 간헐적인 전기자극으로 마비근의 피동적 수축을 도모하고 관절 강직과 근위축 방지
   c. 온욕과 비타민 등의 약물치료 등도 도움
② 수술적 치료
   a. 적응증 : 완전마비, 개방성손상, 골절 탈구에 대해 개방적 정복이 필요한 경우, 신경증세의 악화 혹은 호전이 없는 경우
   b. 종류 : 신경봉합, 이식, 이전, 박리술

6) 말초 신경 손상회복 영향인자 기출 • 2019
① 회복속도 : 수초가 없거나 가는 신경 > 굵은 신경보다 회복 속도가 빠르다.
② 회복 순서 : 통각 > 촉각 > 감각 신경 > 운동 신경

③ 나이 : 나이가 어릴수록 회복속도가 빠름
④ 수상 후 봉합까지의 시간 : 봉합까지의 지연이 길수록 회복 불량
⑤ 동반 손상의 유무 : 연부조직의 손상, 골절, 혈관손상이 있는 경우 회복이 느림
⑥ 손상 부위 : 근위부 손상일수록 회복이 불완전함

(2) 말초신경 개별 손상

1) 상완 신경총손상
① 위치
C5 ~ T1까지의 신경근이 모인 신경다발로 5개 신경(근피, 액와, 척골, 요골, 정중)으로 분지
② 손상원인 : 견인, 좌상, 압박, 관통상, 분만 마비 등

2) 분만 마비
지연 분만이나 난산의 경우 머리가 고정된 상태에서 어깨가 격렬하게 아래로 내려가 상완 신경총을 압박하여 환측 상지의 마비를 일으킴

3) 액와신경 손상
① 제 5, 6경추 신경으로 구성
② 상완 골두의 전방 탈구 시 손상
③ 목발의 잘못된 사용이나 어깨 부위 주사를 잘못 맞은 경우 발생 가능
④ 증상
삼각근과 소원근의 마비로 견관절 외전 제한, 견봉돌출 및 견관절의 불안정성
⑤ 치료 : 대부분 신경 이식술 시행

4) 요골신경 손상
① 손상원인
a. 요골신경은 상완골 간부의 나선 홈을 따라 길게 바짝 붙어 주행하기 때문에 신체에서 흔히 손상받기 쉬운 신경 중 하나임
b. 상완골 간부골절 시 요골신경이 골절사이에 끼는 경우(Holstein-Lewis 증후군)
c. 목발 같은 물체 또는 오른쪽 팔꿈치에 머리를 심하게 눌린 것처럼(토요일 밤의 마비, 허니문 마비)오랜 시간의 압박에 의해서도 발생 가능
② 증상
수근 하수 변형 및 요골신경의 지각 고유영역인 엄지손가락 부근의 제1물갈퀴 공간의 배측에 감각이 소실
③ 치료
많은 경우에서 자연 회복되며 일단 회복되면 거의 정상에 가까운 결과를 보임. 따라서 약 3~5개월간 기다려봐서 회복의 증거가 없으면 수술적 치료(봉합, 이식)를 시행하는 것이 일반적이나 신경손상이 동반된 개방성 골절 등 신경손상이 의심되는 경우 즉시 수술 시행

5) 척골신경 손상
① 해부학적 특징 : C8, T1으로 구성되며 상완신경총에서 분지
② 손상원인
주관절 또는 수근관절 부근의 열창, 혹은 상완골이나 상완 내과 골절 및 주관절 탈구, 볼크만 허혈성 구축 등
③ 증상
전완부 마비 → 오래 지속되면 갈퀴손 변형

6) 정중신경 손상
① 해부학적 특징 : C6 ~ 8, T1로 구성
② 손상원인 : 수근관 증후군, 상완골 과상부 골절, 요골원위부골절, 주관절 후방탈구

③ 증상 : 유인원의 손(ape hand deformity), 제 1,2,3 수지와 4수지 외측 1/2 감각 소실, 수지 - 무지 내향운동 불가

7) 대퇴신경손상
① 해부학적 특징 : L2 ~ L4에서 형성
② 손상 기전
L3 - 4 요추추간판탈출증, 복부관통상, 하복부 수술시 지혈조작, 대퇴부의 칼, 유리, 총탄에 의한 창상 등에 의해 발생
③ 증상
 a. 대퇴 사두근(대퇴직근, 외측광근, 중간광근, 내측광근)의 마비로 인한 슬관절 신전 어려움(특히 계단 오를 때)
 b. 슬개건 반사(patellar tendon reflex)소실

8) 좌골 신경 손상
① 해부학적 특징 : 인체에서 가장 큰 신경으로 L4 ~ L5, S1 ~ S2에서 형성
② 손상기전 : 고관절의 후방 탈구 및 골절, 전위성 골반 골절, 총상 등으로 손상, 요추추간판 탈출증에 의한 이상
③ 증상
 a. 슬관절 굴곡 장해와 족부의 배굴과 외반마비
 b. 족하수(foot drop)
 c. 족반사(foot reflex)소실

9) 총 비골신경 _{기출} • 2024
① 해부학적 특징
② 손상기전
석고고정에 의한 압박, 부종 슬관절 탈구나 비골 및 경골상단부위 골절, 인대파열시 손상
③ 증상
족부의 배굴, 외반 불가능, 족하수 및 파행보행

10) 경골신경
① 해부학적 특징
제 4,5 요추신경과 제 1,2,3 천추신경으로 구성
② 손상기전
관통상과 하퇴부 후방 손상 시 발생
③ 증상
 a. 발바닥 감각 소실
 b. 족저 굴곡, 내전 또는 내반의 장해
 c. 발가락 끝으로 서는 것이 불가능

(3) 신경 포착 증후군(신경압박병증)
1) 개요
① 정의
신경이 근육이나 인대 또는 기타 구조물에 의해 눌려서 마비가 발생하는 현상
② 원인
류마티스 관절염, 종양, 골절 시 전위된 골편, 골극, 과사용(직업?)

2) 수근관 증후군
① 정의
관절 장측에서 정중신경이 횡수근 인대에 의해 형성된 공간 내에 압박되어 마비되는 나타나는 현상으로 중년 여성에게 호발
② 진단
수근부의 티넬 증후(정중 신경 부위를 타진했을 때 저린 감각)와 팔렌 테스트(완관절을 굴곡시키면 수장부에 감각이상과 동통을 나타냄)
③ 치료 : 횡수근 인대 절개술 및 정중 신경 박리술

3) 주요 신경 포착증후군 _{기출} • 2024
① 수근관증후군 : 정중신경 - 손목의 수근관
② 회내근 증후군 : 정중신경 - 전완부 회내근

③ 주관증후군 : 척골신경 – 상완골 내측상과
④ 척골관 증후군 : 척골신경 – 수근골의 두상골, 유구골 사이의 가이언관(5수지와 4수지의 척골측)

상지

I 상지부 병변

1. 견갑부 외상성 병변

(1) 쇄골 골절

1) 해부학적 특성 기출 • 2021
① 쇄골, 견갑골, 상완골근위부, 등의 골조직과 견갑흉곽관절, 견봉쇄골관절, 관절와상완관절, 흉쇄관절로 구성
② 쇄골은 골체부, 견봉단, 흉골단으로 구성
③ 흉쇄관절(내측), 견봉쇄골관절(외측) 형성

2) 손상 기전
직접 및 간접 외상에 의해 발생, 호발 부위는 중간 1/3부위에서 약 80%. 분만 시 신생아 골절

3) 치료
① 비수술적 방법 : 원칙적인 치료방법, 도수정복 후 고정
② 8자형 붕대, 8자형 석고, 견수상 석고
③ 수술치료가 필요한 경우 기출 • 2018
불유합, 신경 혈관이 손상된 경우, 쇄골의 외측 골절과 오구쇄골인대 파열이 동반된 경우, 연부조직삽입으로 골절편의 분리, 골절의 전위 시
④ 수술적 방법 : 금속판 고정술, 강선 고정술

4) 합병증 기출 • 2018
① 혈관 및 신경손상
② 부정유합(가골의 과도한 형성이 원인)
③ 불유합
④ 외상성 관절염

(2) 견갑골 골절

1) 해부학적 특성
① 상지와는 견관절로 연결, 몸체와는 견봉쇄골인대, 오구쇄골인대, 견갑흉부로 연결
② 부위에 따라 체부골절, 경부골절, 견봉돌기골절, 견갑극골절, 오구돌기골절, 관절와 골절로 분류하며 대부분 보존적 요법으로 치유될 수 있음

(3) 견갑부 탈구

1) 해부학적 특성
큰 구형의 상완골두와 작고 깊이가 얕은 견갑골 관절과 사이의 접촉면이 상완골의 1/3 정도에 불과하여 인체의 관절 중 운동범위가 가장 넓은 관절로 관절이나 재발성 탈구가 가장 빈발함

2) 급성 탈구
① 전방으로 많이 탈구(90%이상)
② 가능한 빨리 정복하는 것이 근육의 경련이 적고 정복에 어려움이 적음
③ Kocher 방법, Stimson 방법, Hippocrates방법, Milch 방법 등의 정복법 기출 • 2017
④ 합병증
  a. 액와동맥 및 액와신경의 손상
  b. 힐삭스(Hill - Sachs) 병변
  c. 관절와 전연골절
  d. 회전근개 파열
  e. 재발성 탈구 : 25세 이하의 젊은 연령에서 호발하며 급성 외상성 견관절 탈구의 가장 흔한 합병증임

3) 재발성 탈구

① 특징적 소견(해부학적 특징)
    a. Hill-Sachs 병변(상완골두 후외측부에 골조직 결손 발생)
    b. Bankart병변(관절와순 및 관절낭 전방부의 분리)
    c. 관절와 전연의 침식(erosion) 및 골절

② 신체검진
    a. drawer test(전위 검사)
    b. 전방 불안정 검사(Anterior apprehension test)

> ▶ 견관절 재발성 탈구의 위험 요소
> a. 연령 : 처음 탈구시의 연령 : 나이가 젊을수록 재발 빈도 ↑
> b. 처음 탈구 후 정복 후 고정 기간 : 고정 기간이 짧을수록 재발 빈도 ↑
> c. 동반 손상 : 상완골두 결손이 동반된 경우 재발 빈도 ↑

(4) 회전근개 질환 기출 •2020

1) 해부학적 특성
① 회전근개 질환은 성인 어깨에 발생하는 만성 통증의 가장 흔한 원인임
② 회전근개의 구조 : 회전근개란 어깨 관절낭 주위의 근육힘줄 구조로서 상완골의 머리 부분을 견갑골의 관절오목에 안정시키는 극상근, 극하근, 견갑하근, 소원근으로 구성
③ 회전근개는 팔의 회전운동 및 견관절 안정성에 중요한 역할
④ 회전근개 질환으로 충돌증후군, 회전근개 파열이 있음

2) 충돌증후군
① 정의
견관절 전방거상 시 상완골 견봉하 구조물과 마찰을 일으켜 통증을 유발

② 치료
약물치료(NSAIDS), 물리치료, 주사(인대증식주사)치료, 체외충격파 치료, 온찜질 근력 강화운동 및 관절운동범위확보를 위한 운동 등의 비수술적 치료에 호전이 없는 경우 견봉성형술(견봉하 감압술)을 시행

3) 회전근개 파열
① 정의
회전근개 일부 혹은 전체가 파열되는 것으로 퇴행성 변화는 극상건의 파열이 필수적 선행 조건임

② 치료
    a. 90%가 비수술적 치료 가능 : 팔걸이 붕대, 온열 요법, 약물치료
    b. 완전 파열의 경우 4~6주의 비수술적 치료에도 호전이 없으면 수술 치료 고려 건봉합이나 건이식술 시행

4) 관절 와순 파열
① 방카르트(Bankart) 병변
습관성 탈구와 같은 외상으로 인해 전하방 관절와순이 관절와로부터 분리되는 질환

② 슬랩병변(SLAP : Superior Labrum Anterior to Posterior)
상완 이두 건과 그 기시부인 상부 관절와 순의 후방부에서 시작하여 전방관절와절흔(Notch)의 바로 전 부위까지 파열

2. 상완골 골절 및 주관절 탈구

(1) 상완골 근위부 골절

1) 해부학적 특성

상완골 근위부는 견갑골, 쇄골과 더불어 복합적인 관절을 이루고 있어 이 부분의 골절은 상지의 운동에 직접적인 영향을 미칠 수 있음

2) 분류(Neer's classification 및 치료)

Neer는 골절 편의 수(방사선 사진 상 1cm의 전위나 45도 이상의 각형성이 있는 경우)로 분류

　a. 관절편(Articular segment) 또는 해부학적 경부(Anatomical neck)
　b. 대결절(Greater tuberosity)
　c. 소결절(Lesser tuberosity)
　d. 간부 또는 외과적 경부(Surgical neck)

3) 진단 : trauma series 촬영
　견갑골 전후면, 견갑골 측면, 견갑골 액와면 촬영

4) 치료 [기출] • 2019

보존적 요법으로 좋은 결과를 얻을 수 있으나 지나친 고정은 유착성 견관절염을 유발하여 조기관절 운동이 절대적으로 필요

5) 합병증
① 혈관 손상(액와동맥) : 노인에게 발생률이 높음
② 상완신경총 손상
③ 흉곽손상
④ 관절 강직 및 불유합, 부정유합
⑤ 무혈성괴사(상완골 골두 골절)

(2) 상완골 간부골절

1) 손상기전
① 직접 외상에 의한 것이 대부분
② 횡골절 또는 분쇄골절의 양상을 보이는 것이 많으며 개방창을 동반하는 경우가 많음
③ 손바닥을 바닥에 짚으면서 넘어지는 간접외상의 경우 나선골절, 사선골절이 많음

2) 치료
① 6~8주 정도의 유합 기간. 보존적 요법(현수 석고, 골견인, 견수상 석고, U 자형 부목 보조기)
② 수술적 요법 : 나사고정, 골수강내 금속 고정술, 외고정, 압박 금속판 등

3) 합병증
① 요골신경의 손상(가장 흔한 합병증임) Holstein-Lewis 증후군 : 상완골원위간부 나선상 골절 시 도수정복 후에도 요골신경이 골절편 사이에 끼어 요골 신경마비를 보이는 것
② 부정유합 및 불유합
③ 혈관손상
④ 감염

(3) 상완골 원위부 골절

1) 해부학적 특성에 따른 분류
① 과상부 골절
② 내과 및 외과골절
③ 내측상과(medial epicondyle) 및 외측상과(lateral epicondyle) 골절
④ 과간골절
⑤ 관절면골절

2) 과상부 골절(Supracondylar Fracture)
① 상완골 원위부골절의 60% 이상을 차지. 소아에게서 흔함(손을 바닥에 짚고 넘어짐)
② 신경 혈관손상을 동반하는 경우가 많으므로 치료시작 전 요골동맥 맥박, 주관절, 전박부 및 수부의 연부조직상태, 요골, 정중 및 척골 신경의 운동 및 감각 장애여부, 정맥의 순환상태를 점검
③ 도수정복이나 석고고정을 많이 하고 부종이 심하거나 정복이 잘 안될 때에는 견인 치료 시행
④ 신경이나 혈관손상을 동반했을 때, 도수정복이 불가능한 경우, 동측 상지에 동반 손상이 있는 경우 도수정복 후 핀고정이나 관혈적 정복술 및 내고정을 시행

3) 합병증
① 볼크만 허혈성 구축
② 신경손상 : 요골신경, 정중신경 손상
③ 혈관 손상 및 주관절 강직

(4) 주관절 탈구
1) 해부학적 특성
① 주관절은 완척관절(상완골 - 척골), 완요관절(상완골 - 요골), 요척관절(요골 - 척골)로 구성된 복합관절임
② 후방탈구가 대부분임

2) 치료
① 상완동맥, 요골 및 척골 동맥 등의 혈관계 손상, 정중, 요골, 척골 신경 손상 등의 신경계 손상에 대한 정밀한 검사 필요

3) 합병증
① 요골, 정중, 척골 신경 등의 신경손상
② 혈관 손상
③ 화골성 근염
④ 재발성 탈구
⑤ 골연골골절
⑥ 구획증후군

3. 전완부 골절
(1) 전완골 골절
1) 해부학적 특성
① 요골과 척골은 근위부와 원위부에서 각각 하나씩의 요척관절을 형성
② 요척관절을 중심으로 전완부의 회전운동 발생
③ 전완부 골절의 부정유합으로 인한 회전변형, 과다한 가골로 골간간격 협소, 정렬 이상 발생 시 회전운동제한

2) 분류
① 요골 단독골절, 척골 단독골절(야경봉 골절), 요척골 동시골절(주로 소아에게서 발생) : 소아의 경우 융기골절, 녹색줄기 골절 등의 불완전 골절 호발
② 위치에 따라 원위, 근위, 간부로 분류

3) 콜레스골절
① 정의
  손을 뻗은 상태에서 손바닥을 짚고 넘어졌을 때 발생 요골원위부 골절 포크모양 변형, 60세 이상의 여성에게서 흔함
② 합병증
  정중신경손상, 부정유합(지단축, 유합각형성)

4) 스미스 골절
① 정의
역콜레스 골절로 손목이 굴곡된 상태에서 직접적 충격에 의해 발생, 정원삽 모양
② 합병증 : 콜레스 골절과 동일

5) 바톤씨 골절
① 정의 : 요골 원위부 관절 내 골절

6) 몬테지아 골절
① 정의 : 요골두 탈구와 척골근위 1/3 골절이 동반된 경우이며, 전방탈구가 가장 흔함
② 합병증
  a. 요골신경손상
  b. 주관절강직
  c. 불유합
  d. 부정유합
  e. 화골성 근염
  f. 교차유합
  g. 감염

7) 갈레아찌 골절 기출 • 2017
① 정의
요골 원위부의 골절과 하요척관절의 탈구가 동반된 골절. 꼭 수술적 치료가 필요하다고 해서 필요골절이라고도 함
② 합병증
  a. 불유합
  b. 부정유합
  c. 감염
  d. 각형성

4. 수근부 골절 및 탈구

(1) 수근부 골절
1) 해부학적 특성
① 수근골은 근위열에 주상골, 월상골, 삼각골, 두상골이 구성되며 원위열에 대능형골, 소능형골, 유두골, 유구골로 구성
② 수근관절 : 원위요척관절, 요수근관절, 중수근관절로 구성
③ 구조가 복잡하고 손상형태와 정도가 다양하여 임상적 방사선 소견으로 진단이 어려운 경우가 많음, 단순 염좌로 오진하여 적절한 치료를 못해 만성적 기능장애 및 통증을 유발하는 경우가 흔함

(2) 주상골 골절 기출 • 2017
1) 해부학적 특징
① 손목의 엔진역할을 하는 중요한 뼈로 변형된 땅콩 모양
② 80%가 관절면으로 덮여 있으며 혈액공급의 구조적 특이성으로 수근골 중에서 골절 빈도가 가장 흔하며 골절 후에 불유합과 무혈성 괴사가 가장 많이 발생함

2) 진단
① 단순 전후면 방사선 소견에서 발견되지 않는 경우가 많아 사면촬영, 30도 회외와 척측 변위 위치의 전후면을 촬영하는 주상골 투영(scaphoid view)이 필요함
② 처음 방사선에서 확인되지 않더라도 주상골 골절이 의심되면 2주 후에 반드시 재촬영필요.
③ 진단을 하거나 골절선의 형태를 확인하기 위해 골주사, CT, MRI검사가 필요한 경우도 있음

3) 치료

비수술적 석고붕대고정이 일반적 치료원칙임

4) 합병증
① 지연유합
② 불유합 : 방사선 소견상 골절선의 흡수와 경화, 낭포성 변화 등
③ 무혈성괴사
④ 방치하면 외상성 관절염으로 진행함

5. 수부의 포착성 건막염

(1) 드꾀르벵병

1) 정의

손목의 장무지외전건과 단무지신전건의 협착성 건막염으로 손목의 요측의 통증을 호소

2) 원인

류마티스 관절염에 의한 경우도 있으나 대개는 직업적 활동에 의한 경우가 많음. 30~60세 여성에게 호발. 임신말기, 수유기

3) 진단 검사
① 휭켈스타인 검사(Finkelstein 검사)

환자의 무지를 굴곡한 후에 수근부를 척측으로 내전시켜 이환된 건의 긴장을 유발시키면 심한 통증을 호소

4) 치료
① 부목고정
② 비스테로이드 소염제 복용이나 스테로이드 주사
③ 건박리술

(2) 방아쇠 수지(Trigger finger)

1) 정의

협착성 건초염이라 하며 수지굴건에 결절이 생기거나 중수골 경부의 전방에 있는 A1 활차가 비후되어 발생하는 질환임

2) 증상

건통과 심한 마찰이 느껴지다가 어느 순간 갑자기 용이하게 통과되므로 마치 방아쇠를 당길 때의 느낌과 비슷

3) 치료

비스테로이드성 소염진통제 치료, 스테로이드 주사치료에 효과 없을 경우 A1 활차 절개술 시행

6. 수지의 골절 및 수지 변형

(1) 중수골 골절

① 베테뜨 골절(benett)

제1중수지 골절 중 관절 내 발생한 골절
② 롤란도(Rolando) 골절

제1중수골 기저부의 관절을 침범하는 분쇄 골절
③ 박서(Boxer) 골절 : 제5중수골 경부골절
④ 중수골 골절의 합병증 기출 • 2023

강직, 부정유합, 불유합, 건유착 또는 파열, 내재근 기능저하, 골수염 등

(2) 수지 변형

① 백조목 변형

근위지간절이 과신전, 중수지 관절과 원위 지관절은 굴곡되는 형태(손가락 끝이 굽어지는 현상)

② 단추구멍변형(부또니에 변형)

중앙 신전건이 파열된 후 이차적으로 발생되는 질환으로 근위지 관절은 굴곡되며 원위지 관절은 과신전되는 변형임(근위지절의 능동적 신전불가)

③ 추지(망치수지)

a. 원위지간관절이 갑자기 강한 힘으로 굴곡력을 받아 끝마디 부위에서 신전건이 이완, 파열되어 생기는 변형으로 원위지 관절을 능동적 신전 불가, 진행되면 백조목 변형을 초래

b. 골성추지 : 원위지골의 후방 1/3 이상을 침범하는 골절로 추지기형을 만드는 경우

c. 건성 추지 : 건이완, 건파열 등의 건손상에 의한 추지 변형

7. 기타 상지부 질환

(1) 테니스 주관절

1) 정의

팔꿈치 통증의 가장 흔한 질환으로 상완골의 외상과쪽에 염증이 생겨 외상과염이라고 함

2) 진단 및 치료

① 외측상과의 총신전건 기시부의 압통

② 보존적 치료 : 약물(소염진통제), 신전건 스트레칭, 근력 강화운동, 스테로이드 국소주사

③ 수술적치료 : 개방적 절개, 관절경을 이용한 술식

(2) 삼각 섬유 연골 복합체 파열 기출 • 2021

1) 정의

① 수근관절의 척골측에 위치해 있는 연골과 몇 가지 인대를 통칭

② 관절원판(Articular disc), 원위요척인대, 원위척측측부인대, 장측척수근인대로 구성. 완관절 척측부 안정에 중요한 역할

2) 손상

완관절 통증 및 불안정성의 가장 흔한 원인으로 대부분 보존적 치료를 하나 동반 골절이 있거나 원위 요척관절 불안정성이 있는 경우 수술적 치료(관절경적 변연절제술)가 필요할 수 있음

(3) 수부의 구축(hand contracture)

1) 듀피트렌 구축

① 정의

손바닥의 건막의 섬유화가 진행되어 수지관절(주로 4,5 수지 근위지절)의 구축으로 진행하는 질환

② 주로 50~70세 노년층, 남자에게 호발하며 원인 미상

③ 치료 : 수술적 치료로 근막절단술, 근막절제술 등을 시행

2) 볼크만 허혈성 구축

하지

I. 하지부 병변

1. 골반 및 고관절부 이상

(1) 골반 골절

1) 골반의 해부학 기출 • 2022
① 세 개의 관골(좌골, 장골, 치골)과 천골 및 미골로 구성
② 비구(acetabulum) : 반구형으로 장골, 좌골, 치골로 구성, 대퇴골두와 관절을 형성

2) 골절의 원인
① 외상 : 주로 교통사고, 추락, 낙상사고 등
② 고령
 특별한 외상 경력 없이 골절이 발생하는 경우가 있으며 이를 부전골절(insufficiency fracture)라고 함

3) 합병증
① 골반 내 장기 손상 및 신경손상
② 출혈
③ 부정유합으로 인한 하지 부동 및 파행
④ 수술 후 감염
⑤ 배뇨장애, 성기능장애

(2) 비구골절 기출 • 2016

1) 발생 연령
① 드문 골절이나 골절의 약60%이상이 교통사고로 초래되고 추락, 낙반사고 등에 의하여 건강한 성인 남자에서 빈발

2) 치료
① 보존적 치료(견인치료) 및 수술치료
② 수술 적응증 : 골절편의 크기가 큰 경우나 전위가 심한 경우 및 대퇴 골두의 탈구가 동반된 경우
③ 합병증 : 감염, 신경손상(좌골신경손상), 관절 내 나사천공, 이소성 골화, 외상성 관절염, 대퇴골두 무혈성괴사, 고관절 아탈구, 연골괴사, 고정소실

(3) 고관절부 탈구

1) 고관절 후방 탈구
① 발생원인 : 교통사고(계기판 외상), 추락
② 치료 : 빠른 시간 내에 도수정복술을 시행
 a. 엘리스(Allis) 정복법
 b. 비겔로우(Bigelow) 정복법
 c. 스팀슨(Stimson) 정복법
③ 합병증 기출 • 2002
 a. 좌골신경손상
 b. 대퇴골두 무혈성괴사
 c. 외상성관절염
 d. 재탈구

2. 대퇴부의 골절

(1) 대퇴 두부(골두) 골절

1) 합병증
① 외상성 골관절염
② 대퇴 골두의 무혈성괴사
③ 좌골신경손상

(2) 대퇴 경부 골절

1) 원인
① 골다공증에 의한 병적 골절
② 피로 골절(태권도, 발레)
③ 낙상(고령), 자동차 사고 등의 고에너지 외상

2) 진단
① 단순 골반 전후방 방사선 촬영
② CT
③ 전신 골주사 검사
④ MRI

3) 합병증 기출 • 2015
① 감염
② 불유합 : 골유합술 인공관절치환술, 절골술, 관절 고정술 등 시행
③ 무혈성 괴사
④ 고정 상실

4) 치료의 문제점
① 대퇴 경부에는 골막이 얇고 골막의 내층이 없어 골막성 신생골 형성이 아닌 단지 골수성 가골형성으로 골신생이 되는 골유합 형태임
② 관절낭 내 골절로 관절액이 골유합을 지연시켜 난치의 원인이 됨
③ 대퇴 경부의 영양혈관의 손상으로 무혈성 괴사 발생
④ 고령에게서 골다공증으로 금속 내 고정이 견고하지 못함

5) 치료
① 조기수술, 조기 거동이 바람직
② 인공골두 치환술 또는 고관절 치환술 : 고령 환자로서 분쇄가 있는 경우, 정복이 어려운 경우, 병적 골절, 심한 골다공증의 경우

(3) 대퇴 전자간 골절

1) 발생 빈도
고관절부 골절의 50%정도, 이중 50 ~ 60%가 불안정성 골절임

2) 합병증
① 고정의 실패
② 불유합
③ 이상 회전 변형

(4) 대퇴 전자하 골절

1) 부위 : 소전자와 소전자 5cm하방까지 사이에서 발생한 골절

2) 증상 및 이학적 소견
① 골절의 분쇄가 심하며 골편의 전위가 심하게 발생
② 출혈이 커서 쇼크의 위험이 있음

3) 치료
① 골편이 전위되어 보존적 치료가 어려움
② 골수강 내 금속 고정술 압박 고정나사, 금속판을 이용한 수술요법

4) 합병증
① 불유합
② 부정유합
③ 내고정물의 실패
④ 감염
⑤ 심부정맥 혈전증, 폐색전증, 폐렴(주로 노인)

(5) 대퇴 골간 골절(대퇴골 간부 골절)

1) 해부학적 특징

① 대퇴골간부는 대퇴동맥으로부터 풍부한 혈액 공급을 받고 있으며 두꺼운 근육층으로 둘러싸여 있어 골절 시 골유합이 비교적 쉽게 일어남

② 골절로 인한 부정유합, 하지 단축, 장기간의 고정으로 인한 장애 발생 가능성이 있으며 소아의 경우 과성장이 일어날 수 있음

③ 상단은 고관절, 하단은 슬관절을 이루고 있어 두 관절에 영향을 미침

2) 치료

① 도수 정복 및 석고 고정

② 골격 견인요법

③ 금속 외고정술

④ 내고정
   a. 골수내금속정 삽입술
     • 광범위한 골절부위 노출과 연부조직 손상 없이 골절의 정복 및 고정가능
     • 조기 골유합 기대, 낮은 감염률, 대퇴 사두근의 손상이 적어 기능적으로 유리한 장점이 있음
   b. 금속판 내고정술

3) 합병증

① 신경손상

② 혈관손상

③ 감염

④ 비정상적인 유합 : 지연 유합(6개월까지) 및 불유합, 부정유합

⑤ 재골절

⑥ 내고정물의 실패

(6) 대퇴골 원위부 골절

1) 해부학적 특징

① 대퇴골 원위부와 골간단인 과상부는 골수강이 넓고 피질골이 얇아 골절이 쉽게 발생

② 관절의 강직이 초래되기 쉬운 부위임

③ 대퇴골 원위 골단은 하지성장의 37%나 담당하기 때문에 심각한 변형이나 길이 단축을 초래할 수 있음

2) 치료 기출 • 2016

① 치료의 목적
관절면의 해부학적 정복, 하지길이의 회복, 각 변형 및 회전 변형의 교정 후 견고한 고정으로 정복 유지

② 대퇴골 원위부 관절내 골절편을 견고하게 고정시켜야 하는 이유
   a. 슬관절의 강직, 각변형, 지연유합, 부정유합, 불유합 및 슬관절의 퇴행성관절염이 발생할 수 있음
   b. 관혈적 정복을 통한 견고한 내고정은 관절의 강직을 예방하는데 중요하며 슬관절의 조기운동을 가능하게 하며 각변형 등을 해결할 수 있음

③ 골다공증이 심한 환자의 골절
나사의 고정력을 높이기 위해 골시멘트 이용

3. 하퇴부의 골절

(1) 슬개골 골절

1) 해부학적 특징
① 대퇴 사두근의 건내에 위치하여 모서리가 둥근 삼각형의 뼈
② 인체에서 가장 큰 종자골
③ 슬관절 구성 뼈 : 대퇴골, 슬개골, 경골
   (경대퇴관절, 슬개대퇴관절로 구성)
④ 슬관절의 주요구조물
   a. 슬관절의 외측 4중 복합체 : 외측측부인대, 장경대, 슬와건, 대퇴이두건
   b. 슬관절의 내측 4중 복합체 : 내측측부인대, 반막양근, 거위발건, 사슬와인대
⑤ 슬관절의 신전에 관여하는 근육(대퇴사두근) : 대퇴직근, 외측광근, 중간광근 내측광근

> ➜ 햄스트링 근육(슬관절 굴곡과 연관)
> - 반막양근(semimembranosus),
> - 반건양근(semitendinosus)
> - 대퇴 이두근(biceps femoris)

2) 손상기전
① 직접 손상 : 낙상, 교통사고 등으로 슬관절 전방에 압박력이 가해진 경우
② 간접 손상 : 대퇴사두근이 강한 수축과 함께 갑작스럽게 슬관절이 굴곡 되는 경우, 과도한 인장력(Tension)에 의한 경우 (견열골절)

3) 치료
① 보존적 치료
② 수술적 치료 : 관혈적 정복 및 내고정술
③ 신전기능의 장애, 전위, 관절 내 유리체, 골연골골절인 경우 수술의 적응증이 됨

4) 합병증
① 관절 운동범위의 감소
② 내고정물에 의한 불편감 및 통증
③ 감염
④ 내고정 실패로 인한 정복소실
⑤ 지연유합 및 불유합
⑥ 기타 : 대퇴사두근 약화, 퇴행성관절염

(2) 경골 근위부 골절 : 경골과 골절

1) 해부학적 특징
① 관절부 골절로 관절 연골로 덮여 있어 정확한 정복이 어려움
② 과간 융기 및 관절면에는 각종인대 등이 부착되어 있음

2) 손상기전
① 흔히 교통사고나 추락사고 등에 의해 발생
② 경골의 관절 내 골절은 'Plateau fracture' (고평부골절)라고 하며 심각하고 복잡한 합병증을 잘 동반함

3) 진단
① 단순 방사선 검사
   앙와위 측면에서 슬관절 음영안에 지방과 액체 분리선이 보이면 관절 골절을 시사하는 소견
② CT
③ MRI
④ 혈관조영술 : 슬와동맥의 손상 파악
⑤ 도플러 검사 : 슬와동맥 손상의 파악

4) 치료
① 전위가 없거나 최소일 때 보조기 사용

② 수술적 치료(수술적 치료의 적응증)
  함몰이 5mm이상이거나 2mm 이상의 관절면의 전이(transitional) 발생, 개방성골절이나 동맥의 손상을 동반하는 경골과 골절 젊은 환자, 활동성이 많고 동반손상이 많은 경우

5) 합병증
① 감염
② 강직 : 조기운동으로 예방 가능(대퇴사두근 등척운동)
③ 관절증
④ 부정정열
⑤ 고정의 실패 또는 불유합
⑥ 혈전 색전증 : 의심 시 도플러 검사, 조기운동으로 예방 가능

(3) 슬관절 탈구

1) 손상 기전과 혈관 및 신경 손상
① 교통사고 등의 고에너지 손상, 무릎의 과신전에 의한 탈구
② 슬와 동맥의 파열 8시간 경과 후 치료시 하지 절단 가능성 있음
③ 비골신경의 손상이 흔함

2) 진단 및 치료
① 즉시 정복 후 부목고정
② 혈관 손상 의심 시 혈관 도플러 시행

(4) 경골 및 비골골절

1) 해부학적 특징
① 경골이 피부직하에 있고 내측부의 연부조직 및 골막이 두껍지 않아 손상 시 개방성 골절이 되기 쉬움
② 광범위한 연부조직 및 골막 손상 시 이차적으로 감염에 의한 골수염 및 불유합 등의 심한 합병증을 초래

2) 치료
① 비수술적 치료
  a. 저에너지 손상으로 연부조직의 손상이 적은 비개방성 골절, 전위가 적거나 도수정복이 가능하고 정복이 유지되는 안정형 골절
  b. 도수정복 및 석고고정, 견인, 핀과 석고붕대 고정 등
② 수술적 치료
  a. 개방성 골절, 혈관 손상이 동반된 경우, 구획증후군이 합병된 경우, 전위된 불안정성 골절, 다발성 손상인 환자가 절대적 적응증임
  b. 수술적 치료의 장점 : 변형교정 및 연부조직 치료용이, 조기 관절 운동가능
  c. 수술적 치료의 단점 : 감염, 전방 슬부 통증, 금속물의 파열, 금속물 제거를 위한 추가 수술필요
  d. 외고정장치, 내고정 등

3) 합병증
① 신경혈관 손상 : 경골동맥, 비골신경 손상
② 구획증후군
③ 지연유합 및 불유합
④ 부정유합 : 절골술 내고정술, 골이식술로 치료
⑤ 골결손
⑥ 관절 강직

4. 족부의 외상

(1) 족근관절 골절

1) 해부학
① 족근관절 (Ankle joint)은 경골의 원위 경골면(tibialplafond), 내과(medial malleolus), 외과(lateralmalleolus) 및 거골이 많은 인대 및 연부조직 등으로 구성되어 있는 복잡한 관절임

2) 필론(pilon)골절
① 정의 : 족근관절까지 침범하는 원위 경골부 분쇄 골절
② 골절면과 관절부 연골의 손상 정도 및 분쇄 정도의 평가를 위해 3D CT를 촬영하는 것이 수술전 골절의 정확한 평가와 수술계획을 세우는 데 필요
③ 심한 연부 조직 손상을 동반한 경우 1단계 외고정술 후 2단계 지연 관혈적 정복 및 내고정술 시행
④ 합병증
   a. 부정유합, 불유합
   b. 감염
   c. 외상후 관절염(관절 유합술, 인공관절 치환술)

(2) 족근관절 염좌

1) 해부학적 특징 기출 • 2021
① 족근관절을 보호하고 있는 인대
   a. 인대 결합 : 경비 인대 결합
   b. 내측인대 : 삼각인대
   c. 외측인대
     • 전거비 인대, 후거비 인대, 종비인대
     • 특히 전거비인대는 족근관절의 안정성에 기여구조물로서, 거골의 전방 전위와 내회전을 제약기능을 담당하며, 족근관절의 염좌 시에 손상빈도가 가장 많음

> ↳ 인대손상의 정도에 따른 분류
> • 1도 : 미세파열, 종창, RICE 요법 시행
> • 2도 : 부분파열
> • 3도 : 완전 파열

(3) 족부의 골절 및 탈구 외 기타 병변

1) 해부학 기출 • 2016
① 족근골
거골, 종골, 주상골, 3개의 설상골(내측, 중측), 입방골로 이루어져 7개의 골로 구성

> ↳ 후족부(발꿈치를 이루는 뼈) : 거골, 종골
> ↳ 중족부 : 주상골, 입방골, 설상골(내측, 중간, 외측)
> ↳ 전족부 : 중족골, 족지골

② 중족골 5개
③ 족지골
   a. 제1족지(기저골, 말절골)
   b. 제2족지 ~ 제5족지(기저골, 중절골, 말절골)
④ 족부의 관절
   a. 전족부 : 족지골간 관절 및 중족골과 족지 사이의 중족 족지 관절로 구성
   b. 중족부 : 족근중족(Tarsometatarsal)관절 이라고 하는 리스프랑(Lisfranc) 관절은 제1, 2, 3 중족골과 설상골이 이루는 관절과 제4,5 중족골과 입방 관절이 이루는 관절로 구성하며 전족부와 중족부를 구분 지음 쇼파(Chopart) 관절은 거골과 주상골이 이루는 거주상 관절(talonavicular joint)과 종골과 입방골 사이의 종입방관절(calcaneocuboidaljoint)로 구성되며 후족부와

중족부를 구분지음

c. 후족부 : 거골하 관절(거골 + 종골)로 내번와 외번 운동담당

⑤ 리스프랑인대 : 제2 중족골과 내측 설상골 사이

2) 거골 골절 및 탈구

① 대부분 관절내 골절 : 족관절, 거골하관절, 거주상 관절 등 3개의 관절과 연결되며 대부분 연골로 덮여있음

② 거골 체부의 무혈성 괴사 및 인접 관절(족관절, 거골하관절, 거주상관절)의 외상성 관절염의 발생률이 높음

③ 거골 경부 골절

④ 합병증
   a. 부정유합
   b. 무혈성괴사
   c. 피부괴사 및 감염
   d. 외상성 관절염

⑤ 거골 체부 골절
   무혈성 괴사 가능성이 높음

> ↪ **족부의 무혈성 괴사**
> ① 족부 주상골의 무혈성 괴사
> ② 종족골두의 무혈성 괴사 : 제 2중족골이 가장 호발
> ③ 거골체부

3) 종골 골절

① 종골 : 족근골 중 가장 크며 주로 추락 사고에 의해 발생

② 관절 내 골절, 관절 외 골절로 분류

③ 합병증 [기출] • 2022
   a. 급성합병증 : 구획증후군, 피부괴사, 감염, 비복신경 손상 등
   b. 관절강직
   c. 외상 후 관절염(거골하 관절)
   d. 부정유합

4) 족부의 염좌

① 대부분 족근관절의 내번 염좌로 외측에서 발생하며 전거비 인대, 종비인대의 손상임

② 압박붕대, 고정(반창고, 석고부목, 석고고정 등) 손상 시 심한 불안정성이 있거나 운동선수, 활동성의 젊은이, 단열된 인대 복구를 위한 수술적 치료를 시행 하는 경우도 있음

5) 족저근막염

> ↪ 발뒤꿈치 주변에 통증을 일으키는 질환으로 아킬레스건 주변과 종골 주위의 점액낭 염, 족저 근막염, 종골골막염 등이 있음

① 해부학적 특징
   • 족저근막 : 종골에서 시작하여 발바닥 앞쪽으로 5개의 가지를 내어 발가락 기저부 위에 붙은 두껍고 강한 섬유띠로 발의 아치를 유지하고 충격을 흡수하며 체중이 실린 상태에서 발을 들어 올리는데 도움을 주어 보행 시 발의 역학에 중요한 역할 수행

② 원인
   a. 해부학적 이상 : 구조적으로 발바닥의 아치가 정상보다 낮은 편평족, 아치가 정상보다 높은 요족 변형이 있는 경우, 다리길이의 차이, 과도한 회내변형, 하퇴부 근육의 위축, 족저근막의 종골부착부위에 뼈 조각 돌출
   b. 발의 무리한 사용 : 평소 운동을 하지 않던 사람이 갑자기 많은 양의 운동을 하거나, 장거리 마라톤, 또는 조깅을 한 경우, 바닥이 딱딱한 장소에서 발바닥에 충격을 줄 수 있는 운동을 한 경우, 과체중, 장시간 서 있는

경우, 하이힐의 장기간 착용 등 족저근막에 비정상적인 부하가 가해지는 조건에서 발생
③ 증상
  a. 아침에 일어나 처음 발을 디딜 때 느껴지는 심한 통증
  b. 통증은 주로 발꿈치 안쪽에 발생하는 경우가 대부분이며 발뒤꿈치 뼈 전내측 종골 결절부위를 누르면 통증이 발생하기도 함
  c. 진행된 족저근막염의 경우 하루 일과가 끝나는 시간이 가까울수록 통증의 정도도 심해지는 경우가 있음
④ 치료
  a. 원인 제거 및 교정 : 불편한 신발, 자세 교정
  b. 스트레칭
  c. 보조기 : 뒤꿈치 컵이 가장 널리 사용. 부목이나 석고 고정
  d. 체외 충격파 요법 : 6개월 이상의 보존적 치료에 반응하지 않는 경우
  e. 비스테로이드성 소염진통제의 약물요법이나 스테로이드 주사
  f. 수술치료 : 족저근막 절개술

6) 족근관 증후군 기출 • 2016
① 해부학적 특징
  • 족근관 : 발목의 안쪽 복숭아뼈 아래 부위 (종골 내측 벽)위에 있는 터널모양의 구조물로 이 아래 경골신경, 장족지굴건, 후경골동맥, 후경골건 등 발가락을 구부리는 근육의 힘줄 및 발바닥으로 가는 신경과 혈관이 통과
② 족근관 증후군 : 족근관을 지나는 후경골신경이 여러 원인에 의해 압박을 받게 되어 나타나는 증상들을 족근관 증후군이라고 정의

③ 진단
  a. 발바닥 부위의 이상 감각, 작열감. 발바닥 아치 부위의 통증
  b. 근육의 힘이 떨어지면서 파행, 근육 위축
  c. 족근관 부위 압통
  d. 검사 : 병력청취 및 해당부위 감각 이상 피부건조 유무, 지배 근육의 위측 유무 등을 건측과 비교, 티넬 증후 등의 신경 유발 검사가 도움이 될 수 있음. 근전도 검사 및 신경 전도속도를 측정
④ 치료 방법 : 보존적 요법으로 스테로이드 주사 및 소염제 등의 치료로 효과가 없으면 수술적 감압술을 시행

5. 기타 슬부의 병변

(1) 슬관절의 각변형

1) 내반슬
① 정의
  슬관절이 관상면에서 활처럼 외측으로 휘어져 있고 경골의 원위 족관절 부위에서 내전되어 있는 상태로 생리적 내반슬과 병적 내반슬로 분류
② 병적 내반슬의 원인
  a. 구루병
  b. 후외상성
  c. 감염 후
  d. 선천성 기형
  e. 골형성 부전증
  f. 신성골이형성증

(2) 슬내장증 `기출` • 2015

① 정의
외상 후 슬관절에 운동통, 관절액 증가, 운동제한 등의 기능장애가 일어나는 상태를 총칭

② 원인이 되는 구조물
  a. 반월상 연골
  b. 측부인대
  c. 십자인대
  d. 경골극의 손상
  e. 관절 내 유리체 : 골연골체, 연골체, 섬유소체
  f. 활액막 추벽 증후군 : 슬관절낭의 막성 조직으로 태아기 때 있다가 성인 때 없어지나 일부 경우 성인 때 까지 남아 있어 마찰 및 통증을 유발

1) 반월상 연골손상

① 해부학적 특징 `기출` • 2023
대퇴골과 경골사이 관절면에 위치, 경골 관절면의 1/2을 덮고 있음. 슬관절의 정상 기능유지에 필수적 구조물로 체중전달, 외력의 분산, 관절연골 보호, 관절의 안정성 및 윤활기능의 중요한 기능을 가지고 있음

② 손상기전
슬굴곡 위에서 회전운동이 가해질 때 발생

③ 손상형태
  a. 종파열
  b. 횡파열
  c. 수평파열
  d. 방사형파열

④ 진단
  a. 증상
   • 신전 운동 제한
   • 압통 : 관절간격(Joint line)을 따라서 손상된 부위에 일치하여 증명
   • Locking(잠김 현상) : 순간적인 완전 신전이 불가능하게 되는 것
   • Giving way(불안정)
   • 대퇴사두근위축(Quadriceps atrophy)
  b. 신체검사
   • 맥머레이(McMurray) 검사
   • 아프레이(Apley) 압박 검사
   • 웅크리기 검사(Squatting test)
  c. 단순 방사선 촬영검사
  d. MRI검사
  e. 관절경검사

2) 전방십자인대 손상 `기출` • 2014, 2020

① 병리기전

② 진단
  a. 전방전위징후 : 둔부로 환자의 발을 고정시키고 경골의 상단을 손앞으로 끌어당겨 5mm 이상 당겨지면 의심
  b. 라크만(Lachman)검사 : 0 ~ 20도의 굴곡 위에서 경골의 전방전위를 측정하는 방법
  c. Pivot shift test(추측변위검사) : 전방십자인대파열이 있는 경우 무릎이 완전 신전 시 경골이 앞뒤로 전이되기 시작하다가 무릎이 30도 이상 굴곡 되면 다시 복귀하는 검사 방법
  d. MRI 검사
  e. 관절경 검사

③ 치료
  a. 보존적 치료 : 보조기, 석고고정
  b. 수술적 치료 : 인대재건술(자가건)

3) 측부인대 손상

① 내측 측부인대
  a. 슬관절의 인대 중 가장 흔히 손상 받는 구조물로 외반력에 대항함
  b. 과도한 외반력(valgus stress: 외전, 외회전, 무릎 외측에서 내측으로의 외력)에 의해 손상

② 외측 측부인대
  a. 내반력(내전, 내회전, 관절 내측으로 부터의 강한 외력)에 의한 손상

③ 이학적 검사
  a. 외측 측부인대 : 보행분석, 내반부하검사, 후외방 전위검사
  b. 내측 측부인대 : 외반 부하검사
  c. 방사선 검사 : 단순촬영, stress촬영
  d. 관절경검사
  e. MRI

④ 치료
  a. 내측측부인대 : 비수술적 치료를 선호 : 석고고정, 보조기, 물리치료
  b. 수술적 치료 : 3도 인대손상, 동반 손상, 견열 골절이 있는 경우 시행

(3) 박리성 골연골염

1) 정의

연골하골의 무혈성 변화와 관절연골의 퇴행성 변화가 나타나 치유되지 않았을 때 연골하골을 덮고 있는 연골이나 골이 분리되어 관절내 유리체를 발생시키는 질환으로 슬관절(대퇴골내과), 족관절(거골), 주관절(상완골 소두)에서 호발

2) 원인 : 반복되는 외상, 순환장애, 염증 반응

3) 진단

박리성 골연골염병변에 대한 ICRS(international cartilage repair society)등급으로 1~4 등급으로 분류

4) 치료
  a. 비수술적 치료 : 체중 부하 제한, 보조기 착용을 통한 약 6주간의 관절 운동 제한
  b. 수술적 치료 : 연골재생술(미세골절술), 골연골이식술, 자가연골세포 이식술

Part II
질병

I. 근골격계, 관절 질환

1. 골관절염

(1) 개요

1) 정의

연골, 윤활막(synovium), 인대, 연골아래 골 등 관절을 구성하는 여러 구성물들에 병리학적 변화가 발생하여 관절의 통증과 강직이 유발되는 질환

2) 위험인자 • 2022

① 나이(고령, 60세 이상)
② 성별(여성), 유전적 요인
③ 비만
④ 반복적인 관절 사용
⑤ 과거의 외상
⑥ 선천적 기형(대퇴골두 골단 분리증, 선천성 골반이형성증)
⑦ 내분비질환(말단비대증, 칼슘결정침착, 혈색소침착증, 윌슨씨병, 파젯씨 병)
⑧ 스포츠 활동(레슬링, 복싱, 야구투수, 사이클, 크리켓, 체조, 발레, 축구 등)

3) 관절염의 분류

① 퇴행성관절염
② 류마티스 관절염
③ 통풍성 관절염
④ 화농성 관절염
⑤ 골관절의 결핵
⑥ 외상성관절염

4) 호발부위 : 무릎, 엉덩이, 손, 척추관절

5) 진단

① 환자가 호소하는 증상과 방사선 검사로 진단이 가능(임상적 진단)

> ↘ 관절염의 임상적 진단 기준
> 1) 45세 이상
> 2) 활동과 관련된 통증
> 3) 조조강직이 존재하지 않거나 30분미만으로 지속
> 4) 다른 진단의 가능성이 적을 때

② X-선 소견 • 2024

a. 관절간격의 협소(특히 체중 부하 부위의 비대칭적인 관절 간격의 협소)
b. 연골 아래 부위가 딱딱하게 되어 하얗게 보이고, 관절면 주위로 뾰족하게 튀어나오는 골극(spur)이 형성하기도 함

③ 자기 공명 영상(MRI) : 동반된 연부 조직의 이상이나 관절 연골의 상태를 보는데 유용
④ 진단적 관절경 : 골 병변이 나타나기 이전에 연골의 변화와 상태를 관찰할 수 있으며 진단과 동시에 치료적 수술이 가능

6) 치료

① 약물 요법 : 아세트아미노펜, NSAIDs
② 관절강 내 주사 : 부신피질스테로이드, 히알루론산
③ 물리치료 : 보조기구(지팡이, 목발, 부목 등), 냉온요법, 경피적 신경 자극법
④ 수술치료

(2) 류마티스관절염

1) 정의

관절 활막의 지속적인 염증반응을 특징으로 하는 만성 염증성 자가면역 전신 질환으로 지속적인 염증반응으로 연골손상 및 관절의 파

괴가 일어나 기능의 장애를 초래

2) 병태기전

관절 윤활막의 반복적인 염증으로 판누스(pannus)라는 증식성 반응성 윤활막 조직이 형성되며 이는 관절연골 및 뼈의 침식발생에 관여함

3) 주요 증상

① 여성에게서 2~3배 많음
② 여러 관절에 뻣뻣함, 통증 종창 등의 증상이 수주에서 수개월에 걸쳐 서서히 발생
③ 관절증상 : 아침에 조조강직, 수부관절이 주로 침범, 관절활액막이 대칭적으로 침범
④ 혈액검사 : 항CCP항체, 류마티스 인자가 진단에 유용함

4) 진단 기준 기출 ● 2010, 2024

> **적용 대상**
> ① 최소 1개 이상 관절에서 임상적으로 명확한 윤활막염(종창)이 있는 새로 발병한 환자
> ② 다른 질환으로 잘 설명되지 않는 윤활막염이 새로 발병한 환자

항목(점수)	내용
관절 침범 개수 (0~5)	① 큰 관절 : 견, 주, 고, 슬, 족근관절 ② 작은 관절 : 중수지, 근위수지, 2~5번째 중족지, 엄지수지, 손목 관절
혈청 검사 (0~3)	① 류마티스인자(RA factor). ② 항CCP항체
급성기염증반응물질 (0~1)	① C반응 단백(CRP), ② 적혈구 침강속도(ESR) 수치상승
증상 발생 기간(0~1)	① 6주 기준

5) 치료

① 약물치료
② 수술치료 : 윤활막 절제술, 관절 유합술, 관절 성형술, 인공관절 치환술 등
③ 적절한 운동과 휴식, 온열치료

(3) 통풍성 관절염

1) 정의

① 요산의 결정이 관절주위 및 연부조직에 침착되어 관절에 극심한 염증을 야기하는 질환임

> **요산**
> 음식을 통해 섭취되는 퓨린이라는 물질을 인체가 대사하고 남은 산물로 혈액, 체액, 관절에는 요산나트륨의 형태로 존재

2) 주요 특징

① 고요산혈증, 알코올 섭취, 비만, 유전 등이 위험인자임
② 40대가 호발연령, 성인남자에서 호발
③ 임상 증상 : 제1족지의 중족지 관절 통증발작, 관절 내 요산결정의 침착으로 강직 발생
④ 임상양상
  a. 1단계 : 무증상 고요산혈증(7.0mg/dL 이상)
  b. 2단계 : 급성 통풍성 관절염 : 통풍발작
  c. 3단계 : 무발작기간의 통풍
  d. 4단계 : 만성 결절성 통풍 : 통풍성 관절염
⑤ 진단 : 관절 윤활액 검사, 혈청 요산농도
⑥ 치료 : 소염진통제, 콜키신, 스테로이드 등의 약물치료

2. 골다공증

(1) 정의
① 골량의 감소와 골질의 변화로 골강도(뼈의 미세구조)가 파괴되고 사소한 외력에도 골절이 쉽게 일어나는 질환
② 원발성(폐경후, 노인성) 및 속발성으로 골다공증으로 구분
  a. 내분비 질환 : 부갑상선 기능항진증, 쿠싱증후군, 갑상선 기능항진증, 당뇨병, 말단비대증
  b. 기타 : 스테로이드 과다 사용, 알콜 중독, 흡연, 만성신부전, 다발성 골수종 외

(2) 위험인자

1) 주 위험 인자(major)  • 2016
① 모친의 고관절 골절 병력
② 45세 이전의 골절 병력
③ 장기간 스테로이드 사용

2) 기타위험인자
① 흡연
② 장시간 벤조디아제핀 사용
③ 항경련제 복용 병력, 갑상샘 항진증 병력,
④ 현재 체중이 25세 때보다 가벼운 경우, 25세 때 신장이 168cm 이상인 경우
⑤ 운동량부족, 커피나 차를 하루 4잔 이상 섭취, 하루 서 있는 시간이 4시간 이하

(3) 임상소견
1) 주요 골절 발생 부위
① 골다공증에 의한 흔한 골절 부위 : 척추
② 50~60대 폐경 여성에게서 가장 흔한 골다공증성 골절 : 요골 원위부(손목)
③ 골다공증성 골절 중 가장 심한 합병증과 비용 발생 : 대퇴골 골절

(4) 진단 : 골밀도 검사
① 정의
  인체 특정 부위의 뼈의 양을 골밀도라고 하는 지표로 측정하기 위한 검사로 정상인의 골밀도와 비교하여 얼마나 뼈의 양이 감소되었는지를 평가
② 척추부, 대퇴골 전체, 대퇴 경부, 상완부 중 가장 낮은 결과 값을 이용하여 진단

> ↪ 골밀도 검사 의 건강 보험인정기준
> ① 65세 이상의 여성과 70세 이상의 남성
> ② 고위험요소를 가지고 있는 65세 미만의 폐경 후 여성
> ③ 비외상성 골절
> ④ 비정상적으로 1년 이상 무월경을 보이는 폐경 전 여성
> ⑤ 골다공증을 유발할 수 있는 질환이 있는 경우
> ⑥ 골다공증을 유발할 수 있는 약물을 복용중이거나 장기간(3개월 이상) 투여 계획이 있는 경우
> ⑦ 기타 골다공증 검사가 반드시 필요한 경우
>
> ↪ 고위험요소
> 낮은 체중, 비외상성 골절 과거력, 고위험 약물 복용, 외과적 수술로 인한 폐경이나 40세 이전의 자연폐경

(5) 진단 기준
1) WHO의 골다공증 진단 기준
① T값 ≥ -1 : 정상
② -1.0 > T 값 > -2.5 : 골감소증
③ T값 ≤ -2.5 : 골다공증

> ↪ T score : 같은 인종, 같은 성(性)별의 젊은 사람의 평균 골밀도에서 위, 아래 표준편차를 나타내는 값

(6) 치료

1) 생활습관교정

  운동, 금연, 금주

2) 약물치료

① 골흡수억제제 : 뼈의 소실을 막아 골의 강도를 증가시킴. 칼시토닌, 여성호르몬 대체요법, 비스포스포네이트 등

② 골형성 촉진제 : 부갑상선 호르몬제 등

3) 예방

  칼슘이 많은 식품 섭취, 균형 있는 식생활, 금연, 과음 절제

II 신경계통 질환

1. 삼차신경통

(1) 정의

① 삼차신경 : 얼굴의 감각과 저작작용을 하는 근육의 감각 및 운동을 담당하는 5번째 뇌신경으로 안신경, 상악신경, 하악신경 총 3개분지로 구성

② 삼차신경통 : 삼차신경이 분포하는 부위에 국한되어 나타나는 통증으로 주로 50대 이상의 여성에게서 발생함

(2) 원인

① 삼차신경이 뇌간(교뇌)으로 들어가는 부위를 뇌혈관이 압박함으로 발생(90%이상)

② 삼차신경주위의 뇌종양이 발생하여 삼차신경을 압박

(3) 진단

1) 진단 기준(국제 두통학회)

① 하나 또는 그이상의 삼차신경이 분포하는 영역에 발생하는 수 초 ~ 2분정도의 갑작스런 통증

② 유발요인이나 유발 영역에서 기인한 극심하고 날카로우며 피부표면에 칼로 찔린 듯 한 통증

③ 개개의 환자에서 정형화된 모습으로 보임

④ 신경학적 결손이 없음

⑤ 2차적 원인이 없음

2) 검사

① 감각소실이 있거나 양쪽으로 침범한 경우, 젊은 환자의 경우 2차성 삼차 신경통(혈관이 아닌 다른 구조물에 의해 유발된 삼차 신경통)

가능성이 높음
② MRI, 전기생리학적 검사 CT 등을 통해 2차 삼차 신경통의 원인 규명

(4) 치료

1) 약물 치료

2) 수술치료
① 미세혈관 감압술
② 절단술
  a. 고주파 열응고술
  b. 기계적 풍선 압박
  c. 화학적 주사요법을 통한 신경뿌리 절제술
③ 방사선 수술 : 감마나이프
④ 말초신경 절단 및 신경차단 : 경피적 신경절단술

2. 안면신경 마비

(1) 개요

1) 정의 : 여러 원인에 의해 안면신경(7번 뇌신경)이 분포하는 부위에 마비가 오는 것

2) 원인
① 중추성 : 뇌혈관장애, 뇌종양, 뇌염 등
② 말초성
  a. 원인불명 : 벨 마비
  b. 바이러스 침투(대상포진바이러스) : 람세이헌트증후군
  c. 외상 : 머리뼈 골절과 함께 안면신경 손상
  d. 감염 : 중이염 합병증

(2) Bell마비

1) 증상
① 미각 감소, 얼굴감각이상
② 안면부 또는 귀 뒤쪽 통증
③ 눈물분비감소
④ 뇌졸중과의 감별 : 중추성 안면신경마비의 경우 이마 주름 및 눈을 감을 수 있음

2) 진단 및 치료
① 진단 : 중추성 여부를 확인하기 위해 MRI 및 CT촬영
② 스테로이드 치료 : 72시간 내 스테로이드 복용 시 회복속도가 빠름
③ 항바이러스제
④ 눈관리 : 윤활액, 연고, 안대 등
⑤ 물리치료
⑥ 수술적 치료

3. 뇌졸중

(1) 개요

> ➔ 뇌혈류의 분포 : 양측 내경동맥 및 척추동맥에서 공급, 뇌기저부에서 윌리스환을 형성 : 측부순환

1) 뇌졸중의 위험인자 : 교정 불가능한 위험인자
① 나이 : 55세 이상
② 성별 : 남성
③ 인종
④ 뇌졸중의 가족력
⑤ 출생 시 저체중

2) 뇌졸중의 위험인자 : 교정 가능한 위험인자
① 고혈압
② 당뇨병

③ 심방세동
④ 고지혈증
⑤ 흡연
⑥ 비만
⑦ 허혈성 심질환
⑧ 대사증후군
⑨ 신체활동부족
⑩ 음주 등

(2) 뇌졸중의 원인에 따른 분류

1) 허혈성 뇌졸중
① 혈전성 뇌경색
② 심인성 뇌경색
③ 열공성 뇌경색

2) 뇌출혈 기출 • 2022
① 뇌실질내 출혈 : 고혈압에 의한 출혈이 많음
② 뇌지주막하출혈(거미막하출혈 : SAH Subarachnoid hemorrhage)
  : 대부분 뇌동맥류 파열에 의함
③ 뇌실내출혈(IVH:intraventricular hemorrhage)
④ 경막외, 경막하 출혈(주로 외상성이 많음)
⑤ 원인에 따라 뇌동정맥 기형, 모야모야 병에 의한 뇌출혈

3) 일과성 뇌허혈 발작 : 국소신경학적 결손이 갑자기 발생한 후 24시간 이내에 완전히 사라지는 것

(3) 뇌졸중의 진단

1) 영상 검사
① CT : 뇌출혈과 뇌경색을 구별하기 위해 가장 먼저 시행하는 검사
② MRI : 급성 뇌경색 진단에 우수
③ 혈관조영술
④ 경동맥 초음파
⑤ 심장 초음파 : 심장 내부의 혈전 확인

(4) 뇌졸중의 치료

1) 허혈성 뇌경색의 치료
① 일반적인 치료 : 적절한 산소농도 유지, 정상 체온 유지, 혈압 상승관리
② 약물치료 : 혈전 용해제 투여
③ 수술적 치료 : 응급 경동맥 내막절제술, 두개절제술을 통한 감압법

2) 뇌내출혈의 치료
① 기도 및 호흡유지, 혈액 순환상태에 대한 평가 및 치료 선행
② 치료의 원칙 : 출혈을 멈추거나 늦추면서 혈종 제거를 통해 뇌손상의 물리적 원인을 줄이고 뇌압 및 뇌관류를 조절

3) 지주막하 출혈의 치료
절대안정, 적절한 전신순환 유지를 위한 수분 공급, 고혈압의 적극적 조절, 두통완화제, 배변완화제 및 정맥혈전 예방

4. 기타 뇌혈관 질환

(1) 모야모야병

1) 정의
양측 내경동맥이 대뇌 양측으로 협착 또는 폐쇄되는 만성 진행성 뇌혈관 질환으로 막힌 혈관 주변에 새로운 측부 혈행(collateral circulation)을 형성하나 출혈, 동맥류, 혈전증의 가능성이 높음

2) 임상 양상
① 호발연령 : 10세 이하의 유아, 30세 전후 청장년
② 증상 : 소아는 허혈성 증상, 성인은 출혈성 증상
③ 진단 : 뇌혈관 조영술
④ 치료 : 직접뇌혈관 문합술(성인) 간접뇌혈관 문합술(소아)

5. 파킨슨병

(1) 개요
1) 정의

대표적 신경퇴행성 질환으로 중뇌 흑질에 존재하는 도파민 분비 신경세포의 소실로 나타나는 질환

(2) 증상
1) 운동성 증상
① 안정 시 진전(tremor)
② 근육 경직
③ 운동완만(움직임의 둔화, 세밀한 동작 불가)
④ 자세 불안정 및 보행 이상

2) 비운동성 증상
① 인지기능의 장애 및 정신증상 : 치매, 우울증
② 수면장애
③ 자율신경계 증상이상 : 변비, 배뇨장애 등
④ 감각 이상

3) 진단 검사
① 도파민-단일광자방출단층촬영
② 뇌 MRI

4) 치료
① 약물요법(레보도파)

III 순환기계 질환

1. 고혈압

(1) 2013년 대한 고혈압 학회기준 진료실 측정혈압 분류

단위(mmHg)	수축기 혈압	구분	이완기 혈압
정상	120 미만	그리고	80 미만
고혈압 전단계	120~139	또는	80~89
1기	140~159	또는	90~99
2기	160 또는 그 이상	또는	100 또는 그 이상

➡ 혈압의 영향인자
 A. 나이(연령에 따른 증가)
 B. 성별(남)여
 C. 유전적 요소
 D. 인종(흑인)백인

(2) 고혈압의 원인
1) 원발성 고혈압(원인불명)의 위험인자

➡ WHO-ISH(국제 고혈압 학회)
 ① 조절 불가능한 요인 : 가족력, 고령(55세 이상 남성, 65세 이상 여성)
 ② 환자와 의사가 조절 가능한 요인 : 당뇨, 고지혈증
 ③ 환자가 조절 가능한 요인 : 복부비만, 흡연, 스트레스, 운동부족

2) 2차성 고혈압의 흔한 원인
① 원발성 고알도스테론 혈증
② 폐쇄성 수면 무호흡 증후군
③ 신장 혈관 질환
④ 만성 신부전
⑤ 약물에 의한 고혈압

(3) 고혈압의 치료

1) 고혈압의 표적장기별 손상(합병증)
① 뇌혈관 : 허혈성 뇌졸중, 뇌출혈, 일과성 뇌허혈발작
② 심장 : 심근경색, 협심증, 심부전
③ 콩팥 : 신기능 부전, 단백뇨
④ 혈관 : 경동맥협착, 말초혈관질환
⑤ 눈 : 망막출혈, 망막삼출, 유두부종

2) 고혈압의 치료
① 생활요법
② 약물요법

2. 허혈성 심질환

1) 정의 : 심근으로의 혈류감소로 인한 산소공급의 부족, 전형적으로는 산소의 요구와 공급의 불균형이 있는 경우로 발생

2) 원인 : 가장 흔한 원인은 관상동맥의 죽상경화증

3) 분류 : 안정형협심증과 불안정형 협심증, 급성 심근경색 등이 있음

> ↪ 죽상경화증
> ① 발생기전 : 혈관내피세포의 손상 → 지방흔의 형성 → 죽상경화반(플라그)의 형성 및 불안정화 → 경화반 파열로 혈전 형성
> ② 위험인자
> • 교정 가능한 위험인자 : 고지혈증, 흡연, 고혈압, 당뇨, 비만 운동부족
> • 교정 불가능한 위험인자 : 유전적 경향 나이, 남성, 인종

(1) 협심증

1) 협심증 정의 및 원인 기출 • 2018
① 정의 : 심근의 산소요구량에 비해 산소가 모자랄 때 발생하는 흉통
② 원인 : 관상동맥의 죽상경화, 경련 등
③ 분류 : 안정형협심증, 불안정형 협심증, 이형 협심증

2) 안정형 협심증 증상(전형적 협심증의 흉통)
① 전형적 양상과 지속시간을 보이는 흉골하 불편감
② 운동이나 스트레스에 의해서 유발됨
③ 휴식이나 니트로글리세린에 의해 호전됨

3) 불안정 협심증의 주요 양상 기출 • 2024
① 안정 시 협심증 : 휴식 시 협심증 증상 발생
② 새로이 발생한 협심증 : 2개월 이내 새로 생긴 심한 협심증
③ 심해지는 협심증 : 기존협심증의 정도가 더 자주 오래 지속되며 흉통의 강도가 증가

4) 이형 협심증
① 관상동맥의 경련에 의한 흉통 유발
② 새벽 ~ 아침 기상의 특징적 흉통 발생시각

5) 협심증의 진단
① 운동부하 심전도
② 심장영상 검사 : 심장관류스캔(Perfusion scan)
③ 관상동맥 조영술

6) 협심증의 치료
① 흉통 조절
    a. 침상 안정 및 지속적인 모니터링
    b. 니트로글리세린의 설하 혹은 스프레이 투여

c. 호흡 곤란 또는 저산소증 환자에게는 산소를 공급
    d. 베타 차단제, 칼슘차단제
② 항혈전 치료 : 항응고제
③ 경피적 관상동맥 중재술(Percutaneous coronary intervention) : 풍선을 이용한 혈관확장술과 스텐트를 이용한 혈관 확장 시술방법
④ 관상동맥 우회술(Coronary artery bypass graft, CABG) : 관상동맥협착 정도가 심한 경우에 받게 되는데 관상동맥이 좁아지거나 막힌 부위를 우회해서 다리 부위 복재정맥 및 흉부의 내유동맥 등을 이용하여 좁아진 관상동맥을 대신할 혈관을 붙여주는 외과적 수술임

(2) 급성 심근경색

1) 정의

지속적인 심근허혈로 인해 심근세포가 비가역적인 괴사에 이르는 상태

2) 원인

대부분 죽상경화반의 파열과 이어 생긴 혈전으로 인한 관상동맥 폐색에 의하며 드물게는 관상동맥 색전, 관상동맥 경련, 혈관염 등이 원인이 됨

3) 임상 소견 및 진단 기출 • 2018, 2024

① 흉통
② 심전도 이상 : ST분절변화(상승 또는 하강), T파 역위, 비정상적 Q파
③ 심장 표지자 : CK-MB, Troponin T, Troponin-I
④ 심장 영상 진단 : 심장 초음파, 관상동맥조영술

↘ who의 심근경색 진단기준
    흉통, 심전도이상, 심근효소 변화 중 2가지 이상 충족

4) 치료

경피적 관상동맥 중재술로 재개통

3. 부정맥

(1) 개요

1) 정의 : 심장박동이 불규칙하게 되는 것

2) 원인
① 선천성
② 심장질환에 이차적 발생
③ 다른 질환에 의한 발생 : 폐질환, 갑상선 기능이상, 빈혈, 고열 등
④ 전기전달체계에 영향을 미치는 환경의 변화 : 고도의 스트레스, 카페인, 술, 흡연, 불충분한 수면

3) 분류
① 빈맥성 부정맥
② 서맥성 부정맥
③ 조기박동(기외수축) : 심실성, 심방성

(2) 진단 검사

1) 심전도

2) 24시간 심전도(Holter 검사)

3) 운동부하 심전도 검사, 약물 부하 심전도 검사

4) 핵의학 심근관류 검사

5) 전기생리학검사

6) 심장초음파 검사

(3) 치료
1) 약물요법
강심제, 항부정맥제, 항응고제 등

2) 수술적 치료
① 전극도자절제술
② 인공심박동기 삽입술
③ 삽입형 제세동기

3) 전기적 심율동 전환

4. 심부정맥혈전증
(1) 정의
심부정맥에 혈전이 생성되는 질환으로 폐색전증과 함께 정맥혈전색전증의 대표적 질환임

(2) 원인
1) 병인
① 유전적 요인, 악성 종양, 비만, 수술
② 부목고정, 장기부동, 임신, 피임약 복용 또는 여성 호르몬 보충요법
③ 위험인자(고위험군) : 과거 심부정맥혈전증 병력 혹은 혈전 생성증 소견을 가진 환자에서 암수술, 고령, 혹은 과거 심부정맥혈전증 병력 또는 혈전성향 소견을 가진 환자에게 정형외과 수술, 척수 손상

(3) 진단 및 치료
1) 진단
① 임상 증상 : 압통 및 장딴지통
② 진단 : 혈류 초음파(도플러 초음파)

2) 치료
① 혈전용해술, 하대정맥필터삽입술 등
② 경구용 항응고제
③ 예방 : 수술 후 조기운동, 압박스타킹 착용, 간헐적 공기 압박 등

5. 하지정맥류
(1) 원인
1) 정의
판막의 기능 장애로 인한 혈액의 역류로 하지의 표재정맥이 비정상적으로 부풀고 꼬불꼬불해져 있는 상태

2) 원인
연령, 성별(남성 < 여성), 유전, 비만, 장시간의 직립 자세

(2) 진단
혈액역류 검출 : 혈관 도플러 검사

(3) 치료
1) 치료의 종류
① 압박스타킹 또는 탄력붕대를 사용하여 역류에 의한 증상완화
② 비수술적 경화요법 : 정맥을 섬유화 시켜 혈액 순환 차단
③ 레이저 또는 고주파를 이용한 정맥류의 제거술
④ 카테터 소작법
⑤ 수술적 치료

6. 기타 말초 혈관질환

(1) 동맥 경화성 만성 동맥 폐쇄 질환

1) 정의

대동맥궁 원위부에서 동맥이 의미 있게 좁아지는 질환으로 흔히 하지의 동맥경화성 폐색질환을 말함

2) 위험인자

50세 이상, 남성, 흡연, 당뇨병, 고혈압, 고지혈증 등

3) 진단
① 임상증상 : 하지의 간헐적 파행
② 검사 : 하지 혈류 초음파

4) 치료
① 고혈압 조절
② 혈당조절
③ 고지혈증 조절
④ 운동치료
⑤ 항혈소판제
⑥ 수술치료
⑦ 금연

(2) 버거씨병

1) 정의

폐쇄성 혈전혈관염이라 하며 말초 동맥의 혈전성 염증으로 인한 동맥의 폐색에 의한 증상 발생

2) 위험인자

젊은 남성 흡연자

3) 임상증상

혈관 폐쇄로 인해 사지 말단이 괴사 상태에 빠지거나, 심할 경우 절단까지 초래

4) 치료

약물치료(혈관확장제), 수술치료(혈관 우회술, 절단술)

(3) 레이노병

1) 정의

추위나 스트레스 또는 원인불명으로 말초혈관이 수축되거나 혈액순환 장애로 양쪽 손발 끝에 청색증, 통증, 손발 저림과 감각저하가 나타나는 현상

7. 심부전

(1) 정의

심장의 구조적 기능적 이상으로 말초기관에 필요한 만큼의 산소를 전달하지 못하는 상태

(2) 위험요소

1) 노령

2) 고혈압

3) 수축기고혈압

4) 관상동맥질환

5) 당뇨

6) 비만

7) 흡연

8) 심전도 이상

(3) 부위에 따른 분류 및 증상

1) 좌측 심부전 : 호흡곤란, 기침, 폐고혈압

2) 우측 심부전 : 전신 부종, 간비대

8. 선천성 심장질환

(1) 분류

1) 비청색증형

① 심실중격 결손

② 심방중격 결손

③ 동맥관 개존증, 난원공 개존증

④ 대동맥 축착(협착)

2) 청색증형

① 활로사징 : 폐동맥 협착, 심실중격 결손, 대동맥 기승, 우심실 비대의 4가지 해부학적 이상이 있는 상태로 병의 경중은 폐동맥 협착의 정도에 따라 달라짐

9. 심장 판막 질환

(1) 분류

1) 승모판 협착증(mitral stenosis)

① 99%가 류마티스성임

② 승모판 단면적의 감소 → 좌심방압의 상승 → 심박출 감소의 병태생리를 거침

③ 내과적 약물 치료 및 승모판 성형술 등의 수술요법 시행

2) 승모판 폐쇄부전증

승모판막의 병변으로 좌심실 역류 시 좌심방으로의 혈액 역류발생

3) 승모판 탈출증

4) 대동맥판막 협착증

5) 대동맥판막 폐쇄부전증

10. 대동맥 질환

(1) 대동맥 박리

1) 정의

대동맥혈관 내막의 일차적인 파열로 인해 대동맥 내 혈류가 중막으로 흘러 들어와 대동맥 혈류가 원래 흐르던 곳에서 찢어진 대동맥막 사이로 흘러 들어가 다른 내강을 만드는 것

2) 위험인자

① 연령 및 성별 : 40 ~ 60세 사이의 남성

② 선천적 요인 : 예 말판 증후군

③ 고혈압

④ 임신

⑤ 심혈관 수술 : 심혈관 중재술, 판막 수술

3) 진단 및 치료

① 증상 : 극심한 흉부 통증, 호흡곤란, 실신

② 진단 : 심혈관 조영술이 가장 확실, 심초음파, 흉부 방사서 검사

③ 치료

a. 약물치료 : 하행 대동맥궁만 찢어진 심하지 않은 경우

b. 응급 수술 : 상행 대동맥박리의 경우

(2) 대동맥류

1) 정의

대동맥의 어느 한 부분이 정상 지름의 1.5배보다 커지면서 혈관벽이 부풀어 돌기나 풍선 형태로 변형되는 것

2) 분류
① 흉부대동맥류
   a. 상행대동맥류
   b. 대동맥궁의 대동맥류
   c. 하행대동맥류
② 흉복부대동맥류
③ 복부대동맥류

3) 진단 및 치료
① 호발 연령 및 성별 : 65세 이상의 남성
② 증상 없이 우연히 검진 중 진단이 많음
③ 치료
   증상이 있는 6cm이상의 대동맥류는 수술적 치료가 필요하며 인조혈관 치환술과 경피적 대동맥류 중재술(스텐트 삽입)을 시행

11. 심장의 기타 질환

(1) 감염성 심내막염

1) 정의
   심장내의 판막, 심장내벽, 심장근처의 대혈관에 있는 심내막에 염증을 일으키는 감염성 질환으로 승모판 내막염증이 가장 흔함

2) 위험인자
① 연령 및 성별 : 65세 이상의 남성
② 선천성 심장질환
③ 후천성 심장 판막 질환 : 류마티스성 심장질환
④ 승모판탈출증
⑤ 인공판막
⑥ 심내막염 과거력

(2) 심낭질환(pericardial disease)

1) 심벽의 해부학
① 심벽(Cardiac Wall) : 심내막 / 심근 / 심외막으로 구성
② 심외막(Epicardium)은 장측 심막(visceral pericardium)이라고도 하며 가장 바깥쪽의 벽측 심막(parietal pericardium)과 심낭을 구성, 두 심막 사이에 심낭액이 차 있어 심낭강을 형성

2) 급성 심낭염

3) 심낭압전(cardiac tamponade)
① 정의 : 심낭 삼출의 양이 많아져 심장압박을 초래

4) 교액성 심낭염
① 정의 : 심막이 서서히 섬유화되면서 비후되어 장측심막과 벽측심막 사이의 공간이 없어짐

Ⅳ. 호흡기계 질환

1. 개요

(1) 호흡기계 질환의 주요 증상 및 징후

1) 기침
① 비흡연자의 만성기침의 4대 원인 : 기관지천식, 후비루증후군, 위식도 역류, 만성기관지염 또는 기관지 확장증

2) 객담 : 점액성, 화농성

3) 객혈

4) 호흡곤란

5) 흉통

6) 청색증

7) 곤봉지 : 손가락 끝이 곤봉처럼 뭉툭해지는 것으로 폐암, 간질성 폐질환, 폐결핵 같은 호흡기계 질환이나 저산소증을 유발하는 선천성 청색증 심장 질환도 원인이 될 수 있음

(2) 폐활량 측정법

1) 노력성 폐활량

2) 1초간 노력성 호기량(FEV1)  ●2023
   a. 폐쇄성 환기장애 : 만성기관지염, 폐기종, 천식 등 기도의 문제로 인해 발생
   b. 제한성 환기장애 : 흉막강 삼출액, 기흉, 결핵 등 폐의 팽창과 수축의 제한

3) 1초간 노력성 호기량과 노력성 폐활량의 비 (FEV1/FVC)

2. 만성 폐쇄성 폐질환

(1) 개요

1) 정의
   기도의 만성염증과 폐실질의 파괴로 폐기능이 점차 감소하는 폐질환으로 만성 기관지염, 폐기종을 포함
① 만성기관지염 : 기침과 가래가 연속되는 2년 사이에 매년 3개월 이상 지속되는 경우
② 폐기종 : 폐포벽의 파괴상태

2) 원인(위험요인)
① 흡연
② 기관지 과민반응, 호흡기 감염(유소년기 심한 호흡기 감염)
③ 도시공해 : 석탄, 금광, 목화섬유, 먼지,
④ 선천성 질환 : 알파-1-항트립신이라는 유전자의 선천적 결핍

(2) 임상소견

1) 증상
① 기침
② 가래
③ 만성적이고 진행적인 호흡곤란

2) 다양한 COPD 검사
① 증상에 의한 평가 : 호흡곤란 점수(modified medical research council dyspnea scale)
② 폐활량 측정법 : FEV1 / FVC 〈0.7이면 완전히 가역적이지 않은 기류제한이 존재함을 의미
③ 6분 도보검사 : COPD 환자의 기능적 운동능력에 대한 평가
④ BODE지수 : 체질량 지수(BMI, kg/m^2), 기류제한(Obstruction : FEV1%(prected : 건강

한 사람의 정상예측치와 비교하여 퍼센트로 표시하며 정상예측치는 키, 나이, 성별에 따라 변화), 호흡곤란 정도(Dyspnea), 운동 능력(6분 걷기 검사, E)의 4개 항목으로 구성 COPD 환자의 생존율 예측 지표로 사용  • 2011

(3) 치료
1) 약물치료 : 기관지 확장제, 스테로이드, 기타 약물

2) 예방접종 : 인플루엔자 예방접종, 폐렴 구균

3) 산소요법, 금연

4) 폐용적 감소를 위한 수술이나 폐 이식 고려

3. 천식

(1) 개요
1) 정의

만성기도염증, 가변적인 호기 시 기류제한 및 쌕쌕거림(천명), 호흡곤란, 기침 등의 특징적인 호흡기 증상이 반복되는 간헐적, 가역적인 기도 협착 및 폐쇄 증후군

2) 원인
① 개체요인 : 유전인자(아토피, 기도과민성), 비만, 성별
② 환경요인 : 알레르겐, 집먼지, 진드기 꽃가루, 곰팡이, 대기오염, 흡연, 음식, 약물, 스트레스, 운동

(2) 진단
1) 임상소견
① 천식의 3대 증상 : 호흡곤란, 기침, 쌕쌕거림(천명)

2) 폐기능 검사
① 기관지확장제 반응검사
  폐활량 측정 후 속효성 기관지확장제 사용 후 15분 지나서 폐활량측정 법을 다시 하여 기관지확장제 사용 전후의 폐활량측정치(FEV1 또는 FVC 중 하나)가 사용 전에 비해 12% 증가하면 양성(200ml 이상 증가 시 인정)
② 기관지 수축 유발 검사 : 천식이 의심되나 정상 폐기능을 보이는 환자에게서 기관지 수축제를 흡입하여 기도의 과민성을 증명하여 진단하는 방법
③ 객담검사
④ 흉부 엑스선 검사
⑤ 기타 : 혈액 내 특이항체 검사, 알레르기 피부 반응검사

3) 약물요법
① 흡입 스테로이드
② 기관지확장제
③ 항염증제

4. 폐쇄성 수면무호흡증후군

(1) 정의 기출 • 2021
① 주간 과다 졸림이 동반
② 수면 다원 검사상 무호흡~저호흡지수가 5 이상인 경우로 진단
③ 무호흡 : 입과 코를 통한 호흡이 10초 이상 정지하는 경우로 정의

저호흡 : 호흡이 완전히 정지하지는 않고 10초 이상 호흡량의 30 ~ 50% 이하로 감소하고 산소포화도가 3 ~ 4% 이상 저하되는 경우

(2) 원인
비만, 음주, 고령, 폐쇄성 폐질환, 흉곽 기형, 코 안에 발생한 물혹이 있거나 코뼈가 휜 경우, 만성 비염과 편도 비대증, 대설증과 같은 구조적 이상이 있는 경우

(3) 합병증
고혈압, 허혈성 심장질환(자율신경계 자극, 저산소증, 고혈압 등으로 인한 심장마비) 심부전증, 폐질환, 신경장애 및 두통, 정신장애(만성피로), 내분비장애 등

(4) 치료
1) 비수술적 치료
① 수면자세 및 생활습관 변화(알코올 금지)
② 체중감량
③ 구강 내 장치사용
④ 비지속성 비강기도 양압호흡기

2) 수술치료
① 구개인두성형술
② 고주파절제술

5. 폐암

(1) 개요
1) 폐암의 분류
① 소세포암종(small cell carcinoma) 악성도가 높고 증식속도가 빠름
② 비소세포암종(non small cell carcinoma) 편평상피세포암종, 선암종, 대세포암종

2) 폐암의 원인
① 흡연
② 환경적 원인 : 비소, 석면, 대기오염, 방사선 등
③ 동반된 폐질환 : COPD(만성 폐쇄성 폐질환, 미만성 폐섬유화증)
④ 유전적 소인

(2) 진단
1) 폐암의 임상적 증상
① 반복되는 폐렴
② 지속되는 기침
③ 피 묻은 가래
④ 흉통

2) 영상 검사
① 흉부방사선 검사
② 흉부 CT
③ 양전자방출 단층촬영(PET CT)

3) 객담검사

4) 암표지자 검사

5) 조직검사
① 경피적 침생검
② 기관지경검사

(3) 병기 및 치료
1) 소세포암
① 제한성 병기(한쪽 흉곽 및 국소림프절에 병변이 국한) : 방사선 치료, 항암화학요법 병행치료

② 전신 병기(제한성 병기를 벗어남) : 항암 약물 요법

2) 비소세포암
① 외과적 절제술, 항암화학요법, 방사선 치료 가능

Ⅴ 소화기계 질환

1. 위의 염증성 질환

(1) 소화성 궤양

1) 정의

위궤양 + 십이지장 궤양을 통칭하는 말로 염증이 조직학적으로 위장관벽의 손상이 점막층을 넘어서서 점막하층 또는 그 이하까지 발생한 상태를 말함

2) 흔한 원인
① 헬리코박터 감염
② 비스테로이드소염제 사용 (예 아스피린)
③ 신체적 스트레스 (예 광범위한 화상 등)

3) 증상
① 합병증을 동반하지 않은 궤양
   a. 무증상
   b. 상복부 통증
   c. 구역, 구토, 속쓰림
② 합병증을 동반한 궤양
   a. 급성 천공 : 심한 복통, 쇼크, 복부강직
   b. 출혈 : 토혈, 흑색변
   c. 위장관 출구 폐쇄 : 포만감, 트림, 구역, 구토 체중 감소

➤ 소화성 궤양의 3대 합병증 : 천공, 출혈, 장폐쇄

4) 진단
① 형태학적 진단
   a. 상부위장관 내시경
   b. 상부위장관조영술
   c. 내시경초음파
   d. 복부 CT

② 원인진단
  a. 헬리코박터 파일로리 검사
  b. 비스테로이드 소염제 관련 여부
  c. 위산 과분비 증후군

5) 치료
① 헬리코박터 파일로리 제균 요법

> **헬리코박터 파일로리**
> ① 반드시 제균요법을 받아야 하는 경우 : 반흔이 동반된 소화성 궤양, 변연부 b세포 림프종, (MALTOMA), 조기위암의 내시경적 절제술이력
> ② 진단 검사 : 조직을 이용한 요소분해효소 검사 (CLO test), 요소호기검사, 혈액검사, 대변검사

② 약물 치료 : 비스테로이드성 소염제 복용중단, 산분비 억제제, 위점막 보호제

(2) 위염
1) 시기적 분류
① 급성 위염
  스트레스, 약물, 자극적 음식 등에 의한 위벽의 일시적 염증소견, 미란성위염 및 출혈성 위염으로 분류
② 만성 위염
  위의 만성적 염증변화가 3개월 이상 지속되는 것으로 위점막 표면의 상태에 따라 위축성 위염, 표재성 위염, 비후성 위염, 장상피화생 등으로 구분

2) 만성위염의 일반적 분류
① 표재성 위염
② 만성 위축성 위염
③ 장상피화생 : 만성위염의 악화의 결과

3) 위염의 원인
① 급성위염
② 만성 위염 : 헬리코박터, 약제(NASID), 식사 (음주, 자극적 음식, 커피 등)

2. 염증성 장질환
(1) 정의
소화관을 침범하는 원인 미상의 만성 염증성 장질환

(2) 종류
1) 궤양성 대장염
① 대장 점막 또는 점막하층을 침범하는 염증반응
② 주요증상 : 혈성 설사, 복통

2) 크론병
① 회장 등 소화관 어느 곳에 발생 가능하며 장의 전 층을 침범하는 염증 소견을 보임
② 발열, 복통, 설사(대개는 혈액이 묻어 있지 않음)가 주된 증상

(3) 원인
1) 가족력 또는 유전적 요인

2) 감염성 요인

3) 면역학적 요인 : 자가면역 현상

4) 정신적 요인 : 정서적 스트레스

(4) 합병증
1) 장 천공

2) 독성 거대 결장

3) 대장암 발병률 증가

4) 기타 전신적 합병증 : 빈혈, 체중감소 외

3. 급성 충수염

(1) 정의 : 충수에 발생한 급성 염증

(2) 진단

1) 급성 충수염에서 관찰되는 징후
① Mc Burney 징후 : 촉진할 때 우하복부에 국한해서 통증을 호소

2) 검사실 검사 : 혈중 백혈구 수치 증가

3) 영상 검사
① 흉부X선과 복부 X선 검사 실시
② 초음파
③ 충수 CT검사

4. 장폐쇄 질환

(1) 장폐색의 원인

1) 장유착(복부수술 후)

2) 탈장

3) 종양(암)

↘ 그 외 장중첩, 크론병, 약물 등

(2) 분류

1) 기계성 장폐색 : 장의 내경이 막힘

2) 마비성 장폐색 : 장운동이 마비됨

(3) 진단

1) 영상검사
① 복부 X선 검사
② 조영제 검사
③ 복부 CT검사

2) 검사실 검사 : 백혈구 증가, 대사성 산증 소견

(4) 치료

1) 전해질 교정, 수액치료, 감압치료 등의 보존적 치료

2) 근치적 수술 치료 : 스텐트 삽입, 내시경적 감압술

5. 위암

(1) 위암의 원인

환경적 원인(6가지) + 유전적 요인

1) 헬리코박터 파이로리균 감염
① WHO에서 위암 발암 물질로 분류
② 위의 만성적 염증 반응 유발 → 만성 위축성 위염 → 장상피 화생 → 세포이형성증 → 위암으로 진행하도록 함

2) 식이 요인 : 질산염 화합물(가공된 햄, 소시지류), 짠 음식, 저단백, 저비타민 식이, 탄 음식

3) 흡연

4) 위선종

5) 위수술의 과거력

6) 악성 빈혈

> **위암의 고위험군 3가지**
> 위축성 위염 및 장상피 화생 등의 조직학적 변화가 위점막에 있거나 위암의 직계 가족력이 있는 경우

> **위암의 전구질환**
> 만성 위축성 위염, 장상피화생, 악성빈혈, 위의 선종 (위의 상피성 이형성증)

(2) 진단
1) 상부위장관 내시경
2) 상부위장관 조영술
3) CT 및 MRI

(3) 위암의 분류
1) 조기위암

   림프절로의 전이 유무에 관계없이 암 세포가 점막 또는 점막 하층에 국한된 경우로 예후가 좋음

2) 진행성 위암

   암이 점막하층을 지나 근육층 이상을 뚫고 들어갔을 경우 위점막의 융기와 궤양과 같은 점막 고저의 변화와 침윤이라는 횡측의 변화를 기준으로 Borman 분류를 사용

   1형 융기형, 2형 궤양형(궤양융기형, 궤양국한형), 3형 궤양침윤형, 4형 미만형

6. 대장암

(1) 원인
1) 식생활 습관

   붉은색 고기(쇠고기, 돼지고기와 같은 붉은색 고기)와 가공 육류 섭취 음주

2) 유전

   가족성 선종성 용종증, 유전성 비용종성 대장암

3) 전암성 병변 유무 기출 • 2021

   선종성 용종(선종-선암 연속성 이론) : 크기가 클수록, 이형성증이 심할수록 악성위험도가 높음

   > **대장암의 고위험군 3가지**
   > 대장암 가족력(+), 이전 검사에서 선종(+), 염증성 장질환(+), 유전성 대장암의 가족력(+)

(2) 진단
1) 임상소견

   대장암에서 유의해야 할 증상 : 배변 습관의 변화, 혈변, 동통 및 빈혈, 체중 감소

2) 진단검사

   ① 대변검사(분변잠혈 반응검사)
   ② 이중 조영 바륨 조영술
   ③ 대장 내시경
   ④ 암 태아성 항원(CEA) 검사
   ⑤ CT검사, MRI

(3) 점막내암 기출 • 2022
1) 정의

   대장의 상피세포층(Epithelium)에서 발생한 악성종양 세포가 기저막(Basement membrane)을 뚫고 내려가서 점막고유층(Lamina propria) 또는 점막근층(Muscularis mucosa)을 침범하였으나 점막하층(Submucosa) 까지는 침범하지 않은 상태

7. 기타 소화기 질환

(1) 장중첩증
1) 정의

장의 한부분이 인접한 장속으로 망원경처럼 겹쳐 들어간 상태로 회맹부에서 호발

2) 증상 : 3대 징후
① 간헐적 심한 복통
② 혈성 점액 대변
③ 우상복부 소시지 모양의 덩어리 촉지

3) 진단 및 치료

복부 초음파, 복부 방사선 촬영으로 진단 후 공기압이나, 수압을 이용한 정복, 수술적 치료

(2) 탈장
1) 종류 : 복벽 탈장
① 서혜부 탈장, ② 대퇴탈장, ③ 반흔탈장
④ 제대탈장

(3) 췌장염
1) 급성 췌장염
① 원인

음주, 담관계 질환(담석), 외상, 감염, 수술 후 혹은 내시경적 역행성 췌담관 조영술 후

② 진단

a. 혈액검사 : 아밀라이제, 리파아제, 백혈구 수치 상승

b. 영상검사 : 복부초음파 및 복부 CT
③ 합병증 : 췌장 가성낭종, 췌장 괴사, 췌장 농양

2) 만성췌장염

정상적 췌장세포들이 없어지면서 섬유조직으로 대체

(4) 바렛 식도
1) 정의 : 만성적 식도역류의 심각한 합병증으로 식도의 편평상피세포가 정상적으로 위 벽에서 관찰되는 원주상피에 의해 대치되는 것(식도암의 전구병변)

(5) 치핵
1) 정의 : 항문과 항문 주위 정맥총의 확장

2) 원인
① 높은 항문 휴 식기 압력
② 섬유질이 적은 음식 섭취
③ 배변 시 과도한 힘을 주는 것

3) 분류
① 외치핵

지각 신경이 지배하는 치상선 하부에서 항문 피부 및 항문연 부근에 발생, 혈전이나 염증을 동반하면 통증 호소

② 내치핵

치상선 위의 직장 쪽에 발생, 통증은 없으며 배변 시 출혈과 탈항이 주 증상임

③ 혼합형 치핵

4) 치료
① 보존적 치료

좌욕, 대변완환제, 섬유질 많은 음식 섭취

② 수술적 치료

> **위장관 출혈**
> ① 상부위장관 출혈(구강 ~ 십이지장)
> 선홍색의 토혈과 흑색변의 증상으로 나타날 수 있고, 소화성 궤양, 식도 및 위정맥류, 위암 등이 원인
> ② 하부 위장관 출혈(십이지장을 제외한 소장 및 대장, 항문) : 트라이츠 인대(Treitz ligament : 십이지장에서 공장사이 위치)에 의해 상부와 하부 구분. 대변에 붉은(선홍색) 색의 피가 섞여서 나오는 경우로 치핵(치열), 대장암, 염증성 장질환 등 이 원인임

8. 바이러스성 간염

(1) 급성 바이러스성 간염

1) 급성 A형 바이러스 간염
① 급성바이러스 간염 중 대부분 A형 간염임
② 전파경로 : 대변 - 경구감염으로 물로 전염이 되거나 식품을 매개로 전파됨
③ 백신접종으로 예방 가능함

2) 급성 B형 바이러스 간염
① 국내 급성 및 만성 간질환의 가장 흔한 원인임
② 전파경로 : 모자간 수직전파, 혈행, 체액감염

(2) 만성 바이러스감염

1) 정의 : 간에 염증과 괴사가 6개월 이상 지속되는 질환으로 B형과 C형간염이 대다수임.

2) 만성 B형 간염의 위험인자
① B형 간염바이러스 보유자 산모로부터 출생한 신생아
② B형 간염바이러스 보유자의 가족
③ 급성 B형 간염 환자의 배우자
④ 혈액제제를 반복 투여하는 환자(혈우병, 투석환자)
⑤ 타인의 혈액 또는 분비물을 자주 접촉하는 의료관계자(외과의사, 치과 의사, 수술실 또는 투석실 근무자, 혈액채취 근무자)
⑥ 성관계가 문란한 자, 동성연애자
⑦ 마약중독자

3) 만성 B형 간염의 진단
① 6개월 이상 HBsAg 양성
② 혈청 HBV DNA상승
③ AST/ALT의 지속적 또는 간헐적 상승
④ 간조직 검사상 중등도 이상의 괴사염증소견을 갖는 만성 간염

(3) 전파경로

1) 피하 경로 : 주사기 공동사용이나 오염된 주사기의 사용

2) 주산기 수직감염

3) 성적 접촉

> 만성 C형간염도 전파경로는 거의 비슷함

(4) B형 만성 간염의 자연경과

1) 면역관용기

2) 면역제거기

3) 비증식 B형간염바이러스 보유기 : 바이러스 비증식기, 면역비활동기 라고도 함

4) 면역탈출기(HBeAg 음성 만성간염, 재활성화기)

5) 바이러스(HBsAg) 소실기 : 만성B형 간염의 면역비활동기(비활동성 B형간염 바이러스보유기)에 있는 사람들 중 일부가 HBsAg가 소실됨

(5) 치료
① 인터페론이라고 하는 항바이러스 제제
② 항바이러스 약물치료의 대상이 될 수 있는 기간: 면역 제거기 및 B형간염바이러스 면역탈출기

9. 알코올성 간질환

(1) 분류
1) 알코올성 간염
2) 알코올성 지방간

> ↘ 비알코올성 지방간
> 비만, 당뇨병, 고중성지방혈증이 중요한 원인임

3) 알코올성 간경변

(2) 위험인자
1) 알코올의 섭취량
2) 유전적 인자
3) 성별(여성이 남성 보다 취약)
4) 영양 및 식이
5) 다른 원인의 간 손상이 공존

10. 간경변증

(1) 개요
① 정의
병리 조직학적으로 정의되는 질환으로 만성 간 손상에 대한 회복과 상처 과정에서 간의 섬유화가 진행하여 섬유성 반흔으로 둘러싸인 불규칙한 재생 결절이 생긴 상태로 정의됨

(2) 원인
1) 바이러스 간염
2) 과다한 알코올 섭취
3) 약물과 독소
4) 담도계 질환, 자가면역질환, 대사질환, 혈관질환
5) 원인불명

(3) 진단

> ↘ 병력과 신체검사, 검사실 검사, 원인을 위한 검사, 중증도 검사로 구분

1) 신체검사 : 과거병력(간염, 황달, 약물복용, 수혈, 음주, 마약사용) 신체검사(복수, 거미상혈관종, 간비대, 비장비대)

2) 검사실 검사
① 혈소판 수
② 간 기능 검사(알부민감소)
③ 프로트롬빈 시간 연장
④ 영상검사(결절성 간표면 등 간경변증 소견)
⑤ 상부위장관내시경검사(식도정맥류 유무확인)

(4) 합병증 기출 • 2016
1) 문맥압 항진증 및 식도 정맥류

2) 간성뇌증(hepaticencephalopathy)
암모니아를 분해해서 요소로 변화시켜 몸 밖으로 배출시키는 간 기능의 이상으로 암모니아가 체내 축적되어 뇌에 이상을 유발

3) 간 기능의 저하로 혈액응고 인자의 합성이 줄어들게 되어 혈액응고 기능의 저하 및 비장크기 증가로 혈소판 수치의 감소

4) 체내 단백질 합성 저하로 인한 알부민 수치 감소와 이에 따른 부종 및 복수

(5) 예후 판정 기출 • 2012, 2021

Child-Pugh classification 등급 및 점수(Child Scoring System) : 만성 간질환에서의 간기능 장애의 중등도를 평가하고 환자의 예후와 생존을 예측하는 지표

1) 총 빌리루빈(mg/dL)

2) 혈청 알부민(g/dL)

3) 프로트롬빈 시간에서 연장된 값(초)
 : INR(혈액 응고 연장 비율)로도 측정

4) 복수의 여부 및 중증도

5) 간성 뇌증의 여부 및 중증도

11. 간암

(1) 위험인자 기출 • 2016

1) 간경변증 : 간염바이러스 보균자에 비해 간암의 위험이 5.9배 높다.

2) B형 간염 바이러스 간염

3) C형 간염 바이러스 간염

4) 연령 : 40세 이상에서 발생률이 높다는 연구가 대부분

5) 성별 : 대부분 연구에서 남성에서 간암의 위험이 높다.

6) 기타 : 알코올성 간질환, 혈색소증, 아플라톡신

(2) 간암의 진단법

1) 초음파검사

2) 알파태아단백(alpha-fetoprotein 또는 AFP) 간암이 종양표지자

3) 간암이 발견되면 전산화단층촬영(CT), 자기공명촬영(MRI), 혈관조영술 등을 통해 정밀진단을 하고 필요한 경우 조직검사를 시행

4) 간 기능 검사 : SGOT, SGPT

(3) 간암의 임상적 진단기준

1) 간암의 고위험군(HBV 양성, HCV 양성, 간경변증)에서 다음에 해당되면 간암으로 진단

① 초음파상 크기 1cm이상의 결절에서 역동적 조영증강 CT, 역동적 조영증강 MRI 또는 간세포 특이 조영제를 사용한 MRI 중 하나 혹은 둘 이상에서 간암에 합당한 소견을 보임

② 크기 1cm 미만의 결절에서 간암 활동성이 억제된 환자에서 혈청 AFP가 정상 범위 이상 지속적으로 상승하며 역동적 조영증강 CT, 역동적 조영증강 MRI 또는 간세포 특이 조영제를 이용한 MRI 중 둘 이상에서 간암에 합당한 소견을 보이는 경우

↘ 간암에 합당한 임상소견
간실질과 비교하여 동맥기 조영증강과 문맥기 또는 지연기 조영감소

(4) 간암의 치료
1) 수술적 치료 : 간절제술, 간 이식술

2) 중재적 치료
① 고주파열치료술
② 경피적 에탄올 주입술
③ 경동맥 화학 색전술
④ 내과적 치료 : 방사선 치료, 항암화학 요법

12. 췌장암

(1) 위험인자

흡연, 비만, 당뇨병, 만성 췌장염, 유전, 나이, 음주 "당연비만"

(2) 진단 및 치료
1) 종양 표지자 : CA19-9

2) 치료
① 외과적 치료 : 휘플수술(췌장두부 + 십이지장 + 원위부 총담관 + 원위부 위까지 절제)
② 항암 및 방사선 치료

13. 담낭 질환

(1) 담낭 용종
1) 분류
① 콜레스테롤 용종 : 가장 흔함
② 담낭염증성 용종
③ 담낭 선근종
④ 담낭 선종성 용종

2) 진단 및 치료
① 무증상인 경우가 많으며 복통, 소화불량, 구토 등 담석증과 유사한 증상을 보일때가 많음
② 담낭결석 동반, 50세 이상, 크기가 1 cm이상인 경우 수술을 적극적으로 고려

(2) 담낭염
1) 발생원인
① 정의
  a. 급성 담낭염 : 담석 혹은, 수술 후 협착, 종양 등으로 인해 완전 혹은 불완전한 협착으로 혈류나 담관을 통해 장내 세균이 담즙 내에서 증식하면서 담낭(쓸개)에 염증을 일으키는 질환
  b. 만성 담낭염 : 담석의 지속적 담낭벽을 자극하여 염증 발생

2) 진단 및 치료
① 담도산통, 오한, 발열, 구토,
② 혈액검사(백혈구↑, 과빌리루빈혈증), 초음파, CT, MRI
③ 내과적 치료(금식, 수액요법, 항생제), 수술

(3) 담낭 결석
1) 분류
① 콜레스테롤 담석 : 순수성, 혼합성
② 색소성 담석 : 흑색석, 갈색석

2) 진단 및 치료
① 무증상인 경우가 많으며 합병증으로 담낭염이 발생하면 진단되는 경우가 많음
② 초음파, 내시경적 역행성 췌담관조영술(ERCP), CT등을 통해 진단, 내시경적 역행성 결석 제거술, 쇄석술, 담낭 절제술 등의 외과적 치료 시행

Ⅵ 내분비 질환

1. 당뇨

(1) 당뇨의 정의
당뇨병은 신체 내에서 혈당 조절에 필요한 인슐린의 분비나 기능의 장애로 인해 발생된 고혈당을 특징으로 하는 대사성 질환임

(2) 정상 혈당
공복 혈장혈당 100mg/dL 미만이고, 75g 경구당 부하 2시간 후 혈장혈당 140mg/dL 미만

(3) 당뇨병의 선별 검사를 위한 혈당 측정법
1) 공복 혈당 검사

2) 당 부하 후 2시간 혈당검사

3) 당화혈색소 검사
당화혈색소는 2~3개월 동안의 평균혈당치를 반영한 것으로 혈당조절이 잘되고 있는지 알 수 있는 혈액검사수치로 최근 당뇨 진단기준으로 인정

(4) 당뇨의 진단기준 기출 • 2014, 2020
1) 8시간 이상 금식 후 공복혈당이 126mg/dl 이상

2) 75g 포도당 부하검사 2시간째 혈장 혈당이 200mg/dl 이상

3) 다뇨 다음, 체중감소 등의 증상이 나타나고 식사와 관계없이 임의로 측정한 혈당이 200mg/dl 이상

4) 당화혈색소(HbA1c) 6.5% 이상

(5) 당뇨병의 분류
1) 제1형 당뇨병
인슐린의존형 당뇨병으로 췌장에서 인슐린이 분비되지 않기 때문에 인슐린의 절대적 결핍으로 인해 케톤산증이 일어나므로 주사를 통해 인슐린을 공급해주어야 함

2) 제2형 당뇨병 : 인슐린비의존형 당뇨병
인슐린 저항성(Insulin resistance : 혈당을 낮추는 인슐린 기능이 떨어져 세포가 포도당을 효과적으로 연소하지 못하는 것)과 췌장 베타 세포 기능 저하로 인한 인슐린 분비장애가 함께 나타나는 것이 특징

구분	제1형 당뇨병	제2형 당뇨병
발병 원인	인슐린분비 베타세포파괴로 인슐린 분비결핍	인슐린분비저하 또는 인슐린 저항증
발병 시기	일반적으로 30세 이전	35세 이상
발병 증상	급성발병(다음, 다뇨, 체중↓ 케톤산증)	무증상이거나 증상이 서서히 나타남
당뇨관리법	인슐린요법	필요에 따라 약물요법 시행

(6) 제 2형 당뇨의 위험인자
1) 신체 활동 저하

2) 직계 가족의 당뇨병 과거력

3) 고위험 인종(예 아프리카, 아시아계, 미국인, 라틴계, 인디언, 태평양성 인종)

4) 과거 혈당 조절 장애 진단(공복 혈당장애 또는 내당능 장애)

5) 임신성 당뇨 진단 혹은 몸무게 4.1kg의 거대아 출산의 과거력

6) 고혈압(140 / 90) 혹은 고혈압 약제 복용

7) 이상 지질혈증

8) 다낭성 난소 증후군

9) 심혈관 질환의 병력

10) 과거 인슐린 저항에 관련된 임상 소견(심한 비만, 흑색 가시 세포종)

(7) 당뇨의 치료
1) 인슐린을 통한 혈당 조절 관리
① 인슐린 주사적응증
제 1형 당뇨병, 췌장이 제거 또는 파괴된 환자, 당뇨병성 급성 합병증이 있는 환자, 경구약제에 실패한 환자 간질환이 있는 당뇨병 환자, 당뇨병성 혼수, 임신한 당뇨병 환자, 심한 감염증이 있는 환자 수술, 전후의 당뇨병 환자, 통풍, 유전성 아미노산 대사

2) 약물 치료

(8) 당뇨의 합병증 관리
1) 당뇨의 합병증 분류
① 당뇨의 급성 대사성 합병증 : 당뇨병성 케톤산증, 당뇨병성 비케톤성 혼수, 저혈당 쇼크
② 만성 미세 혈관 합병증  • 2022
  가. 당뇨 망막병증
    a. 신생혈관 여부에 따라 증식성, 비증식성으로 분류
    b. 광응고술로 치료
  나. 당뇨병성 신증 : 사구체 과여과 → 미세알부민뇨 → 단백뇨 → 만성 신부전증의 단계로 진행
  다. 당뇨병성 신경병증 : 다발성 말초 신경병증, 단일 신경병증, 자율 신경병증으로 분류
③ 만성 대혈관 합병증 : 관상동맥 죽상경화증, 뇌혈관 죽상경화증, 하지동맥경화증 등

2) 당뇨족부궤양
① 당뇨병성 족부궤양의 위험요인
  a. 10년 이상 된 당뇨병
  b. 남자
  c. 조절되지 않는 혈당
  d. 심혈관계, 망막, 신장 합병증을 갖고 있는 경우
② 신경병성 궤양의 호발부위 : 중족골두부위와 뼈가 돌출된 부위(족관절 외과, 제1중족지, 발뒤꿈치) 등

2. 이상 지질혈증

(1) 정의
혈장 콜레스테롤 또는 중성지방이 증가하거나 고밀도 지단백이 감소하여 죽상 경화발생 위험이 커지는 병리현상

(2) 진단기준
적어도 2회 이상의 측정에서 총 콜레스테롤 240mg/dL 이상, LDL 콜레스테롤 160mg/dL 이상, HDL 콜레스테롤 40mg/dL 이하, 중성지방 200mg/ dL 이상 중에서 하나라도 해당되면 진단 가능

3. 대사증후군

(1) 개요

1) 정의

여러 가지 신진대사(대사)와 관련된 질환이 동반된다(증후군)는 의미로써 고중성지방혈증, 낮은 고밀도콜레스테롤(HDL-C), 고혈압 및 당뇨병을 비롯한 당대사 이상 등 각종 성인병이 복부 비만과 함께 발생하는 상태

2) 대사증후군의 진단 기준 기출 • 2013, 2023

① 허리둘레 : 남자 90cm, 여자 85cm 이상
② 혈압 : 수축기혈압 130mmHg 이상, 이완기혈압 85mmHg 이상
③ 중성지방 : 150mg/dl 이상
④ HDL(고밀도지단백콜레스테롤 : 남 40mg/dl 여자 50mg/dl 미만)
⑤ 공복혈당 : 100mg/dl 이상
이 중 3가지 이상에 해당될 경우 대사증후군으로 정의

4. 쿠싱 증후군

(1) 개요

1) 정의

여러 원인에 의해 만성적으로 혈중 코티솔(당질 코르티코이드)농도가 과다해져 다양한 증상과 질환들이 다발성으로 발생하는 내분비 장애

2) 원인

① 장기간의 스테로이드 약제 복용
② 부신 피질 자극호르몬의 과도한 분비 : 뇌하수체 종양
③ 부신 피질 호르몬의 과도한 분비 : 부신 기능이상

(2) 진단 및 치료

1) 증상

① 중심성 비만 및 달덩이 얼굴
② 골다공증
③ 고혈압 및 고혈당
④ 불안 흥분 우울 등의 감정변화
⑤ 얇고 주름진 피부, 튼살, 피부 궤양, 복부의 보라색 피부 줄무늬(자색 선조)
⑥ 여드름, 다모증, 월경 장애 등

2) 치료

① 약물의 오남용이 주원인이므로, 오남용 하는 약물을 천천히 줄임으로써 회복 가능
② 뇌하수체, 부신 등의 종양에 의한 경우 수술적 치료 필요

> 뇌하수체에서 분비하는 호르몬
> 1. 전엽 : 프로락틴, 성장호르몬, 갑상선자극 호르몬(TSH), 부신피질 자극 호르몬, 여포 자극 호르몬(FSH), 황체형성호르몬(LH)
> 2. 후엽 : 항이뇨호르몬, 옥시토신

5. 갑상선 장애

(1) 갑상선 중독증

1) 정의 : 갑상선 호르몬의 수치과다로 인해 발생하는 현상

2) 갑상선 중독증의 원인

① 1차성 갑상선항진증 : Graves병과 중독성 다결절성 갑상선종(goiter), 중독성 갑상선 선종(adenoma)
② 2차성 갑상선항진증 : 뇌하수체 선종

> **그레이브스 병**
> 갑상선 자극 호르몬(TSH)에 대한 자가항체(갑상선 자극항체)가 갑상선을 자극하여 갑상선 기능항진증을 초래하는 자가면역질환

3) 갑상선 기능 항진증의 증상 및 진단
① 증상
과잉활동, 더위 못 견딤, 발한, 심계항진, 피로 허약, 체중감소, 식욕증가, 다뇨, 월경감소, 성욕 상실

> **그레이브스 병의 3대 증상**
> 미만성갑상선종, 안구질환(안와부종, 안검 퇴축), 피부변화(습하고 땀 많고 비함몰 부종)

② 혈액 검사
a. 갑상선 호르몬(T4 또는 T3) : ↑
b. 갑상선 자극 호르몬(TSH) : ↓

4) 치료
① 근치적 요법
항갑상선제요법, 갑상선 조직을 제거하는 방사선동위원소 요법 및 수술요법
② 증상적 요법
베타교감신경 차단제, 항응고제, 안정 및 진정제 투여, 영양공급

(2) 갑상선 기능 저하증
1) 갑상선 기능 저하증
① 정의 : 갑상선 호르몬의 결핍으로 대사과정이 느려지면서 나타나는 증상들
2) 갑상선 기능저하증의 원인
① 자가면역성 갑상선 저하증 : 하시모토 갑상선염
② 방사선 동위원소 요법, 갑상선 절제술, 방사선 치료
③ 요오드 결핍
④ 뇌하수체 저하증 : 종양, 방사선 치료, 수술
⑤ 뇌하수체 종양, 외상 감염 등

3) 갑상선 기능 저하증의 증상 및 진단
① 증상
피로, 허약, 건조한 피부, 안검부종 추위 잘 탐, 모발 상실, 집중력 장애 기억력 감퇴, 변비 및 체중증가, 식욕 감소
② 혈액 검사
a. 갑상선 호르몬(T4 또는 T3) : ↓
b. 갑상선 자극 호르몬(TSH) : ↑

4) **치료** : 갑상선 호르몬 투여(T4 : 씬지로이드)

5) **합병증** : 점액부종성 혼수

(3) 갑상선 결절
1) **정의** : 갑상선 세포의 과증식으로 조직의 어느 한 부위가 커져서 혹을 만드는 경우

> **갑상선종(goiter)**
> 갑상선이 전체적으로 커져 있는 상태

2) 갑상선 결절의 원인
① 여포선종
② 하시모토 갑상선염
③ 단순 혹은 출혈성 낭종
④ 림파구성 갑상선염
⑤ 결절성 갑상선염
⑥ 악성종양 : 유두암, 여포암, 수질암, 미분화암, 기타암

3) 진단
① 혈액검사, 갑상선 초음파, 갑상선 방사선동 위 원소스캔 CT 및 MRI
② 미세침 흡인세포검사 : 악성종양과 양성질환 감별에 있어 가장 정확한 검사법

4) 결절 중 갑상선암을 암시하는 병력·신체 소견
① 20세 이하 혹은 70세 이상의 남성
② 두경부 방사선 조사 또는 장기간의 방사선 피폭병력(검증된 유일한 갑상선암 위험인자)
③ 갑상선암 가족력
④ 목이 쉬거나 연하곤란, 호흡곤란, 통증
⑤ 신체 소견 : 결절의 크기가 4cm 이상, 결절이 매우 딱딱하고 고정된 경우, 성대마비가 있는 경우, 결절의 동측 림프절의 비대

6. 갑상선 암

(1) 개요 기출 • 2024

1) 갑상선암의 분류
① 유두암
② 여포암
③ 미분화함
④ 수질암

(2) 진단

1) 갑상선암 진단을 위한 선별검사
① 혈액검사 : 갑상선 기능 검사(혈청 TSH)
② 갑상선 초음파
③ 갑상선 세침흡인 검사

> 베데스다 체계(Bethesda system)
> 1. 진단 불가능 혹은 불충분한 검체
> 2. 양성종양
> 3. 비정형세포
> 4. 여포종양
> 5. 악성종양의심
> 6. 암

(3) 치료

1) 수술
① 갑상선 엽절제술
② 갑상선근전(near total)절제술
③ 갑상선 전절제술

2) 방사선 요오드 옥소 치료

VII. 정신 및 행동장애

1. 불안장애

(1) 불안장애 종류
1) 범 불안장애
2) 공황장애
3) 사회공포증
4) 특정 공포증
5) 강박장애
6) 외상 후 스트레스장애
7) 적응장애

2. 치매

(1) 개요
1) 치매의 증상
① 기억상실
② 언어상실증
③ 행위상실증
④ 인식불능증
⑤ 실행기능저하

2) 치매의 원인 〔기출〕 • 2018, 2024
① 알츠하이머병
② 혈관성 치매
뇌동맥 경화로 인한 뇌혈류의 감소 또는 뇌졸중 이후 발병하며 뇌혈관 질환에 의해 뇌조직이 손상을 입어 치매가 발생하는 경우
③ 파킨슨병에 의한 치매
④ 루이소체 (Lewy body)치매

➔ 알츠하이머병의 위험인자
(1) 나이
(2) 유전인자
(3) 여성
(4) 낮은 교육 수준
(5) 뇌 외상
(6) 심근경색 등

(2) 치매의 진단검사
1) 인지기능 및 치매단계 평가
① 미니코그 검사(Mini-Cog test) : 시계그리기와 3단어 기억회상으로 구성, 간단한 치매 선별검사
② 한국형 간이정신상태검사(K-MMSE) : 대표적 치매 선별검사
　A. 시간에 대한 지남력 5점
　B. 장소에 대한 지남력 5점
　C. 기억등록 3점
　D. 기억회상 3점
　E. 주의집중 및 계산능력 5점
　F. 언어능력 8점
　G. 시각 구성 1점으로 구성되어 있으며, 총점을 30점으로 보통 19점 이하 확정적 치매
③ 치매 척도검사(Clinical Dementia Rating)
〔기출〕 • 2022
CDR은 치매 선별검사의 일종이 아니라, 알츠하이머병환자의 전반적인 인지 사회적 기능의 정도를 평가하기 위해 개발된 도구로, 치매 환자의 중증도를 평가하는 대표적인 척도임
① 기억력, ② 지남력, ③ 판단력과 문제해결 능력, ④ 사회활동, ⑤ 집안생활과 취미 ⑥ 위생과 몸치장의 6가지 영역에 대한 평가에 기초하여 치매 임상단계를 5단계(경증 : 1점, 중등도 : 2점, 중증 3점, 심각 : 4점, 말기 : 5점)로

평가하도록 구성된 측정도구임

TIP "김정은이 기지를 발휘해서 판문점에서 사회를 보려다 집어 취어버리고 위로 몸을 챙겨 갔다."

3. 주의력결핍과다활동장애

(1) 증세
1) 주의산만
2) 충동성
3) 과잉행동

(2) 치료
1) 약물치료가 효과적

4. 정신분열증

(1) 진단 기준(미국정신의학회 통계편람 : DSM IV)
1) 망상 : 기괴하고 체계적이지 않음
2) 환각
3) 와해된 언어
4) 심하게 와해된 행동이나 긴장증적 행동

　1) ~ 4) 까지는 양성증상(Positive Symptoms, Distorted Function)이라하며 입원을 요하며 가족의 붕괴를 초래할 수 있다.

5) 음성증상 : 정서적 둔마, 무논리증 또는 무욕증

➜ 상기 증상 가운데 2개 이상 해당해야 하며, 1개월 중 상당 기간 동안 존재해야 한다(단, 성공적으로 치료된 경우는 기간이 짧을 수 있다.).

VIII 암

1. 암 선별검사

(1) 개요

1) 양성 종양과 악성 종양의 차이 기출 • 2020
① 성장 속도 : 양성) 천천히 증식. 악성) 빠르고 무한 증식
② 성장양식 : 양성)유한성장 악성) 주위 정상 조직 침윤
③ 피막 형성 : 양성) 피막有 악성) 피막 無
④ 세포 특성 : 양성)분화도가 좋음 악성) 분화가 안좋거나 미분화됨
⑤ 전이 : 양성) 전이無 악성) 전이 有
⑥ 재발 및 예후 : 양성) 재발이 거의 없고 예후 양호 악성) 재발이 많고 예후 안 좋음

2) 암의 주요 특징
① 침윤
② 전이

3) 암의 종류
① 암종(carcinoma) : 상피세포조직에서 발생
② 육종(sarcoma) : 결학조직을 포함한 비상피성 조직에서 발생

(2) 이상적인 암선별 검사의 조건 기출 • 2014
1) 조기에 발견 가능한 질병일 것
2) 조기에 발견하여 치료가 가능한 질병이여야 한다.
3) 검사 비용이 적어야 한다(비용 대비 효과증명).

4) 선별 검사가 쉽게 이루어져야 한다(적용하기 편리한 진단 방법이 있을 것).
5) 검진으로 인한 득이 실보다 클 것
6) 이상 소견 발견 시 추가 조치 등을 할 수 있는 방법이 있을 것
7) 중요한 건강 문제를 다룰 것
8) 질병의 자연사가 잘 알려진 질병을 다룰 것

(3) 국가암 검진사업의 주요 암종별 도입기준

 • 2020

1) 위암
① 검진 대상 : 만 40세 이상 남녀
② 검진 주기 : 2년
③ 검진 방법 : 위장 조영 검사 또는 위 내시경

2) 간암
① 검진 대상 : 만 40세 이상 남녀로 간암 발생 고위험군 : 간경변증, B형간염 바이러스 항원 양성 C형간염 바이러스항체 양성, B형 간염 및 C형 간염 바이러스에 의한 만성 간질환 환자
② 검진 주기 : 6개월
③ 검진 방법 : 간초음파 검사와 혈청알파태아단백검사(AFP)

3) 대장암
① 검진 대상 : 만 50세 이상 남녀
② 검진 주기 : 1년
③ 검진 방법 : 분변잠혈반응검사 이상 소견 시 대장 내시경 검사 또는 대장이중조영검사

4) 유방암
① 검진 대상 : 만 40세 이상 여성
② 검진 주기 : 2년
③ 검진 방법 : 유방촬영과 의사에 의한 유방진찰 권장

5) 자궁경부암
① 검진 대상 : 만 20세 이상 여
② 검진 주기 : 2년
③ 검진 방법 : 자궁경부세포검사(pap smear)

6) 폐암
① 검진 대상 : 만 54세 이상 만 74세 이하의 남·여 中 폐암 발생 고위험군
② 검진 주기 : 2년
③ 검진 방법 : 저선량 흉부 CT

> ➤ 폐암의 고위험군
> • 30갑년[하루 평균 담배소비량(갑) × 흡연기간(년)] 이상의 흡연력을 가진 흡연자
> • 해당연도 전 2년내 일반건강검진(생애전환기 건강 진단 포함)의 문진표로 흡연력과 현재 흡연 여부가 확인되는 자
> • 해당연도 전 2년내 건강보험 금연치료 참여자 중 사업참여를 위해 작성하는 문진표로 흡연력이 확인되는 자

(4) 종양표지자

1) 정의 : 종양표지자(tumor markers, TMs)란 종양세포에서 생성되어 분비되거나 종양 조직에 대한 반응으로 주위의 정상조직에서 생성되는 물질로 정의

2) 종양표지자 검사의 의의
① 암의 선별검사(Screening)
② 높은 위험군의 추적검사(Follow up)
③ 암의 존재 진단 보조
④ 암의 원발 장기와 조직형의 감별
⑤ 질병 시기와 예후의 추정
⑥ 암의 치료 효과 판정과 재발 지표로 활용

3) 대표적인 종양표지자 기출 • 2021
① AFP(알파태아 단백) : 간암
② CA125 : 난소암
③ PSA : 전립선암
④ CA 19-9 : 위장관계 암, 췌장암, 담도암, 대장암, 유방암
⑤ CEA : 대장암, 췌장암 외에 위암, 폐암 등 많은 암에서 사용

(5) 암의 진단, 치료 및 병기
1) 암의 조직검사의 병리보고서에 포함될 내용
① 분화도
② 림프절 전이의 존재, 혈관 침습의 존재
③ 유사분열 정도

2) 병기를 분류하는 목적
① 치료의 계획을 세우는데 도움을 주고
② 예후에 대한 어떠한 지침을 제시하고
③ 치료의 결과들을 평가하는데 도움을 줌

3) TNM병기 : 종양의 병기는 현미경적 모양보다는 종양이 번진 정도에 근거하며 TNM 병기를 많이 사용 기출 • 2019
① "T"는 종양의 크기와 국소적으로 전파된 정도
② "N"은 종양의 침범을 받은 주변 nodes 림프절의 수
③ "M"은 종양세포의 전이(metastasis, 멀리 떨어진 부위로의 전파)여부를 의미

4) 암의 치료
수술, 항암요법, 방사선요법, 면역치료, 조혈모세포 이식

IX 혈액 및 면역질환

1. 빈혈

(1) 빈혈의 진단기준(단위 : g/dl, 출처 WHO)
1) 15세이상 여자 < 12.0
2) 15세 이상 남자 < 13.0
3) 임산부 < 11.0

(2) 원인
1) 골수에서 적혈구 생성의 감소 : 철결핍성 빈혈, 콩팥질환, 자가 면역반응, 감염, 악성 세포 등
2) 무효 적혈구(적혈구계 ; 전구세포가 골수에서 파괴)생성 : 거대적혈모구빈혈, 지중해 빈혈, 철적혈모구 빈혈 등
3) 적혈구 손실 증가 : 급성 또는 만성 출혈(만성의 장출혈, 월경과다, 상해 등)

(3) 빈혈의 분류
1) 철결핍성 빈혈

2) 거대 적혈모구빈혈 (거대 적아구성 빈혈)
① 악성빈혈(비타민 b12 또는 엽산결핍)이라고도 함
② 위저부 점막의 벽세포에서 분비되는 내인자의 결핍에 의해 B12가 흡수 부족이 원인

3) 재생불량성 빈혈 기출 • 2017
① 적골수의 황골수화 : 조혈세포의 감소로 적혈구, 백혈구, 혈소판 모두 감소하는 범혈구감소증 발생

② 중증 재생불량성 빈혈은 골수검사에서 세포 충실도가 25% 미만으로 저하되어 있고 말초혈액검사결과 호중구 500/㎕ 이하, 혈소판 20,000/㎕ 이하, 교정망상구 비율 1% 이하 (3가지중 2가지 이상시)시 진단 가능함

4) 용혈성 빈혈

2. 전신 홍반성 루푸스

(1) 정의
다양한 자가 항원에 대한 자가항체가 존재하여 피부, 신장, 폐, 심장, 근육, 조혈 기관, 관절 등에 침범하여 염증반응과 조직손상을 일으키는 전신자가면역 질환

(2) 진단 기준
아래 11가지의 진단 중 4가지 이상의 증상을 가질 경우 루푸스 진단을 내릴 수 있다(미국 류마티스 학회).

1) 뺨의 발진

2) 원판 모양의 발진 : 몸통, 팔, 다리에 동그랗고 융기된 원형 발진

3) 광과민성 : 자외선 노출로 발진이 생긴다.

4) 구강 궤양 : 보통 통증이 없는 경우가 많다.

↘ 1) ~ 4) 까지 피부증상

5) 관절염 : 말초 관절 2개 이상이 비미란성 관절염

6) 신장질환 : 단백뇨(>0.5g/d 또는 3 +) 또는 세포성 원주

7) 신경질환 : 원인이 밝혀지지 않은 간질이나 정신병이 있을 때

8) 장막염 : 늑막염이나 심낭염

9) 혈액질환 : 용혈성빈혈 또는 백혈구 감소증, 림프구감소증, 혈소판 감소증 등

10) 면역질환 : 항dsDNA항체, 항Sm항체와 항인지질항체

11) 항핵 항체(ANA항체) : 양성(+)

3. 강직성 척추염

(1) 정의
척추간관절의 관절낭과 추간인대에 점진적으로 골화가 일어나 결국 척추 전체가 한 덩어리가 되는 질환을 말함

(2) 진단기준

1) Modified New York Criteria(1984)
① 적어도 3개월 이상의 요통 : 운동 시 호전되며 휴식으로 호전되지 않음
② 전후면과 측면에서 요추의 운동 제한
③ 흉곽 확장이 정상인에 비해 감소된 경우(같은 나이 또는 성별에 비교하여서)
→ ① ~ ③ 중 한 가지 이상 증상이 있으면서 아래의 한 가지 기준을 충족하는 경우
④ 2 - 4도의 양측성 천장 관절염
⑤ 3 - 4도의 편측성 천장 관절염

4. 백혈병

(1) 정의
① 골수 조혈 세포의 비정상적인 분열, 증식, 침윤으로 말초 혈액에 미성숙 세포가 보이는 질환
② 과립구가 증가하는 질환을 골수성 백혈병, 림프구가 증가하는 질환을 림프구성 백혈병

> ↘ 백혈구의 분류
> ① 과립구 : 호중구, 호산구 호염기구
> ② 무과립구 : 림프구, 단핵구

(2) 분류

1) 급성 골수성 백혈병
① 정의
골수 및 말초혈액에 악성골수아세포(과립 백혈구의 어린 세포 형태로 세포가 성숙하여 골수성 백혈구가 됨)가 20% 이상 차지하는 경우로 정상 조혈세포를 억제하여 조혈기능이 감소하여 빈혈, 백혈구 감소, 혈소판 감소로 인해 여러 가지 증상이 발현.
성인의 급성 백혈병 중 가장 흔한 형태
② 치료
  a. 항암화학요법
    • 관해유도법 : 1주일동안 지속적으로 항암제를 투여하여 혈액과 골수 내의 백혈병 세포를 없애어 완전관해(골수검사에서 골수아세포가 5%미만)
    • 관해후요법 : 완전관해 후에도 남아 있은 백혈병 세포를 완전히 없애어 재발하는 것을 방지
  b. 조혈모세포이식

2) 급성 림프구성 백혈병

3) 만성 골수성 백혈병
필라델피아 염색체(전위된 이상염색체)를 지닌 조혈모세포가 비정상적으로 확장하면서 골수 내 비정상 세포가 과도하게 증식

4) 만성 림프구성 백혈병
백혈구의 일종인 림프구가 암성화되어 골수 내 과도하게 증식, 정상적 혈액 세포생산을 방해하며 주로 60세 이후 발병

5. 조혈모세포 이식수술

(1) 정의
혈액을 만드는 어머니 세포인 조혈모세포를 혈액계 및 림프계 종양이 발생한 환자에게서 항암요법과 방사선 요법이 포함된 전처치 후 환자와 조직적합성 항원(HLA)이 같은 건강한 혈모세포(골수, 재대혈, 말초혈)를 주입하는 치료법

(2) 조혈모세포의 이식 적응증
① 혈액계 질환 : 급성 백혈병, 만성 골수성 백혈병, 골수 이형성증후군 등
② 재생불량성 빈혈
③ 조혈기관 장애 : 악성림프종, 다발성 골수종 등

(3) 조혈모세포 이식술의 종류
① 채취방법에 따른 분류
  a. 말초혈액 이식
  b. 제대혈 이식
  c. 골수 이식

② 조혈모세포 공여자에 따른 분류
　a. 자가조혈모세포이식
　b. 동계 조혈모세포이식 : 일란성 쌍생아로 부터 골수를 이식
　c. 동종 조혈모세포이식 : 혈연간이나 타인간 조직적합성항원(HLA)일치
③ 합병증
　a. 이식편대숙주반응(graft versus host disease) : 이식한 공여자의 면역세포가 환자의 몸을 공격하는 면역반응
　b. 이식 거부반응

X 감염질환

1. 법정 감염병

(1) 정의

1) 감염병예방법에 따라 법정감염병 분류 체계가 군(群)별 분류 체계에서 감염병을 긴급도, 심각도, 전파력 등이 높은 순서에 따라 구분하는 급(級)별 분류 체계로 변경

2) 감염병
제1급감염병, 제2급감염병, 제3급감염병, 제4급감염병, 기생충감염병, 세계보건기구 감시대상 감염병, 생물테러감염병, 성매개감염병, 인수공통감염병 및 의료관련감염병

3) 1급 감염병
생물테러 감염병 또는 치명률이 높거나 집단 발생의 우려가 큰, 음압격리와 같은 높은 수준의 격리가 필요한 감염병으로 발생하거나 유행하는 즉시 신고해야함

2. 수막염

(1) 정의

1) 뇌와 척수를 덮고 있는 수막에 생기는 염증으로 정의

2) 분류 : 세균성, 바이러스성(무균성), 결핵성 수막염으로 분류
① 급성 세균성 수막염 : 수막에 b형 헤모필루스 인플루엔자·수막구균·폐렴구균 등이 침범하여 발생
② 세균성 수막염의 3대 징후 : 발열, 경부강직, 의

식변화

③ 예후 : 수막염 중 가장 좋지 않으며 b형 헤모필루스 인플루엔자, 폐렴구균 등의 예방 접종 실시해야 함

3. 매독

(1) 정의

1) 트레포네마 팔리듐균에 의해 발생하는 성매개 감염

2) 분류 : 선천성 매독, 후천성 매독(조기, 만기)
① 조기매독 : 감염된 지 2년 이내 매독
② 만기매독 : 감염된 지 2년이 경과한 매독
③ 선천성매독

3) 임상 경과
① 1기 매독 : 경성하감
② 2기 매독 : 매독진
③ 잠복 매독
④ 3기 매독 : 신경매독, 심장혈관매독

4) 치료 : 페니실린

4. 결핵

(1) 정의

결핵균에 의해 전염되는 감염성 질환으로 흔히 폐 이외에도 다양한 장기에 침입하여 여러 증상을 일으킴

(2) 경과

1) 코나 입을 통해 공기중의 결핵균 흡입 → 폐에 침범(초감염)

2) 결핵균이 잠복상태로 있다 면역력이 약해질 때 활동성 결핵을 유발하여 다양한 증상 발생

3) 진단 기출 • 2016
① 의학적 병력의 확인
② 진찰
③ Mantoux 투베르쿨린 피부 반응 검사
④ 흉부 방사선(X-선) 촬영
⑤ 객담검사를 통한미생물학적으로 결핵균의 확인

XI. 비뇨 생식기 질환

1. 만성 콩팥병

(1) 정의  • 2018
신장 손상의 증거가 있거나, 사구체 여과율(GFR)이 60 ml/min/1.73m² 미만으로 감소한 상태가 3개월 이상 지속되는 상태로 신장 손상의 증거임
① 알부민 뇨가 있거나
② 소변 내 이상 침사 소견이 있는 경우
③ 콩팥 영상 검사 상 이상이 있는 경우
④ 콩팥 조직 검사 상 이상 소견이 있는 경우 혹은 소변 또는 혈액 검사 상 이상소견이 있는 경우 등

(2) 원인
① 당뇨, 고혈압
② 사구체 신염
③ 낭성 신질환 : 상염색체 우성 다낭성 신증
④ 원인미상 : 자가면역질환(루푸스)

(3) 검사
1) 소변검사 : 물리적 성상, 화학적 검사, 요침사 검사, 24시간 소변검사
2) 영상 검사 : 초음파, 조영술
3) 혈액검사
 ① 혈액 내 요소질소(Blood urea nitrogen)
 ② 혈청 내 크레아틴 검사
 ③ 사구체 여과율 : 신장이 1분 동안에 깨끗하게 걸러주는 혈액의 양으로 혈청 크레아틴 수치를 이용하여 나이, 신장, 체중, 인종에 따라 계산하거나 24시간 소변 검사를 통해 계산함(정상 : 90~120mL/)

(4) 임상적 양상에 따른 분류
1) 만성 콩팥병 1단계 : 정상 or 증가한 사구체 여과율(90mL/분 초과)
2) 만성 콩팥병 2단계 : 약간 감소한 사구체 여과율(60~89mL/분)
3) 만성 콩팥병 3단계 : 중등도의 사구체 여과율 감소(30~59mL/분)
4) 만성 콩팥병 4단계 : 심한 사구체 여과율 감소(15~29mL/분)
5) 만성 콩팥병 5단계(=말기 신부전) : 확립된 신부전(사구체 여과율 15mL/분 미만 또는 영구적인 신대체요법(복막투석, 혈액투석, 신장이식)이 필요한 상태

(5) 만성 신부전의 합병증
① 빈혈 : 적혈구 조혈 인자(에리스로포이에틴)의 결핍
② 고혈압, 부종
③ 심혈관계 이상 : 허혈성 심질환, 울혈성 심부전
④ 전해질 대사 이상

2. 일차성(원발성)사구체 신염

(1) 임상적 양상에 따른 분류
1) 급성 사구체 신염

2) 급속 진행성 사구체 신염

3) 신증후군

   심한 단백뇨(하루 3~3.5g 이상)와 전신부종, 저알부민혈증, 고지혈증의 4대 증상을 보이는 임상적 증후군

4) 무증상성 요이상

5) 만성 사구체 신염

3. 요실금

(1) 분류

1) 복압성 요실금

2) 절박성 요실금

3) 혼합성

4) 범람성 요실금 : 방광 배뇨근 약화, 요로 폐색에 의한 방광의 과다 팽창에 의해 발생

5) 기능성 요실금

(2) 진단

1) 문진

2) 신체검사 : 골반검사, 스트레스테스트, 신경학적 검사

3) 소변검사

4) 요역동학 검사

5) 방사선 검사 : 요로조영술, 초음파

(3) 치료

1) 행동요법 : 방광훈련, 골반저근 강화운동(케겔)

2) 약물요법

3) 수술요법 : 슬링 수술(TOT)

4. 요로 결석

(1) 정의

신장, 방광, 요도 등 요로계에서 발견되는 결석으로 대부분 신장에서 발생

(2) 원인에 따른 분류

1) 재발성 요로결석의 원인 또는 위험인자

① 부갑상선 기능항진증

② 장에서의 칼슘 흡수증가

③ 신장에서의 칼슘배출 증가(고칼슘뇨)

(3) 진단

1) 주요 증상 : 산통, 혈뇨

2) 기본 검사

① 소변검사 : 24시간 소변검사

3) 영상 검사

① 복부 X선 검사

② 복부 초음파 검사

③ 경정맥 요로조영술

④ 복부 CT

(4) 치료

1) 내과적 치료 : 수액 공급, 통증 조절

2) 수술적 치료

① 체외충격파쇄석술

② 요관 내시경적 제거술

③ 경피적 신절석술 : 큰결석이나 체외충격파 및 요관 내시경 시술의 실패 시

5. 전립선 비대증

(1) 증상
1) 자극성 증상
   하부요로자극증상 : 빈뇨, 야간뇨, 급박뇨

2) 방광 출구 패색 증상
   세뇨, 지연뇨, 잔뇨감, 간혈뇨 등

(2) 진단
1) 검사실 검사
① 요검사
② 소변배양검사
③ 전립선 특이항원검사(PSA)

2) 전립선 비대정도
① 직장 수지 검사
② 경직장하 초음파 검사

3) 요속검사 : 전립선 비대로 인한 폐색 정도 측정

(3) 치료
1) 대기요법 : 주의 깊은 관찰 및 생활 습관 교정을 통한 증상 조절

2) 약물치료 : 알파교감신경억제제, 남성호르몬 박탈

3) 최소침습치료
① 경요도극초단파 고온치료
② 경요도침소작술
③ 경요도 전립선 풍선확장술 등

4) 수술치료

6. 전립선암

(1) 위험인자
① 연령 : 50세 이상에서 증가(특히 65세 이상)
② 인종 : 아시아계가 발병이 적음
③ 유전 혹은 가족력
④ 음식 및 식이습관 : 붉은 육류, 적은 채소 칼슘 과다
⑤ 과거 전립선의 감염성 질환 : 전립선염, 성병
⑥ 남성 호르몬
⑦ 직업 : 유해 연소 생성물에 노출

(2) 진단검사
① 선별검사 : PSA, 직장 수지검사
   직장수지 검사상 단단하고 불규칙한 형태의 전립선
② 경직장 초음파와 생검

(3) 병기설정
① 주웨트(Jewette)병기
   경직장 초음파 촬영과 전립선 특이항원(PSA) 이용
② TNM병기

7. 방광암

(1) 분류
1) 이행세포암종(요로상피세포암종)
① 비침습방광암 : 방광의이행상피세포층(transitional epithelium)에서 발생한 악성종양 세포가 점막 고유층(lamina propria)까지는 침범

하지 않은 비침습 유두암(papillary carcinoma) 상태
② 침습방광암
③ 상피내암(Carcinoma in situ)

(2) 진단

1) 증상 : 무통성 혈뇨

2) 조직검사 : 경요도적 방광경하 조직검사

(3) 치료

1) 비침습 방광암, 상피내암 : 경요도적 방광종양 절제술

2) 침윤성 방광암 : 근치적 방광 적출술

8. 유방암

(1) 유방암의 고위험군 기출 • 2009, 2023

1) 어머니나 형제 중에 유방암 가족력이 있는 사람

2) 한쪽 유방에 유방암이 있었던 사람

3) 출산 경험이 없었던 사람

4) 30세 이후에 첫 출산을 한사람

5) 비만, 동물성 지방을 과잉 섭취하는 사람

6) 장기간 호르몬 자극을 받은 사람(이른 초경, 늦은 폐경, 폐경 후 장기적인 여성 호르몬의 투여)

7) 가슴부위에 방사선 치료를 받았거나 핵폭탄에 노출된 경험이 있는 사람

8) 지속적인 유방문제(덩어리 있는 유방)와 자궁내막, 난소, 대장에 악성종양이 있었던 사람

(2) 진단

1) 유방암 의심 증상
① 유두 분비물 : 혈성 분비물
② 유방 발적
③ 새로운 유방 멍울
④ 유방 부종
⑤ 통증, 특히 흉부, 복부 골 통증

2) 유방암 검진 권고안
① 30세 이상의 여성 : 매월 자가 검진
② 35세 이상의 여성 : 2년 간격으로 의사에게 임상진찰
③ 40세 이상의 여성 : 1 ~ 2년 간격으로 의사에게 진찰 및 유방촬영술

9. 자궁경부암

(1) 정의

1) 자궁 경부에 발생하는 편평상피세포암과 선암 등의 종양을 의미하며 이중 80~90%는 편평상피세포암이고 10~20%는 선암임

2) 인유두종 바이러스(HPV) 감염 후 전암성 병변이 발생한 후 시간이 경과함에 따라 침윤성 암으로 진행하는 다단계 질환으로 여겨지고 있음

3) 자궁경부암의 전암성 병변은 자궁경부상피내종양임

(2) 위험인자  • 2015

1) HPV바이러스 감염
2) 낮은 초혼연령 또는 성관계 시작연령(16세 이전)
3) 많은 성 파트너
4) 흡연
5) 많은 분만 횟수
6) 낮은 사회 경제적 수준
7) 만성적인 면역 억제상태

(3) 진단

1) 선별검사
  자궁경부세포검사(PAP test), HPV검사, 자궁 경부확대 촬영술

2) 확진검사
  질확대경검사, 자궁경관 소파술, 자궁 경부생검

10. 기타 산부인과 질환

(1) 임신 합병증

1) 임신 초기 합병증
① 자궁외임신
② 자연유산
③ 기태임신

2) 임신 후기 합병증
① 임신성 고혈압
  고혈압 과거력이 없던 여성에서 임신 중 처음으로 혈압이 140/90 이상으로 측정되면서 단백뇨가 없는 경우

② 전자간증(preeclampsia) / 자간증(eclampsia)
  임신 20주 이후 4시간의 간격을 두고 2회 이상 측정한 혈압이 140/90㎜Hg 이상이면서 단백뇨가 있는 경우를 전자간증이라 하고 자간증은 전자간증과 함께 다른 질환에 의하지 않은 경련이 발생한 때를 말함

XII 피부질환

1. 피부질환

(1) 베체트병

반복적으로 입안에 궤양이 생기고 성기부에 궤양이 발생하며 경우에 따라 눈 안에 염증이 발생하여 시력을 잃을 수도 있는 만성 염증성 질환

(2) 진단 : [ISGBD]의 베체트병 국제진단기준

아래 중 1개는 반드시 있어야 하고 나머지 중 2개 이상이 해당되면 진단 기출 • 2017

1) 1년에 적어도 3회 이상 재발되는 구강의 궤양

2) 눈병 : 포도막염

3) 생식기주위의 궤양

4) 피부병 : 여드름 모양의 피부병, 모낭염, 혈관염이 동반된 구진성 발진

5) 페썰지 반응

   조그만 자극에도 쉽게 염증반응을 보이는 현상으로 정상적으로는 작은 바늘을 이용해서 생리식염수로 피부를 자극해도 염증반응이 나타나지 않지만, 베체트병 환자는 염증반응을 보임

2. 화상

(1) 화상의 종류

1) 1도 화상 : 표피만 화상을 입는 경우로 흔히 일광 화상(sun burn)임

2) 2도 화상 : 표피는 물론이고 진피의 일부에 화상을 입은 경우, 물집(blister, bullae)이 생기며, 물집 하부의 진피의 일부가 손상된 것

① 표재성 2도 화상 : 표피 전부와 진피의 상층에 화상을 입은 경우

② 심부 2도 화상 : 표피의 전부와 진피 전부가 손상된 경우

3) 3도 화상 : 피부 전층에 화상을 입은 경우 동통이 없음

(2) 화상의 넓이

1) 9의 법칙 (Rule of 9's)

   피부면 전체를 100%로 하여 두부 : 9%, 양쪽 팔 : 9 × 2 = 18%, 몸 양면 : 18 × 2 = 36%, 양 다리 : 18 × 2 = 36%, 회음부 : 1%로 하여 피부표면적을 진단. 성인의 경우 손상된 범위를 정확하게 계산할 수 있음

2) 룬드 브라우더 차트(어린아이)

3. 대상포진

(1) 정의

피부의 한 곳에 통증과 함께 발진과 수포들이 발생하는 질환으로 수두를 유발하는 수두 대상포진 바이러스(Varicella zoster virus)에 의하여 초래되는 질환으로 바이러스가 보통 소아기에 수두를 일으킨 뒤 몸속에 잠복상태로 존재하고 있다가 다시 활성화되면서 발생

(2) 위험인자 기출 • 2015
1) 60세 이상의 고령
2) 스트레스
3) 면역체계가 억제된 질병(예 후천성면역결핍증후군(AIDS), 암)
4) 면역 체계를 약화시킬 수 있는 약물이나 치료, 예를 들어 스테로이드나 항암제를 투여 받는 경우이거나 방사선 항암치료를 받고 있는 상태

(3) 증상
1) 신경절에 잠복상태로 있던 수두 바이러스가 재활성화 되면서 발생하며 피부의 병적인 증상은 신경근의 지각신경이 분포하는 부위에 국한됨
2) 심한 통증과 감각이상이 동반되며 붉은 반점이 신경을 따라 나타난 후 여러 개의 물집이 무리를 지어 형성

(4) 치료
병변 치유 촉진, 급성기 통증 완화, 대상포진 후 신경통 등의 합병증 예방이 목적으로 항바이러스제 사용 및 통증 조절을 위한 진통제 사용

(5) 합병증
1) 대상포진 후 신경통 : 피부 발진이 치유된 이후에도 지속되는 통증, 대개는 30일 이상 통증이 지속되는 경우로 정의
2) 2차 세균감염
3) 전신성 대상포진
4) 뇌염 혹은 뇌수막염

4. 가와사키병 기출 • 2009, 2022

(1) 개요
1) 정의 : 영아와 소아에게서 발생하는 급성 혈관염(급성 열성 림프절 증후군)
2) 진단기준 : 전형적인 가와사끼병의 진단 기준은 '5일 이상 지속되는 발열'과 다음과 같은 5가지 임상 양상 중 4가지 이상의 증상이 반드시 발생되어야함
① 화농이 없는 양측성 결막 충혈
② 입술, 입 안의 변화 : 입술의 홍조 및 균열, 딸기혀, 구강 발적
③ 부정형 발진
④ 급성기의 비화농성 경부림프절 비대(1.5cm 이상)
⑤ 급성기의 손발의 가벼운 부종과 홍조, 아급성기의 손발톱 주위의 막양 낙설

3) 치료
① 합병증
   a. 관상동맥류 (가와사끼병의 장기예후를 결정하는 가장 중요한 합병증)
   b. 심근염과 판막염이 발생할 수 있음
② 치료약제
   a. 아스피린 : 발열, 발진, 관절의 염증과 통증을 감소, 혈전 예방
   b. 정맥용 면역글로불린 : 관상동맥 합병증을 예방

5. 감염성 피부질환

(1) 표재성 진균증
① 임상소견에 따른 분류
    a. 두부백선
    b. 족부 백선
    c. 체부백선
    d. 수부백선
    e. 완선
    f. 조갑진균증
    g. 수발백선

(2) 세균감염성 피부질환

(3) 진단
1) KOH검사 : 진균 감염 검사를 위해서 병변을 칼로 긁어서 KOH 용액을 떨어뜨린 후 현미경으로 관찰하는 검사

2) 진균 배양검사

3) WOOD등 검사

6. 습진(Eczema)

(1) 분류
1) 접촉성 피부염
① 원발성 자극 피부염
② 알레르기 접촉성 피부염
③ 광독성 및 광알레르기 접촉성 피부염
④ 접촉 두드러기 증후군

2) 아토피 피부염

3) 지루성 피부염

7. 아토피 피부염

(1) 정의
① 주로 유아기 혹은 소아기에 시작되는 만성적이고 재발성의 염증성 피부질환
② 소양증(가려움증)과 피부건조증, 특징적인 습진을 동반

(2) 진단기준

> ➥ 주 진단 기준 중 2개 이상의 증상과 보조 진단 기준 중 4가지 이상의 증상이 나타날 경우 아토피피부염이라고 규정

1) 주진단기준
① 소양증
② 특징적인 피부염의 모양 및 부위
    a. 2세 미만의 환자 : 얼굴, 몸통, 팔다리가 펴지는 부위의 습진
    b. 2세 이상의 환자 : 얼굴, 목, 팔다리가 접히는 부위의 습진
③ 아토피(아토피 피부염, 천식, 알레르기 비염)의 개인 및 가족력

> ➥ 알러지 행진(allergic march)
> 한 개인에서 소아부터 어른까지 나이가 변해감에 따라 알레르기 질환이 달라지는 것
> 아토피 피부염, 알레르기 비염, 알레르기 천식, 알레르기 결막염

2) 보조진단기준
① 피부건조증
② 백색 비강진 (마른버짐)
③ 눈 주위의 습진성 병변 혹은 색소침착,
④ 귀주위의 습진성 병변
⑤ 구순염

⑥ 손, 발의 비특이적 습진
⑦ 두피 인설(각질)
⑧ 모공 주위 피부의 두드러짐
⑨ 유두 습진
⑩ 땀 흘릴 경우의 소양증
⑪ 백색 피부묘기증(긁으면 해당부위 두드러기발생)
⑫ 피부단자시험 양성반응
⑬ 혈청 면역글로불린E(IgE)의 증가
⑭ 피부 감염의 증가

8. 피부암

(1) 편평세포암

1) 원인

자외선, 온열 손상, 유전적 요소, 화학물질, 만성 방사선 피부염, 파필로마 바이러스(papilloma virus) 만성 궤양, 공동 및 반흔

(2) 흑색종

(3) 기저세포암

9. 천포창

(1) 정의

피부와 점막에 수포를 형성하는 만성 수포성 질환으로 자가면역 질환임

10. 건선

(1) 정의

구진과 은백색의 인설의 만성 피부질환

(2) 유발 및 악화 요인

① 기후(겨울)
② 피부외상 : Koebner 현상, 즉 피부외상 자리에 건선이 생기는 현상을 보인다.
③ 감염
④ 건조한 피부
⑤ 그 외 : 스트레스, 흡연, 음주, 비만

(3) 유전 및 면역학적 원인

(4) 증상

① 소양증은 심하지 않음
② Auspitz(아우스비츠) 징후, 즉 인설 제거 시 점상출혈을 보임
③ 조갑변화(조갑함몰), 구강점막 병변

(5) 치료

① 국소치료 : 부신피질 스테로이드 치료, 비타민 D유도체, 보습제
② 광선치료
③ 전신치료 : 스테로이드제제, 면역억제제

XIII 감각기계 질환

1. 눈의 구조 및 기능

(1) 눈의 구조
1) 안구
① 외막 : 공막, 각막
② 중막 : 홍채, 모양체, 맥락막
③ 내막 : 망막
④ 안 내용물 : 수정체, 유리체, 방수

2) 부속기관
  안와, 눈꺼풀, 결막, 눈물샘, 안근

(2) 눈의 기능 검사
1) 시력검사
① 시력표로 측정하기 어려운 심한 저시력
   a. FC(안전수지 Finger Count) : 눈앞에서 손가락 갯수를 인식할 수 있는 시력
   b. HM(안전수동 Hand Movement) : 손의 움직임을 식별할 수 있을 정도의 시력 상태
   c. LP(광각 Light Perception) : 빛의 유무를 감지

2) 시야검사
① 시야 : 눈으로 한 점을 주시하고 있을 때에 그 눈이 볼 수 있는 외계의 범위
② 동적(kinetic)과 정적(static) 시야측정법으로 나눌 수있으며, 각각 자동과 수동으로 구분
③ 골드만(Goldmann)과 험프리(Humphrey) 시야계가 대표적 검사 방법임

2. 녹내장

(1) 원인
1) 녹내장성 시각 신경 및 신경 손상

2) 안압의 역할 : 안압은 방수의 생산, 방수유출에 대한 저항, 등으로 결정되며 녹내장의 경우 보통 안압이 21mmhg 보다 높으면 고안압으로 판단하나 시각 신경 손상은 이보나 낮은 안압에서도 생길 수 있음

(2) 위험인자
높은 안압, 나이, 녹내장 가족력, 당뇨, 고도 근시, 눈의 외상력, 고혈압 등 심혈관질환, 약물 (스테로이드 약물의 장기 복용)

(3) 녹내장의 종류
1) 개방성 녹내장
① 정상 안압 녹내장 포함
② 방수유출로인 섬유주 - 쉴렘관 장벽의 결함으로 발생

2) 폐쇄성 녹내장
  주변부 홍채가 섬유주를 막아 방수 유출의 저항이 증가되어 발생, 급성의 경우 안구통증, 두통 및 구역질 등의 증상 동반 가능

(4) 녹내장 선별 검사
1) 안압검사

2) 시신경유두 검사

3) 시야검사

4) 전방각경검사 등

3. 망막질환

(1) 당뇨망막병증

1) 정의 : 망막 미세혈관의 순환장애로 인해 발생하는 당뇨의 만성합병증

2) 분류
① 증식성 당뇨망막병증 : 신생혈관 관찰
② 비증식성 당뇨망막병증

3) 치료
레이저광응고술

(2) 연령관련 황반변성

1) 정의 : 정상적 노화현상에 의해 발생하는 광수용체 감소나 색소상피 변화와 같은 변화 외에도 시력에 영향을 줄 수 있는 병적 변화가 황반에 발생

2) 위험요인
① 가족력
② 흡연
③ 원시
④ 고혈압
⑤ 고지혈증
⑥ 여성
⑦ 심혈관질환

3) 진단 및 치료
① 임상증상(변시증, 암점 및 시력저하) 등 확인
② 치료 : 비타민 C, E 및 고용량 베타카로틴으로 구성된 미량영양소가 황반변성에서 시력 저하를 감소시켰다는 연구가 있음
③ 자외선 차단(야외 활동시 선글라스나 모자 착용)
④ 레이저 광응고술(신생혈관 황반변성 시 시행)

4. 백내장

(1) 정의

1) 수정체가 혼탁해지는 질환

(2) 분류 기출 • 2023

1) 노년백내장 : 50세 이후, 초로백내장(40대), 연소백내장(40대미만)

2) 외상백내장

3) 합병 백내장 : 심한 안질환 이후 초래되는 백내장

4) 후발 백내장 : 수정체수술(낭외적출술) 후 수정체 후낭과 전낭의 일부가 남는 경우 여기에 수정체 섬유일부가 붙어있으면서 혼탁한 막을 형성

5) 당뇨백내장

6) 중독 백내장 : 장기간의 스테로이드 사용 후 발생 가능

(3) 진단

1) 세극등 현미경 검사 : 수정체 혼탁도 확인

(4) 치료

1) 백내장 적출술 : 낭내적출, 낭외적출

2) 수정체 초음파 유화술

3) 인공 수정체 삽입술

5. 망막박리

(1) 정의

망막이 안구 내벽으로부터 떨어져 들뜨게 되는 병적 상태

(2) 원인에 따른 분류

1) 열공 망막박리

2) 견인 망막박리

3) 삼출 망막 박리

6. 귀의 구조 및 기능

(1) 귀의 구조 기출 • 2019

① 외이 : 이개(귓바퀴), 외이도
② 중이 : 고막, 고실(추골, 침골, 등골), 이관, 유양동
③ 내막 : 달팽이관(와우), 전정기관, 반고리관

7. 난청

(1) 정의

1) 청력이 저하 되는 상태

2) 정상의 청력은 20dB정도이며 난청은 21~40dB은 경도 난청, 41 ~ 50dB는 중도 난청, 56 ~ 70dB은 중고도 난청, 71 ~ 90dB은 고도 난청, 90dB 이상은 심도난청으로 분류

(2) 분류

1) 원인에 따른 분류
① 전음성 난청(Conductive hearing loss) : 외이나 중이의 이상으로 음전달에 문제가 발생하여 청력이 감소하는 경우 전음성 난청의 원인으로는 만성 중이염, 소아에서 흔한 삼출성 중이염, 중이에서 소리의 전달을 담당하는 이소골 연쇄의 파괴, 외상성 고막천공, 중이의 출혈에 의한 혈성 고실, 심한 귀지로 인한 외이도 폐쇄 등이 있음 보청기 등에 의해서 청력을 회복가능
② 감각 신경성 난청(Sensorineural hearing loss) 흔한 원인 : 노인, 유전성질환, 소음
③ 혼합성 난청 : 전음성, 감각신경성 난청 두 종류의 난청이 동시에 존재할 때

2) **진단** : 골전도와 공기전도를 비교하여 진단
① 웨버검사(weber test)
② 린네검사(Rinne test) : 진동하는 음차 손잡이를 골전도를 측정하기 위해 유양돌기에 접촉시키고, 공기전도를 측정하기 위해 음차를 귀에 가까이 위치하면서 골 전도와 공기성 전도를 비교하는 검사로 정상적(검사 결과 양성)으로는 공기전도가 골전도 보다 크게 들림
③ 순음 청력검사

신체 손해사정사 2차
기출문제

· 의학이론 상해 / 질병 편 ·

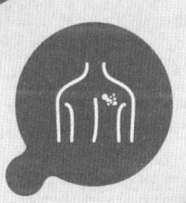
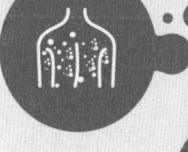

의학이론 상해 / 질병 편 | 신체 손해사정사 2차 시험대비 특강

01 발을 구성하는 뼈의 명칭을 열거하시오. 기출 • 2009

발에서 중족부에 해당되는 골구조물을 쓰시오 기출 • 2007

발에서 중족부에 해당되는 골구조물을 쓰시오 기출 • 2016

◆ 풀이

1. 족근골 : 거골, 종골, 주상골, 3개의 설상골(내측, 중간, 외측), 입방골로 이루어져 7개의 골로 구성

   1) 후족부(발꿈치를 이루는 뼈)
      거골, 종골로서 종골은 보행 시 체중의 최소 충격을 지탱할 수 있게 하는 가장 큰 뼈이며, 서 있을 때는 체중을 지탱하여 균형유지 종골 위에는 거골이 있는데, 발의 뼈를 하지의 뼈들과 연결하여 발목을 형성
   2) 중족부 : 주상골, 입방골, 설상골

2. 중족골 5개

3. 족지골 : 제1족지(기저골, 말절골) 제2족지~제5족지(기저골, 중절골, 말절골)

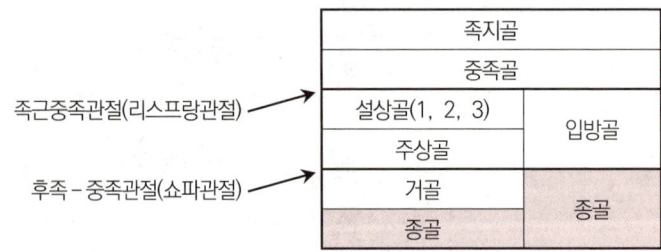

02 체간골은 흉곽과 척추체로 이루어져 있다. 흉곽과 척추체를 구성하는 뼈의 이름을 서술하고 체간골의 기능을 서술하시오. 기출 • 2020

◆ 풀이

1. 흉곽을 구성하는뼈 : 늑골12쌍, 흉골
2. 척추를 구성하는뼈 : 경추(7) 흉추(12) 요추(5), 천추(5) 미추(3 ~ 4) 천추와 미추는 성인이 되면 각각 하나의 골인 천골과 미골로 변화한다.
3. 체간골의 기능
   (1) 보호 기능 : 체간골은 주로 내부장기를 보호하는 역할을 한다.
   (2) 지지 기능 : 인체의 모양을 지탱
   (3) 조혈 기능 : 골수에서 조혈작용을 한다.
   (4) 저장기능 : 칼슘 등의 무기질

03 활막 관절에 대하여 설명하시오. 기출 • 2015

◆ 풀이

1. 활막관절의 정의
   뼈와 뼈 사이에 일정한 공간이 있고 그 안에 활액이 있어 운동이 자유로운 관절을 말한다.
2. 구성
   관절 연골, 관절낭 활액막, 활액
3. 활막 관절의 종류
   (1) 구상관절(구와관절 : ball & socket joint) : 구관절, 구형관절이라고도 하며 관절두가 볼록하고 관절와가 오목하게 구성된 관절로 굴곡, 신전, 내전과 외전, 내회전과 외회전이 가능한 관절이다. 견관절, 고관절이 해당한다.
   (2) 경첩관절 : 1축 관절이라고도 하며, 하나의 축 주위의 회전 운동만이 가능(굴곡, 신전) 슬관절, 팔꿈치관절(완척관절), 수지관절, 족근관절 등이 해당한다.
   (3) 차축관절 : 관절와가 관절두를 차바퀴처럼 감싸면서 제한된 회전운동을 하는 관절로 제2경추 및 상요척관절이 이에 해당한다.
   (4) 안장관절 : 관절두와 관절와가 말안정처럼 생긴 것을 말하며 엄지(무지)의 수근 중수관절이 해당한다.

(5) 과상 관절(Condlyoid joint)
    타원 관절((ellipsoidal joint)이라고도 하며 관절면이 타원형을 이루어 관절와는 얕은 오목 모양인 관절로 요수근 관절 및 환추-후두관절(atlanto-occipital joint)이 이에 해당한다.
(6) 평면관절(Plane joint)

> ↳ 상-하지의 주요 3대관절
> - 상지 : 견관절(구상관절), 주관절(경첩관절), 완관절(과상관절)
> - 하지 : 고관절(구상관절), 슬관절(경첩관절), 족근관절(경첩 관절)

04 수근부를 이루는 8가지의 뼈를 기술하시오. (각 1점, 총 8점) 기출 • 2017
이 중 가장 흔하게 골절되는 뼈를 기술하시오.

수근골을 형성하는 뼈의 명칭을 적으시오. 기출 • 2013

◆ 풀이
1. 수근골은 근위열에 주상골, 월상골, 삼각골, 두상골이 구성되며 원위열에 대능형골, 소능형골, 유두골, 유구골로 구성
2. 주상골

05 골절의 분류에 대해 기술하라. 기출 • 1979

불안정성 골절이란 무엇인가? 기출 • 2019

◆ 풀이
1. 해부학적 위치에 따른 분류
   (1) 장골에서의 해부학적 위치에 따라 : 골단 골절, 골간단 골절, 골간부 골절
   (2) 근위부, 간부(중간부), 원위부
   (3) 뼈의 특수학적 명칭에 따라 : 예 대퇴골 : 두부(head)골절, 경부(neck)골절, 전자부 골절 과상부 골절, 과부(condylar)골절

2. 골절의 정도에 따른 분류
   (1) 완전 골절
   (2) 불완전 골절 : 소아 호발 - 그린스틱(생목가지 골절), 융기 골절(Buckle 또는 torus 골절) 등
3. 골절면의 방향
   횡상골절, 사상 골절, 나선상 골절, 종상 골절
4. 개방창 동반 여부에 따른 골절 : 폐쇄성 골절, 개방성 골절
5. 골절편의 수에 따른 분류
   (1) 단순(선상) 골절
   (2) 분쇄 골절(2개 이상의 골절선, 골절편 3개 이상)
   (3) 분절 골절
6. 골절의 안정성에 의한 분류 :
   (1) 안정성 골절(횡상, 짧은 사상)
   (2) 불안정 골절 : unstable fracture로 정복이 되었더라도 쉽게 다시 전위를 일으키는 골절로 긴 나선상 골절이나 사상 골절이 해당
7. 골절편의 전위 여부에 따른 분류 : 전위성 골절, 비전위성 골절
8. 손상 기전에 따른 분류
   (1) 직접외상에 의한 골절
      ① 타박 골절, ② 압궤 골절, ③ 관통 골절
   (2) 간접외상에 의한 골절
      ① 견열 골절, ② 각형성 골절, ③ 회전 골절, ④ 압박 골절

06 다음 골절을 설명하시오. 1) 병적 골절 2) 스트레스 골절 3) 개방성 골절 •2009

07 피로골절(fatigue fracture)에 대해서 설명하고 호발하는 부위 4곳을 기술하시오. •2014

08 병적 골절의 원인이 되는 전신적 병변 및 국소적 병변 5개 이상을 기술하시오. •2016

09 골다공증성 골절이 많이 발생하는 곳 3곳 이상을 기술하시오. •2016, 2023

> **풀이**

1. 병적 골절
   (1) 정의 : 정상의 뼈에서는 골절을 일으키기 어려운 힘이 골절을 일으키게 되는 것
   (2) 원인 : 국소성 골변화로는 감염, 양성 골종양, 악성 골종양, 전이성 골종양, 방사선 조사 등이 있다. 전신골 질환으로는 골다공증, 골연화증, 구루병, 골형성 부전증 변형성 골염, 매독, 소아마비 등이 있다.
   (3) 호발부위 : 골다공증에 의한 병적골절은 척추, 대퇴경부 및 전자부, 요골 원위부, 상완골 등에서 호발하며 악성종양에 의해서는 척추 압박골절이 자주 발생한다.

2. 스트레스 골절
   (1) 정의 : 일정 부위의 뼈에 반복되는 힘이 작용하여 점차 골질의 연속성이 중단되는 상태를 말한다. 행군골절 및 피로골절,(fatigue fracture), 가골절이라고도 한다.
   (2) 호발부위 : 체중이 많이 부하되는 부위인 중족골, 주상골, 경골간부, 대퇴 경부 등에서 호발하며 제2,3,4 중족골에서 빈도가 높다.

> 피로골절의 호발 부위

대퇴 경부
경골간부
족부 주상골
족부 중족골

① 중족골의 피로골절 : 장거리 달리기 선수나 발레 무용수에게 흔하며 제2중족골경부가 호발 부위나 타 중족골에도 올 수 있다.
② 경골간부의 피로골절 : 주로 젊은 운동선수, 발레무용수, 군인들에게서 많이 생긴다. 군인들에 있어서는 주로 근위부에 생기며 임상소견은 일반적으로 서서히 진행하는 국소적 동통과 압통이고, 방사선 소견상 경골 앞쪽 피질골의 비후가 보이기도 하며 경골 전방 구획증후군과 감별 진단해야 한다.
③ 대퇴 경부의 피로골절 : 젊고 활동적인 사람이 평소 잘하지 않던 체조, 달리기, 행군 등을 한 후에 잘생기며, 골다공증 같은 골의 대사성 질환을 가진 노인에서 잘 발생한다.
④ 주상골의 피로골절 : 기존의 섬유화나 골성 결합으로 족부변형이 있는 환자 특히, 족근부 배굴곡의 제한, 거골하 관절 운동의 제한, 제1중족골의 단축, 중족골 내전에 있는 사람에서 주로 생긴다.

3. 개방성 골절
(1) 정의 : 골절부위가 개방창을 통하여 외부환경과 연결되어 있는 골절을 말하며 이때 반드시 뼈 주위의 연부조직과 피부의 손상이 동반된다. 연부조직 손상이 동반되고 혈행장애, 혈종형성의 가능성이 있어 골과 연부조직의 감염위험성이 높다.

10 개방성 골절의 치료원칙에 대해 논하라. • 1995

개방성 골절에 대한 치료원칙에 대해 기술하시오. • 2018

◆ 풀이

(2) 치료원칙
① 감염 예방
② 연부조직손상의 치유 및 골절의 유합
③ 기능의 회복

> **치료의 단계**
> ① 응급실에서 환자의 활력징후 측정 등을 포함한 초기 평가 및 응급처리를 시행
> ② 변연절제술 및 세척을 포함한 연부조직에 대한 수술과 골절의 안정화를 위한 수술 시행
> ③ 피부와 연부조직 및 골 재건에 대한 수술을 시행
> 변연절제술은 개방성 골절의 치료 결과에 영향을 주는 가장 중요한 인자로 모든 죽은 조직에 대한 세밀한 절제가 필요하다. 1차 수술 후에도 변연 절제술은 단계적으로 시행되어야 하며 48~72시간 내에 2차 관찰 수술을 통해 추가적인 변연 절제술이 반드시 요구되며 필요하다면 48시간마다 변연 절제술을 반복 시행하여야 한다.

11 신선골절(최초의 골절)과 진구성 골절(오래된 골절)에 대하여 환자를 진단할 때 또는 X-RAY 촬영을 하거나 동위원소를 주입하였을 때 감별점을 요약하라. 기출 •1994

- 신선골절과 오래된 골절의 감별진단 방법을 설명하시오. 기출 •2005

- 급성골절과 만성(진구성) 골절을 구분하는데 가장 유용한 영상검사 2가지 기출 •2020

12 사고 직후 X-선 촬영상 제12흉추에 압박골절이 있는 환자에게 골절이 기왕증에 의한 것인지 혹은 금번 사고에 의한 것인지를 판단하기 위해 필요한 검사 이름, 검사방법 및 판단방법을 기술하시오. 기출 •2004

압박골절이 발생했을 때 일차적으로 가장 많이 진단에 사용하는 영상검사 2가지? 기출 •2020

풀이

1. X-RAY 상 신선 골절은 골절 부위가 검게 나오며 골절선이 톱니처럼 날카롭다.
   진구성골절은 X-ray선상 골절 경계부가 완만하여 골절을 의심할 수 있는 날카로운 소견이 없이 완만하다 골절선 부위가 하얗게 나온다.

2. 골주사(bone scan) 검사는 테크니슘이나 갈리움 등 골에 친화력이 강한 방사선 동위 원소를 정맥 내에 주입하여 골에 침착되는 정도를 촬영하는 검사방법으로 골모세포가 활성 되거나 국소 혈류량이 증가하면 열소(hot uptake)로 나타나며 이것을 감마카메라로 촬영한다.

   흑백으로 촬영하면 신생골절은 해당부위가 검정색으로 나오며 시간이 경과할수록 점점 색깔이 흐려져서 나중에는 색이 없게 된다. 6개월 이전의 골절 진단에 유의하다. 컬러로 촬영시 신생골절은 빨간색으로 나타나며 정상 혹은 진구성 골절은 파랗게 나타난다.

   골 주사는 골수염, 골종양 및 골괴사 등을 조기에 발견할 수 있는 방법으로 널리 사용되고 있으며, 진단이 힘든 골절이나 염증성 질환의 진단 및 감별에 보조 자료로도 사용 된다.

13 골절을 시사 하는 대표적 증상이나 징후를 기술하시오. 기출 • 2011

> **풀이**
>
> 1. 국소증상
>   (1) 동통과 압통(pain & tenderness)
>   (2) 기능 장애
>   (3) 변형 : 연부조직의 출혈로 인한 종창(부종) 발생, 각형성과 회전변형을 일으켜 외관변형을 일으킴
>   (4) 자세의 변화
>   (5) 비정상적 운동과 마찰음
> 2. 전신 증상
>   (1) 열감
>   (2) 쇼크
>   (3) 출혈

14 골절과 탈구로 인해 신경손상이 일어날 수 있다. 사지에서 어떤 골절 또는 탈구가 어떤 신경의 손상을 가져올 수 있는지 5가지 열거하시오. 기출 • 2008

• 다음 골절 또는 탈구 시 동반되는 신경 손상은? 기출 • 2018

1) 상완골두 탈구 2) 상완골 간부 골절 3) 비골 근위부 골절 4) 고관절 탈구

> **풀이**
>
> 1. 쇄골 골절 : 상완신경총 손상
> 2. 견관절 탈구 : 액와신경
> 3. 상완골 간부골절 : 요골신경 손상
> 4. 주관절 탈구 및 주관절부 골절 : 상완골 내과 골절시 척골 신경이 손상될 수 있고 심한 주관절 골절 및 탈구에서 요골신경, 정중신경, 척골신경의 손상을 동반 할 수 있다.
> 5. 고관절 탈구(후방탈구) : 좌골신경 손상
> 6. 슬관절 탈구(비골 근위부 골절) : 총 비골신경 손상

15. 요골신경 손상의 전형적인 변형과 증상에 대해 기술하라. • 1982

◆ 풀이

1. **손상원인**
   요골신경은 상완골 간부의 나선홈에 길게 박혀 붙어있기 때문에 신체에서 흔히 손상받기 쉬운 신경 중의 하나로서 ① 상완골 간부골절, 과상부 골절 시 요골신경이 골절사이에 끼어서 ② 목발 같은 물체 또는 오른쪽 팔꿈치에 머리를 심하게 눌린 것처럼(토요일 밤의 마비, 허니문 마비) 오랜 시간의 압박에 의해서도 발생 가능함

2. **증상**
   수근 하수 변형 및 요골신경의 지각 고유영역인 엄지손가락 부근의 제1물갈퀴 공간의 배측에 감각이 소실됨

   ➤ **Holstein-Lewis 증후군**
   상완골원위부 나선상 골절 시 도수정복 후에도 요골신경이 골절편 사이에 끼어 요골 신경마비를 보이는 것

   ➤ **주요 신경의 손상 부위별 증상**

요골신경	손목하수(수근하수)
정중신경	유인원의 손
척골신경	갈퀴손
총비골신경	족하수

16. 골절의 치유과정 3단계를 기술하고 간략히 설명하시오. • 2006

◆ 풀이

1. **염증기**
   골절 직후부터 괴사조직의 청정화가 일어나는 시기까지로 정의될 수 있으며 골절로 인한 조직파열과 혈관파괴로 혈종형성 및 응혈이 생기며 파열된 골막과 연부조직이 괴사된다. 이때 나타난 괴사조직에 대한 염증반응 단계로 48시간 내에 절정을 이루고 1주까지 지속될 수 있다.
   골절의 치유 시기 중 가장 짧은 시기

2. **복원기**
   수상 후 첫 4~5일에서부터 활성화 되어 몇 달 동안 지속되며 염증반응이 가라앉고 가골이 형성되어 점진적 골화가 일어나며 골절치유의 첫 단계로 볼 수 있다.

> **가골**
> 골절발생 시 뼈의 결손부에 메워지는 새로 생긴 불완전한 뼈 조직
> ① 연성가골기 (soft callus stage) : 임상적으로 통증과 부종이 감소되고 난 골절 약 2주 후부터 일어나는 회복과정으로 골모세포(osteoblast)와 연골모세포에 의해 가골을 형성한다.
> ② 경성 가골기(hard callus stage) : 연성 가골기에 의해서 양측 골절단이 연결되면 경성 가골기가 시작되고 이것은 골편들이 신생골에 의해 단단히 유합될 때 까지 약 3~4개월간 지속

3. 재형성기
불필요한 부위는 파골세포가 가골을 흡수하고 미숙한 골은 성숙시키는 단계로 골절의 임상적 유합이 일어난 후 수년간 계속되어 골절의 치유시기 중 가장 긴 시기에 해당 한다.

---

17 골절치유에는 다양한 인자들이 영향을 미친다. 이러한 인자들은 크게 손상인자, 환자요인, 조직인자, 치료인자로 나눌 수 있는데 이중 손상인자에 해당하는 것들을 기술하고 각각 골절의 치유에 어떤 영향을 주는지 설명하시오. 기출 • 2010, 2023

풀이

1. 손상 인자

(1) 개방성 골절 여부 : 연부조직의 광범위한 파열이나 연부조직의 압궤는 골절부의 혈류공급에 차질을 주어 괴사된 골과 연부조직을 남기며, 이로 인해 골절의 조직복원이 지연될 수 있다.

(2) 손상정도 : 개방성이던 폐쇄성이던 심한 골절의 경우는 연부조직결손, 골결손, 골편의 전위와 분쇄, 골절부의 혈액 공급 감소 등이 생길 수 있다.

(3) 관절내골절 : 관절면까지 연장된 골절에서는 관절운동이나 부하가 전위의 원인이 될 수 있다.

(4) 분절골절 : 장관골의 중간분절 골절부의 혈액공급을 감소시키거나 단절시켜 불유합이나 지연유합을 일으킬 수 있다.

(5) 골절편에 연부조직 삽입 : 근육, 근막, 인대 등 연부조직이 골절편 간에 삽입되면 골절치유에 방해한다. 도수정복으로 골절편 정복이 어렵게 된다.

(6) 혈액공급의 장애 : 혈액공급의 부족은 골절치유를 지연시키거나 골절치유를 방해한다.

2. 환자요인

(1) 나이 : 나이가 어릴수록 골절 치유가 잘 됨

(2) 내분비계 인자 : 부신피질 호르몬은 골 모세포 분화를 억제하고 치유에 필요한 골기질 합성을 억제하여 골절치유를 억제한다. 갑상선 호르몬(칼시토닌), 인슐린, 성장호르몬 등은 골절 치유를 촉진시킨다. 당뇨병, 비타민 D과다증, 구루병 등은 골절 치유를 지연시킨다.

(3) 전신 감염증

(4) 니코틴

(5) 혈액 질환 및 만성소모성 질환

(6) 중추 신경 또는 말초 신경 마비

(7) 영양상태

3. 조직인자

(1) 골의 형태 : 해면골이 피질골보다 빨리 유합되는데 이는 단위 용적 당 표면적이 넓기 때문이다.

(2) 골의 괴사 : 수술로 인한 혈관 파열, 감염, 지속적 부신피질호르몬의 복용, 방사선 치료 등은 골을 괴사시켜 정상적인 골보다 천천히 치유된다.

(3) 골의 질병 : 골다공증, 악성 및 양성 골종양 외 골의 질병은 골절의 치유를 지연시킨다.

(4) 감염 : 골절부위에 감염이 되거나 감염부위가 골절되면 골절의 치유가 지연된다.

4. 치료 인자

(1) 골절 골편의 부가(apposition of fracture fragment) : 골절 간격이 줄어들면 골절 치유에 필요한 복구조직의 양 또한 줄어든다. 골절 골편이 부가(병렬= 나란히 놓아진) 되어 있으면 골절은 빨리 복원된다.

(2) 부하 및 미세운동(loading and micromotion) : 골절 부위의 부하 및 미세운동은 골절부위 골형성을 자극하여 골절 치유를 촉진 시킬 수 있다.

(3) 골절의 안정화 : 견인 석고고정, 외고정 또는 내고정에 의한 골절의 안정화는 회복 조직의 반복적 파열을 방지함으로써 골절 치유를 촉진할 수 있다.

18 골절부의 응급처치 중 가장 중요하고 먼저 시행하여야 할 것은 골절부의 부목고정이다. 부목고정이 필요한 이유에 대하여 기술하시오. 기출 • 2011, 2018

19 올림픽 대로에서 3중 추돌사고가 발생하여 가운데 차량에 탑승한 운전자가 좌측 하지에 부상을 당하였다. 부상 부위를 관찰하니 부종과 변형이 관찰되었으나 개방창은 없었다. 운전자는 심한 통증을 호소하고 있었다. 의식은 분명하였으며 사고 정황상 타 부위의 손상은 없는 것으로 판단되었다. 기출 •2014

(1) 상기 운전자에 대한 응급조치 중 가장 중요하고 먼저 시행해야 할 것은 무엇인가?
(2) 상기 응급조치가 필요한 이유에 대하여 설명하시오.

◆ 풀이

1. 부목고정
2. 부목고정이 필요한 이유
   (1) 추가적인 연부조직 손상을 예방하고 폐쇄성 골절이 개방성 골절로 전환되는 것을 방지하고
   (2) 동통을 경감시키고
   (3) 지방색전증 및 쇼크 발생을 감소시키고
   (4) 환자의 이동과 방사선적 검사를 용이하게 해준다.

20 골절의 치료에서 일부는 수술적 치료가 필요하며 골절 후 수술적 치료의 시기에 따라 응급수술, 위급수술 및 선택수술로 나누어 볼 수 있다. 대개 24시간 이내의 응급수술을 요하는 손상에 대하여 서술하시오. 기출 •2012, 2024

◆ 풀이

1. 응급 수술(24시간 이내)
   - 악화되는 신경손상을 동반한 척추 골절
   - 구획증후군을 동반한 골절
   - 사지의 혈관, 연부조직 손상을 동반한 개방성 골절 / 탈구
   - 고관절, 슬관절, 견관절 등 주요 관절이 도수 정복되지 않는 탈구
2. 위급 수술(24~72시간)
   - 불안정 골절 / 탈구
   - 고관절 골절
   - 심한 개방성 골절 / 탈구
3. 선택 수술

21 골절과 탈구로 인하여 전신적으로 또는 국소적으로 발생할 수 있는 합병증을 10가지를 열거하시오.  • 2007

> **풀이**
>
> 1. 골절의 전신적 합병증
>   (1) 전신적 합병증
>   ① 쇼크
>   ② 압궤증후군
>   ③ 출혈
>   ④ 지방 색전증
>   ⑤ 심부정맥 혈전증 (Deep vein thrombosis)
>   ⑥ 폐색전증
>   ⑦ 가스괴저(gas gangrene)
>   ⑧ 파상풍
>   ⑨ 석고증후군
>   (2) 국소적 합병증
>   ① 연부조직손상
>   ② 장기손상
>   ③ 신경 및 혈관손상
>   ④ 구획 증후군(Compartment syndrome)
>   ⑤ 골수염
>   ⑥ 비정상적 유합(지연유합, 불유합, 부정유합)
>   ⑦ 무혈성 괴사
>   ⑧ 외상성 관절염
>   ⑨ 관절강직
>   ⑩ 이소성 골형성(골화)
>   ⑪ 복합부위 통증 증후군

22. 골절 후 발생되는 합병증인 심부정맥혈전증의 증상 및 진단방법을 기술하시오. • 2005

풀이

1. 정의

    심장에서부터 동맥을 통해 나온 혈액이 여러 장기를 순환하고 다시 심장으로 돌아가는 길인 정맥 중 깊은 곳에 있는 하지의 심부정맥에 혈전이 생겨 발생하는 증상을 심부정맥 혈전증이라고 하며 이코노미증후군이라고도 함. 이러한 혈전이 갑자기 일어나거나 자세를 바꿀 때 떨어져 나가 혈관을 타고 돌아다니다 폐동맥을 막으면 폐동맥색전증을, 뇌혈관을 막으면 뇌경색을 일으킬 수 있으며 또한, 혈전이 폐동맥으로 들어가 혈관을 막으면 최악의 경우 쇼크로 인해 사망까지 이어질 수 있다.

2. 원인

    (1) 좁은 이코노미클래스 좌석에 장시간 고정된 자세로 있는 경우
    (2) 버스나 기차로 장시간 이동하는 경우
    (3) 중년 이후, 동맥경화, 당뇨, 고혈압이 있는 경우 더욱 주의
    (4) 수술시간이 긴 경우, 고령의 경우 압박의 정도가 센 경우
    (5) 임신
    (6) 혈전증의 과거력, 유전적인 영향, 악성 종양으로 혈액이 응고되기 쉬운 경우
    (7) 비만

3. 증상

    대표적인 증상은 다리 부종, 다리 통증이며 폐동맥을 침범했다면, 호흡곤란과 가슴통증을 호소할 수 있으나 대부분은 증상이 없는 경우가 많다.

4. 진단방법

    혈관초음파, 컴퓨터 단층촬영(CT), 정맥조영술 등 영상검사를 통해 정맥 내에 혈전이 있음을 확진

5. 치료

    항응고제 주사 및 경구약물 투여와 다리를 심장보다 높게 올리고 침상에서 안정한다. 혈액 순환을 증진하기 위해 압박스타킹을 착용하거나 다리 붕대를 착용한다.

6. 예방법

    수술 후 조기 보행운동을 시작하여 정맥혈류 지연을 방지, 필요 시 압박 스타킹 착용 하며, 자동차나 비행기를 장시간 타야 하는 경우 적어도 1~2시간마다 다리를 움직여 주고 스트레칭을 실시

23 경부 고속도로에서 차량 전복사고를 당한 38세 남자가 골반골 골절, 우측 대퇴부 골절 등으로 진단되어 OO병원에 입원하게 되었다. 입원 후 2일째에 갑작스런 호흡곤란, 고열, 두통을 호소하다가 점차로 의식이 불명확해지고 있다. 소변의 양도 감소하였으나 혈압은 비교적 잘 유지되고 있으며, 환자의 흉부와 액와부(겨드랑이)에 점상출혈(petechia)이 보이고 있다.  • 2012

1) 상기 환자에서 가장 의심되는 골절의 전신적인 합병증은 무엇인가?
2) 상기 합병증의 발생 원인에 대해 설명하시오.
3) 상기 합병증의 예방을 위해 골절 환자의 발견 시 시행해야 할 조치에 대해 설명하시오.

◆ 풀이

1. 지방색전증
   (1) 정의
       주로 장골이나 골반부 골절 시 48~72시간 이내에 발생하는 합병증으로 발생기전은 지방조직이 골절부위의 골수에서 떨어져 나와 파열된 혈관을 통해 폐, 심장 및 신장과 같은 주요 장기에 색전증을 일으키며 급성 호흡증후군을 일으켜 사망에 이르게 한다. 주요 증상은 짧은 호흡과 빈백, 창백증, 기침, 심장근처의 통증, 호흡수의 증가, 의식저하 및 액와부의 점상출혈(흉부, 액와부 및 경부, 결막 등)을 일으키거나 객혈을 보이기도 한다.

2. 발생원인
   (1) 다발성 골절 특히 골반 및 하지 골절과 광범위한 연부조직손상 : 골절부위의 골수에서 떨어져 나간 지방 입자가 파열된 정맥을 통해서 혈류에 진입한 뒤 폐, 심장 및 뇌, 신장과 같은 주요장기에 색전증을 유발
   (2) 골절이외의 원인 : 당뇨, 화상, 심한 감염, 흡입 마취, 만성 췌장염, 만성 알코올 중독, 골수염, 지방 흡입술

3. 예방 조치
   치료는 즉시 산소투여, 호흡지지, 기도유지, 스테로이드호르몬 사용, 전혈, 체액공급, 심장강화제, 아미노필린, 헤파린, 덱스트란, 진통제 등을 투여하며 예방법으로는 지방 색전증을 최소화하기 위해 골절부위를 24시간 이내 조기 고정해 주어야 하며 과도한 움직임을 제한한다. 외상환자에게서 고열과 호흡 및 맥박이 증가하며 의식 혼탁이 있을 때에는 즉시 혈중 산소분압을 측정한다.

24 45세 남자가 좌측 하퇴부에 약10cm 정도 열상 후 봉합술을 시행, 수술 후 2일정도가 지난 후 창상부위에 극심한 통증, 부종 및 피부 변색 후, 창상의 배출액이 증가하였으며 쥐가 부패하는 것 같은 악취가 났다. 기출 • 2014

(1) 가장 가능성 높은 진단은?

(2) 합병증을 예방하기 위한 조치

(3) 치료

> **풀이**
>
> 1. 외상부에 심한 동통, 부종, 피부변색, 배출액 증가, 조직 내 가스 발생과 전신적으로 패혈증 또는 쇼크 상태를 초래하는 감염성 질환인 가스괴저가 의심됨. 원인균이 괴사조직과 이물질을 동반한 창상조직으로 침입하여 독소 형성 및 더욱 많은 괴사를 일으키고 박테리아 번식을 위한 환경을 조성한다.
> 2. 개방창에 대한 철저한 창상세척 및 변연절제술 등이 필요하며, 항생제 등의 치료를 시행하며, 창상봉합술 후에도 지속적인 창상치료에 주력하여야 한다.
> 3. 응급 수술로 가스 괴저를 확인하고 괴사된 조직을 제거하기 위하여 침범 부위를 광범위하게 절단 하고 강력한 항생제 치료를 함께 사용한다. 고압 산소 처치는 독소생성을 억제시키고 증식을 차단 시키는 역할을 한다.

25 골절과 탈구는 다양한 전신적 또는 국소적 합병증을 발생시킬 수 있는데 이중 구획증후군에 대하여 설명하고 대표적인 증상을 기술 하시오. 기출 • 2010, 2023

26. 35세 남자 우측경골 간부골절 후 부목 고정 후에 극심한 통증과 우측 발가락의 감각저하, 발가락의 움직임이 되지 않고, 발등의 맥박이 촉지 되지 않았다. • 2014

(1) 가장 가능성 높은 진단?
(2) 발생기전
(3) 취해야 될 조치

◆ 풀이

1. **구획증후군의 정의**
   사지의 근막에 둘러싸인 폐쇄된 어떤 구획의 내압이 상승, 이 구획 내에 있는 조직의 혈액순환과 기능이 장해되는 것

2. 정상적인 구획 내의 조직압은 약 0mmHg인데, 이것이 30-60mmHg이상으로 상승하게 되면 조직 관류가 불충분하게 되고 상대적 국소빈혈 상태가 되어 조직의 혈액순환과 기능장애를 일으키게 된다. 조직괴사가 발생하면 변형 및 기능소실이 심각해진다. 구획증후군의 증상으로 소위 '5P 징후'가 있는데 동통(pain), 창백(pallor), 이상감각(paresthesia), 마비(paralysis), 무맥(pulselessness) 들이 나타난다. 이중 가장 빨리 나타나고 가장 중요한 것은 동통으로 주로 심부에 불분명한 경계로 나타나며, 침범된 부위의 근육을 수동적으로 신연시킬 때 동통이 악화된다.

   > **↳ 구획증후군의 원인**
   > ① 꽉 끼는 붕대, 석고, 근막 결손부의 봉합, 화상이나 동상 등으로 인한 구획크기의 감소
   > ② 부종, 장시간의 지체나 압박, 화상이나 동상, 과도한 운동, 정맥질환 등의 구획압력의 증가
   > ③ 출혈성 질환, 항응고제 사용, 혈관 열상 등으로 인한 연부조직 손상 등이 있다.

3. 구획증후군이 의심되면 병변 주위를 감싸고 있는 붕대나 드레싱, 석고붕대를 신속히 제거해야 하며, 급성 구획증후군은 심한 외상 후에 생기는 것이기 때문에 통증이 심하고 휴식을 취해도 통증이 없어지지 않기 때문에 따라서 반드시 응급수술을 해 주어야 한다. 붕대, 드레싱, 부목 등을 완전히 제거한 후에도 증상이 호전되지 않고, 구획내압이 30~60mmHg이상이 되면 즉시 근막절개술을 시행한다. 근막절개술이란 근막을 절개하여 구획 내의 압력을 감소시킴으로써 조직의 괴사를 방지하는 수술을 말한다.

   > **↳ Volkman's 허혈성 구축**
   > 주로 소아 상완골 과상부 골절에서 많이 발생하는 합병증으로 너무 압박된 붕대나 석고고정을 하여 발생된 관절의 구축을 말하며 통증(pain), 창백(pale), 무맥(pulseless), 감각이상(paresthesia), 마비(paralysis) 등의 5p증후가 나타난다. 손과 수지에 부종 갈퀴손 변형(claw deformity)이 나타날 수 있으며 치료법은 모든 외부 고정을 제거하고 호전되지 않을 시에는 근막절개 또는 교감신경 계통을 차단한다. 고압산소요법을 시행한다.

27 골절의 국소 합병증 중 하나인 구획 증후군(compartment syndrome)의 증상에 대하여 기술하고, 진단 방법에 대하여 기술하시오. 기출 • 2017, 2023

> ◆ 풀이
>
> 1. 증상
>   동통(Pain), 창백(Pallor), 이상감각(Paresthesia), 마비(paralysis), 무맥(Pulselessness) 가장 중요한 징후는 통증임(동창이마무)
>
> 2. 진단
>   구획 내의 조직압력을 측정하는 방법으로 확진할 수 있다. 압력 측정 결과 압력이 30mmHg를 초과하면 구획증후군을 진단할 수 있다.
>   조직압의 측정 : 정맥관(intravenous tube), 3 방향 멈춤 꼭지(three way stopcock), 주사기, 수은 혈압계

28 골수염의 치료원칙에 대해 기술하시오. •1999

풀이

1. **골수염의 정의** : 골수에 여러 가지 원인으로 인해 균이 들어가서 염증이 생긴 것
2. **호발부위** : 경골 및 대퇴골 상완골의 골간단부위의 성장이 빠른 장골에 많이 발생하며 성인보다는 소아나 청소년기 남아에게 많이 발생
3. **원인** : 외상이나 수술에 의해서나 또는 인접한 연부조직 감염의 확산에 의해 발생하기도 하며, 당뇨 같은 전신적 만성 질환이 있는 경우, 영양상태가 불량한 경우, 면역체계에 문제가 있는 경우에 골수염이 호발. 세균 침범에 의한 골수염의 경우 70% 이상이 황색포도상규균에 의한 경우임
4. **증상** : 국소부위 열감 및 통증 농양 형성과 전신적인 열과 식욕감퇴, 권태감 등의 증상도 발생
5. **진단** : 골주사(bone scan)가 조기진단에 유용하며 자기공명영상(mri)이 가장 정확한 진단방법임
6. **치료 원칙**
   (1) 골수염이 의심되는 경우 혈액 배양을 하고 농양이 있는 경우 천자 후에 즉시 항생제를 투여
   (2) 해당부위에 부목을 하여 전신적 보조요법을 실시하며 호전이 없는 경우 수술적 감압술로서 골막하 배농술, 천골술 등을 시행
   (3) 만성 골수염으로 진행된 경우 수술적 치료를 통해 부골을 제거하고 감염된 연부조직 및 골조직을 완전히 제거함과 동시에 원인균을 찾아내고 이에 감수성이 있는 항생제를 투여한다.

29 대퇴골두 무혈성 괴사에 대해 기술하라. •1996

골절과 탈구에 있어서 무혈성 괴사가 호발하는 부위 2곳 이상 •1982

무혈성 괴사의 정의 및 골절 후 무혈성 괴사가 흔히 발생하는 부위는? •2018

대퇴 골두 괴사는 대퇴골 경부 골절의 합병증으로 일어날 수 있다. 그 밖에 비외상성으로 대퇴 골두 무혈성 괴사를 일으킬 수 있는 것은 무엇이 있는가? 5개 기술 하시오 •2023

30 25세 남자환자로서 6개월 전에 자동차사고로 넘어진 뒤 우측 수근골에 골절이 있어 치료를 받았으나 합병증으로 불유합 및 무혈성 괴사가 발생하였다.  • 2013

1) 상기 환자에서 골절이 의심되는 뼈는?

2) 수근골을 형성하는 뼈의 명칭을 적으시오.

3) 하지에서 불유합 및 무혈성 괴사가 빈발 할 수 있는 뼈의 명칭을 적으시오.

◆ 풀이

1. 정의 및 호발 부위

    골절 또는 탈구로 혈류가 차단되어 해당 혈관의 지배하에 있는 골의 부분에 괴사가 일어나는 것을 말한다. 대퇴 골두의 무혈성 괴사는 대퇴골두가 순환장애로 인하여 괴사에 빠짐으로써 발생하는 질병을 말한다. 대퇴골두의 발생기전은 아래와 같은 것들이 있다.

    (1) 경색 : 어떤 원인에 의해 골두로의 혈관이 막힘

    (2) 지방색전

    (3) 세포스트레스 축적 : 각종 원인적 인자에 의해 병적상태에 빠진 골조직에 추가로 스트레스가 가해지거나 혹은 작은 스트레스가 쌓여 어느 선을 넘게 되면 골세포의 괴사가 일어난다.

    (4) 점진적 허혈

2. 수근골을 구성하는 뼈

    수근골을 구성하는 뼈는 (1) 근위열 : 주상골, 월상골, 삼각골, 두상골 (2) 원위열 : 대능형골, 소능형골, 유두골, 유구골 등이 있다.

3. 호발부위

    (1) 대퇴경부골절이나 탈구 후 대퇴골두

    (2) 수근부의 주상골 근위부

    (3) 거골 골절이나 탈구 후 거골 체부에 발생

4. 진단 : MRI로 골수의 지방소실로 인해 흰 음영이 없어지고 까맣게 된다.

> ➤ 무혈성괴사의 위험인자
>
> (1) 외상 : 고관절 탈구, 고관절부 골절 및 대퇴 골두의 혈액 순환에 영향을 미칠 수 있는 각종 손상
>
> (2) 알코올 과다복용, 부신피질호르몬제의 과도한 복용(천식, 류마티스 관절염, 전신성 홍반성 낭창 등의 질환들에 스테로이드가 치료제로 사용되며 스테로이드의 장기 사용은 무혈성 괴사를 유발), 잠수병, 방사선 조사, 혈색소 질환(겸상적혈구 빈혈증) 등

31 골절의 불유합, 지연유합, 부정유합에 대해 기술하시오. 기출 • 1995

• 골절이 잘 유합되지 않은 경우(원인)를 쓰시오. 기출 • 1988

32 부정유합의 의의와 원인을 설명하라. 기출 • 1989

• 부정유합의 정의와 원인은? 기출 • 2015

33 골절로 인하여 불유합이 발생할 수 있는 원인을 5가지 쓰시오. 기출 • 2007

• 불유합이 호발하는 부위 4곳 이상 기술하라. 기출 • 1987

34 30세의 남자환자로서 자동차사고 우측 경골의 간부에 개방성골절이 생겨 수술적 가료를 받았으나 6개월이 지나도록 골절부위가 유합되지 않았다. 기출 • 2013

1) 생각할 수 있는 원인은?
2) 기대되는 방사선 소견은?
3) 상기환자의 치료법을 기술하시오.

> ◆ 풀이
>
> 1. 불유합(Nonunion)
>   (1) 정의
>   골절부위 유합이 정지된 상태이며 골절부가 수개월동안 유합되지 않은 상태로 남아있는 상태
>   (2) 원인
>   개방성 골절, 분쇄 골절, 골절부의 감염, 분절 골절, 병적 골절, 관절 내 골절, 골절부 사이에 연부조직이 삽입되어 골유합을 방해하는 경우, 골절부의 계속적 운동으로 골형성에 장해를 받는 경우, 부적절한 내고정으로 골절부의 운동이 있는 경우, 불충분한 외고정 기간의 경우, 골절부의 불충분한 혈액공급 등

(3) 진단

방사선에 골절부 양단이 둥글고 진하게 되어 골절선이 선명하게 나타난다. 일부의 경우 골절면 내 연골조직이 형성되고 골절사이에 정상 관절액이나 점액낭과 유사한 액체로 차있는 경우가 있는데 이를 가관절증이라고 한다.

(4) 치료

골수강 내 금속 고정술, 압박 금속판 및 금속 나사 내고정술, 골이식 및 외고정술, 골 이식술, 인공관절 치환술

(5) 호발부위

① 경골하 1/3 골절
② 요골 원위부 골절
③ 대퇴골 경부 골절
④ 상완골 간부 골절
⑤ 척골 근위부 골절
⑥ 손의 주상골 골절

2. 부정유합(Malunion)

(1) 정의

골편들이 원래의 해부학적 위치가 아닌 상태로 유합되는 것으로 지단축, 유합각 형성, 회전 변형 등을 일으킨다. 지단축은 골절된 부위가 건측에 비해 짧아지는 것으로 하지단축이 2.5cm 이상이면 파행이 초래된다. 상지보다는 하지의 기능손실이 심하며 심하지 않은 경우 구두굽을 높여 조정하나 파행이 될 정도일 경우 수술이 필요하다.

(2) 원인

① 부정확한 정복 및 고정
② 심한 연부조직손상을 동반한 경우
③ 불충분한 고정
④ 중추신경계 손상으로 경련성 마비를 동반했을 경우

35 관절강직의 원인을 기술하시오. •2001

관절 강직의 원인은? •2015

◆ 풀이

1. 관절 강직의 정의
    관절 안에서 2개의 다른 뼈가 서로 접합되어 관절이 제 기능을 수행하지 못하고 굳어버리는 것
2. 원인
    (1) 장기간의 고정 : 관절 탈구, 아탈구, 인대손상, 관절타박상, 관절내골절, 골절 및 탈구치료를 위한 장기간의 외고정
    (2) 광범위한 연부조직의 손상에 대한 반흔 구축, 손상지의 지속적인 부종
    (3) 관절 질환 : 류마티스 관절염, 강직성 척추염, 골관절염 등
3. 치료
    (1) 수동운동 및 능동운동 등의 물리치료
    (2) 따뜻한 수건으로 근육을 이완
    (3) 강제적 강제운동
    (4) 수술

36 관절 내 골절에 의한 부정 유합으로 진행되는 질환과 치료방법은? •2018

◆ 풀이

1. 외상 후 관절염
    관절내 골절에서 관절면의 정확한 해부학적 정복이 안 되었으면 외상성 관절염이 발생한다.
2. 치료법
    상태가 경미한 경우 약물치료, 물리치료 등의 보존적 요법과 보조구, 목발, 지팡이가 이용된다, 심한 경우 고관절 슬관절, 주관절 및 견관절에서는 인공관절 성형술이 시행되고 족관절, 수지관절, 족지관절에는 관절유합술이 효과적이다.

37 외상성 관절염이 있을 때 관절의 기능 유지를 위한 수술법에 대해 열거하시오. • 2019

◆ 풀이

1. 인공관절 성형술, 수지 및 족관절의 경우 관절 고정술 시행
2. 고관절이나 슬관절의 경우 선택적 절골술을 이용하여 체중부하 관절면이나 체중 부 하 축을 바꿔 효과를 볼수 있으나 일반적으로 인공관절 성형술이 시행되고 수지 및 족지관절의 경우 관절 고정술이 시행된다.

38 관절운동의 제한 원인을 크게 두 가지로 나누어 서술하시오. • 2021

◆ 풀이

1. 기질적 변화에 의한 운동 제한 : 관절 그 자체의 수축이나 강직에 의한 것, 연부조직의 변화에 의한 것으로 허혈성 구축이나 신경 마비 등
2. 기능적 변화에 의한 운동제한 : 기질적 변화에 의한 원인 외에 신경증, 히스테리까지 포함

39 1) 외상 후 운동장해(장애)가 발생할 수 있는 원인 및 2) 외상 후 관절염과 가장 관련이 높은 주요 손상을 나열하시오. • 2020

◆ 풀이

1. 하지 절단, 성인에서의 하지 길이의 차이, 골성 관절 강직, 더 이상 호전이 없어 상당기간 지난 관절의 강직, 각형성이 심한 불량 유합, 회복이 진행 중인 상하지의 신경마비 등
2. 관절내 골절, 연골이나 인대 손상 (반월상 연골손상 무릎의 전방십자인대, 후방십자인대손상 내외측부 인대 손상 등)

40 유아 및 소아에서 발생하는 고관절(Hip Jiont)의 이상은 일시적인 경우도 있으나 질병에 따라 후유증을 남기게 되는 경우도 있어 그 원인 파악이 중요하다. 유아 및 소아에서 발생하는 고관절 이상의 질병적 원인에 대하여 기술하시오. • 2018

> **풀이**
>
> 1. 소아의 고관절 이상의 질병적 원인 중 대표적인 것은 아래와 같다
>   (1) 발달성 고관절 탈구
>   (2) 대퇴골두 무혈성 괴사 (Legg-Calve-Perthes 병) : 소아의 특발성 대퇴골두 무혈성 괴사임
>   (3) 대퇴골두 골단 분리증
>   (4) 일과성 고관절 활액막염
>   이 중 가장 흔한 것이 일과성 고관절 활액막염 (Transient synovitis of the hip) 으로 소아기에 발생하는 고관절의 비특이성 염증질환으로 특별한 치료 없이도 후유증 없이 저절로 치유되고 10세 이하의 소아에서 고관절 통증의 가장 흔한 원인이다.

41 6세 남아가 우측 경골 간부에 골절 후 부정 유합으로 7도 정도의 각 변형이 형성되었다. 향후 치료(5점)와 그 이유(5점)은? 기출 • 2019

> **풀이**
>
> 1. 향후 치료 : 지켜 본다.
> 2. 이유
>   (1) 소아는 재형성 과정에서 부정유합된 골편이 재정열 되기 때문에 성인보다 다소 덜 정확한 해부학적 정복도 용납될 수 있다.
>   (2) 일반적으로 소아골절에서 연령과 방향에 따라 재형성에 차이가 있으나 10도(관상면)이내의 각변형은 허용된다고 알려져 있다. 소아골절의 내반변형은 재형성 과정에서 교정이 잘된다.

42 7번 뇌신경 손상과 그 증상 기출 • 1980

뇌신경의 종류와 제7뇌신경 손상의 증상 및 일반적인 치료방법 기출 • 1982

제1뇌신경에서 제12뇌신경까지의 명칭 기출 • 1979

> **풀이**
>
> 1. 뇌신경의 종류
>   후각신경, 시신경, 동안신경, 활차신경, 삼차신경, 외전신경, 안면신경, 청신경, 설인신경, 미주신경, 부신경, 설하신경
>   "후시동활 / 삼외안청 / 설미부설"
> 2. 제7뇌신경(안면신경)
>   (1) 기능 : 혀의 전방 2/3감각을 담당, 안면표정근을 지배하여 얼굴 표정을 담당, 눈물샘(누선)분비, 타액선 분비와 관련
>   (2) 안면신경 손상(마비) 증상 : 얼굴 마비, 눈물소실, 청각과민, 침분비 감소, 미각의 소실 발생
>   → 벨마비

43 두부손상 두 개강 내 병소가 있을 때 영상진단을 위하여 CT Scan과 MRI가 흔히 이용된다. 두부외상환자의 진단을 위하여 상기 두 가지 중 어느 것이 더 유리한가? 그 이유를 약술하라. 기출 • 2000

> **풀이**
>
> | | CT | MRI |
> |---|---|---|
> | 특징 | X선을 이용하여 신체조직의 단면영상을 얻는 방법으로 주로 횡단면만 얻을 수 있다. 급성기의 의식장애 국소 신경장애 등이 있으면 바로 시행한다. | 수소원자핵을 이용한 검사로 횡단면 외에 관상면 및 시상면의 이미지도 가능하다. |
> | 장점 | 가격이 저렴하고 검사시간이 비교적 짧다(5~10분). | 연부조직해상도가 뛰어나서 척추나 인대 뇌실질내 병변에 탁월한 진단을 얻을 수 있다. 방사선 피폭이 없다. |
> | 단점 | 방사선 피폭량이 많다. | 비용이 비싸고 검사시간이 길다. 인공심박동기를 찬 경우나 자석이 있는 경우 촬영이 제한될 수 있다. |
> | 진단 | 뼈의 미세골절, 골종양, 등의 골질환, 뇌출혈을 MRI보다 빠르고 더 정확히 진단 가능 | 뇌경색, 뇌종양 등에 CT보다 유용 |

44 만성뇌경막하 혈종이 ① 잘 발생하는 연령, ② 증상이 나타나는 시기, ③ 확실한 진단방법에 대하여 설명하라.  • 1994

◆ 풀이

1. 정의
   경막하 혈종은 경막과 지주막하 사이에 혈액이 고인 것으로. 급성은 24~72시간, 아급성은 3~20일, 만성은 3주 이후로 나눌 수 있다.

2. 잘 발생하는 연령
   60세 이상의 고령 이며 이외 호발 하는 경우는 ① 남자, ② 알코올 중독자 ③ 항응고제 투여 ⑤ 출혈성 질환이 있는 경우

3. 확실한 진단 방법
   두부 CT상 초승달 모양의 고밀도 형성하며 만성의 경우 다수의 피막 관찰

4. 치료
   개두술 및 천두술 등의 수술로서 혈종을 제거하고 뇌압 상승에 대해서 보존적 치료

   > ➤ 경막외 혈종(경막상 혈종)
   > 두개골의 내면과 경막 사이에 출혈로 인한 혈종이 생긴 것으로 두부외상 후 별다른 증상이 없는 의식 명료기 (lucid interval)를 가지며 주로 두개골 골절과 함께 동반하는 질환으로 두부 CT상에서 특징적인 국소부위에 국한된 렌즈모양 병변을 보인다.

45 뇌실질내출혈에서 출혈의 외상성과 자발성을 감별하기 위한 고려사항들을 서술하시오.
 • 2021

◆ 풀이

1. 나이
   자발성 뇌실질내출혈의 경우 50대 이후가 많은 반면 외상성의 경우에는 어느 연령대나 발생 가능

2. 출혈 부위
   자발성뇌출혈의 경우 기저핵 부위에 흔하며 외상성 뇌실질내 출혈의 경우 전두엽이나 측두엽에 발생되는 경향이 있음.

3. 다른 부위 병소 동반 여부
   다른 부위의 병소의 손상(다른 부위 골절, 출혈 등)이 있는 경우 외상성일 가능성이 많으나 자발성 뇌실질내 출혈의 경우 다른 병소를 동반할 가능성이 적음

4. 두개골 골절
   두개골 골절이 있으면 외상성일 가능성이 높음

5. 기존의 질환과의 관련성
   자발성인 경우 고혈압이나 출혈성질환, 기존의 질환(당뇨, 동맥경화, 고지혈증 등) 등에 대한 관련성이 높은 반면 외상성은 관련성이 많지 않음

46 뇌진탕과 뇌좌상의 근본적인 차이점에 대해 기술하라. • 1983

▶ 풀이

1. 뇌진탕
   (1) 정의
      두부손상에 의해 나타나는 즉각적이고 일시적인 신경학적 변화로서 단순한 혼동상태, 일시적 기억상실, 몇 분간의 의식소실 등이 있고 의식소실은 일시적, 가역적이며 사고와 연관된 기억상실 외에는 후유증이 없다.
   (2) 검사소견
      CT나 MRI에 이상이 나타나지 않으며 뇌의 기질적 변화를 가져오지 않음

2. 뇌좌상
   (1) 정의
      뇌가 충격을 받은 후 뇌 자체에 출혈을 일으키고 뇌가 부어오르는 뇌부종이 발생하여 두개강 내압이 올라가고 의식상실이 몇 분 이상 지속되며 때로는 몇 시간이나 며칠까지 계속되는 중증 뇌손상으로 정의
   (2) 검사소견
      뇌의 기질적 손상으로 CT나 MRI에 이상소견이 있다.

47 두부손상의 종류와 그 일반적 치료방법에 대해 기술하라.  • 1981

◆ 풀이

1. 두부 손상의 종류
   (1) 두개골 골절
      ① 선상두개 골절(Linear Fracture)
         골절 자체는 큰 문제는 없으나 이로 인한 경막이나 뇌손상이 문제이다.
         대부분의 두개골 골절이 해당한다.
      ② 함몰 골절(Depressed Fracture)
         소아의 함몰 골절이나 5mm이상의 함몰 골절 및 개방성 함몰 골절 시 수술이 필요하며, 정맥동 위의 함몰 골절은 출혈의 위험이 있어 수술이 금기시 된다.
      ③ 이개 골절(Diastatic Fracture)
         봉합선이 분리되는 것으로 봉합선이 2mm이상 벌어졌을 때 진단적 의의가 있으며 합병증을 동반하지 않는 한 특별한 치료는 필요하지 않다.
      ④ 두개저 골절(Basal skull fracture)
         단순 두개골 X선으로는 진단하기 어려우며 임상적 소견이 중요함. 전두와의 안와면, 측두골의 추체부, 후두골의 기저부에서 호발한다.
         대표증상은 아래와 같다.
         • 안구주위 점상 출혈(Racoon eyes)
         • 귀후방 점상출혈(battle sign)
         • 뇌척수액 비루 및 이루 : 뇌경막 및 지주막 파열로 뇌척수액이 비강이나 외이도를 통해 누출
         • 후각상실증
         • 뇌신경손상증세 : 외안근 운동마비, 악관절 운동마비, 청신경 및 안면신경 마비 등이 있을 수 있다.
      ⑤ 분쇄 골절(comminuted fracture)
   (2) 국소뇌손상
      1) 경막외 혈종(Epidural hematoma = 경막상 혈종)
         두개골의 내면과 경막 사이에 출혈로 인해 혈종이 형성된 것으로 경막동맥이 흔히 파열되며 이때 대량의 출혈이 발생할 수 있다. 두부외상 후 별다른 증상이 없는 의식명료기(lucid interval)를 가진다.
         ① 진단 : 보통 응급상황으로 CT를 주로 촬영하며 CT상 볼록렌즈 모양의 출혈이 관찰되는 특징이 있다.

② 치료 : 단시간 내 대량 출혈이 발생하면 응급수술이 필요 할 수 있다.(천두술)
  2) 급성 / 만성 경막하 혈종(Acute / Chronic Subdural Hematoma)
     경막과 지주막 사이에 혈액이 고이는 것으로 급성은 외상 후 3일 이내를 말하며 만성은 두부외상 후 3주 이상 경과되어 발생한 것을 말함. 만성 경막하 혈종의 경우 남성, 주로 고령이나 알코올 섭취 환자에서 많이 발생하며 경미한 외상에서도 발생하는 경우가 있다.
     ① 진단 : 급성 경막하 출혈 시 CT에서 초승달 모양의 음영을 보인다. 뇌 MRI의 경우 발병 후 2~3주 이내 T1은 고신호 강도, T2는 저신호 강도를 보이며 발병 후 3주 이후인 만성기에는 T1 및 T2 모두 저신호 강도를 보인다. 만성의 경우 혈종을 둘러싼 피막을 형성한 것을 관찰할 수 있다.
     ② 치료 : 수술로서 혈종을 제거하고 뇌압 상승에 대해서 보존적 치료를 시행
(3) 미만성 뇌손상
   ① 미만성 뇌축삭손상
      혼수의 시간이 6시간 이상 지속되고, CT상 혼수의 원인이 될 만한 병소가 없음에도 장기간의 혼수상태에 있는 경우를 말한다.

2. 일반적인 치료방법

(1) 의식의 평가 - 의식의 단계
   ① 청명(alert) : 의식이 명료하여 지남력이 정상인 상태
   ② 기면(drowsy) : 소리를 지르면 눈을 뜨다가도 가만히 있으면 다시 잠드는 상태
   ③ 혼미(stupor) : 수의적 운동은 있으나 의사소통이 되지 않는 상태
   ④ 반혼수(semicoma) : 수의적 운동 없이 동통에만 이상 운동 반응을 보이는 상태
   ⑤ 혼수(coma) : 수의적 운동은 물론 외부 동통에도 반응하지 않는 상태
(2) 의식의 평가방법
   ① 글래스고우 혼수계수(Glasgow coma scale : GCS)를 주로 이용
   ② 눈뜨기(4점), 가장 좋은 운동반응(6점), 그리고 가장 좋은 언어반응(5점)의 세 가지 요소를 가지고 이의 합으로 나타냄. 두부손상 환자들은 이에 따라 중증(severe, GCS 3-8), 중등도(moderate, GCS 9-13), 그리고 경증(mild, GCS 14-15)으로 분류
(3) 두부손상의 수술적 치료
   ① 천두술
   ② 두개골 절제술
   ③ 혈종제거를 위한 개두술, 뇌엽절제술
   ④ 뇌척수액의 뇌실 외 배액술, 뇌척수액 단락술
   ⑤ 두개골 성형술

(4) 두부손상에 따른 두개강 내압의 관리
　① 두개강 내압의 상승에 따른 증상
　　의식 수준변화가 오게 되는데 가장 초기증상으로 대뇌피질산소 공급이 감소되어 발생하게 되며 활력징후의 변화로는 호흡이 느려짐, 서맥, 고체온증, 맥압의 증가(수축기압상승, 이완기압 유지 또는 저하) 유두부종(papill edema), 두통, 토사성 구토(projectile vomiting) 등 발생
　② 두개강 내압 감소를 위한 내과적 요법
　　삼투성제제, 저체온 요법, 과호흡요법 등으로 세부적 치료방법으로는 기침, 긴장근육의 과다한 활동으로 인한 갑작스런 두개강 내압 상승을 예방하기 위해 기침을 억제하고 필요시 항경련제 등을 사용

> ↳ 정상적인 두개강 내압
> 15mmHg이며 두개강 내압 상승의 원인으로는 뇌종양, 뇌의 외상, 뇌수종 등이 있다.

48 제3보험 장해판정에서 뇌사 판정기준을 열거하고 뇌사와 식물인간의 상태의 차이점을 기술하시오.  • 2009

◆ 풀이

1. 식물인간 정의
   대뇌나 소뇌의 기능은 마비되었으나 뇌간 기능은 살아있어서 호흡과 심장박동이 유지되는 경우로 정의됨 자신과 주변에 대한 인식이 불가능한 상태로 자력으로 이동, 음식 섭취, 배변 및 배뇨 등이 불가능하고 방뇨, 실금 상태이며, 안구가 움직이기는 하나 인식 불가, 표현이 불가하나 혈압, 체온 등은 정상

   > ↳ 뇌간 : (Brain stem)
   > 연수, 중뇌, 뇌교로 구성 되며 의식 체온조절, 호흡 및 혈압 유지를 위한 기능중추로 생명 중추라고 함

2. 뇌사의 정의 : 대뇌뿐만 아니라 뇌간을 포함한 뇌의 모든 기능이 정지된 상태
3. 뇌사의 판정기준 : 장기 등 이식에 관한 법률 제16조 2항에 의거
   ① 심혼수 상태이다.
   　Glasgow coma scale 3이 되지 않으면 안 되며 안면의 동통자극에 대하여 반응이 있어서는 안 된다.
   ② 자발호흡이 소실된 상태이다.

인공호흡기를 제거하고 자발호흡의 유무를 검사하여 무호흡 상태를 확인한다.
③ 동공 고정되어 직경이 좌우 4mm이상이다.
④ 뇌간반사가 소실되어 있다.
⑤ 평탄뇌파여야 한다.

> **뇌사판정의 선행 기준**
> ① 원인질환이 확실하고 치료될 가능성이 없는 기질적인 뇌병변이 있어야 할 것
> ② 깊은 혼수상태로 자발 호흡이 없고 인공호흡기로 호흡이 유지되고 있어야 할 것
> ③ 치료 가능한 약물 중독(마취제, 수면제, 진정제, 근육이완제) 또는 독극물 등에 의한 중독)이나 대사성 또는 내분비성 장애(간성혼수, 요독성 혼수 또는 저혈당성 뇌증)의 가능성이 없어야 할 것
> ④ 저체온 상태(직장온도가 32도)가 아니어야 할 것
> ⑤ 쇼크 상태가 아니어야 할 것

49 척수신경의 다섯 가지 종류를 기술하고 각각의 개수를 쓰시오. 기출 • 2006

> **풀이**
> 경신경 8쌍(C1~C8)
> 흉신경 12쌍(T1~T12)
> 요신경 5쌍(L1~L5)
> 천골신경 5쌍(S1~S5)
> 미골신경 1쌍

50 골관절계의 정상적인 관절에서는 능동적 운동 범위가 수동적 운동 범위와 일치하나 수동적 운동범위가 능동적 운동 범위보다 큰 경우는? 기출 • 2019

> **풀이**
> 운동에는 환자의 근력에 의해서 움직이는 능동적인 운동과 외부에서 힘을 가하여 움직이는 수동적 운동이 있다. 정상적인 관절에서는 능동적인 운동과 수동적인 운동범위가 일치한다. 그러나 근육마비, 근육 긴장, 근육 경련, 부종, 신경학적 이상, 구축 또는 통증에 의해 두 운동범위의 차이(수동적 운동범위〉 능동적 운동 범위)가 생길 수 있다.

51 운동마비의 정도를 평가하기 위한 근력 등급에 대하여 설명하시오. • 2014

• 근력을 평가하는 도수근력평가의 단계를 각각 작성하시오. 이 중, 중력의 제거 유무로 구분되는 두 개의 단계를 작성하시오(숫자, 영어단어, 영어기호 모두 표시할 것). • 2020

풀이

Grade 5	nomal	정상
Grade 4	good	약간의 저항을 이겨내는 정도
Grade 3	fair	기준, 중력을 이기는 운동
Grade 2	poor	중력을 없애면 부분적 운동가능
Grade 1	trace	관절운동 안 되고 수축만 가능
Grade 0	zero	전혀 운동 없음(완전마비)

52 편타성 손상(whiplash injury)에 대해 기술하시오. • 1989

풀이

1. 정의
   자동차 추돌 등에 의해 경부에 갑작스러운 가속 및 감속이 가해져 심한 신전굴곡 신전이 가해졌을 때 발생하는 손상을 말하며 "마치 채찍을 휘두를 때처럼 앞뒤로 흔들리는 것과 같다"하여 편타 손상 혹은 채찍 손상이라고도 한다.

2. 증상
   목의 통증은 즉시 나타나기도 하지만 손상 며칠 또는 몇 주 후에 나타나기도 하며 경추 주위의 경련으로 인해서 압통과 운동제한을 보이며 이외 두통, 이명 연하곤란, 시각 장애도 호소할 수 있으며 심인성 증상도 나타날 수 있다.

3. 치료
   급성기에는 안정을 하고 필요시 각종 경추 보조기를 사용할 수 있으며 만성기에는 경추견인을 할 수도 있다.

53 요통증을 호소하는 경우와 병명 5가지를 써라. 기출 • 1989

> ◆ 풀이
>
> 1. 요통증을 호소하는 경우
>   (1) 인대나 추간판이 원인 : 요추 급만성 염좌, 추간판 내장증, 추간판탈출증 등
>   (2) 척추골성 원인 : 척추분리증, 척추전방 전위증, 척추 골절, 골다공증 척추 감염, 척추 종양, 강직성 척추염
>   (3) 복부 내 장기에 의한 원인 : 비뇨생식기 장기나 골반내 장기의 병변에 의한 후복막 자극
>   (4) 혈관 원인 : 대동맥이나 장골동맥 폐쇄, 동맥류 등
>   (5) 척수 : 척수의 감염, 종양
>   (6) 심인성 원인
>
> 2. 요통의 흔한 병명 5가지
>   (1) 염좌
>   (2) 추간판탈출증(수핵 탈출증) = 디스크
>   (3) 척추관 협착증
>   (4) 척추 불안정증 : 척추 전방 전위증
>   (5) 척추 측만증, 척추 후만증
>   (6) 골다공증, 압박골절

54 요추에서 추간판탈출증과 섬유륜 팽윤증의 증상, 진단, 치료 및 외상과의 인과관계에 대한 각각의 차이점을 기술하시오. 기출 • 2000

• 척추손상 중 섬유륜 팽윤증에 대하여 설명하라. 기출 • 1994

◆ 풀이

1. 증상
   (1) 추간판 탈출증
   　　추간판의 퇴행성 변화로 인해 수핵을 싸고 있는 섬유륜의 내측이나 외측 섬유가 찢어져 수핵의 일부 또는 전부가 그사이로 돌출되어 튀어나오면서 신경이나 신경근을 누르게 돼 허리통증과 다리에 뻗치는 통증(방사통)이 나타나고 심하면 다리 힘이 약해지고 눌리는 신경부위에 따라 감각이상이나 저하 같은 증상이 생길 수 있다.
   (2) 추간판 팽윤
   　　섬유륜 바깥쪽은 아직 완전히 찢어지지 않아 수핵 자체는 노출되지 않는 상태로 보통 이 단계는 아직 신경을 압박하지 않아 통증도 없는 경우가 대부분이고 통증이 있더라도 다리 통증 없이 허리 통증만 있는 경우가 대부분이다.

   > **탈출 정도별 추간판 탈출증의 분류**
   > - 팽윤(Bulging) : 섬유륜이 추간판을 추간판의 정상범위의 3mm 이상으로 밀려나는 것
   > - 돌출(Protrusion) : 추간판이 후방으로 탈출되었으나 수핵이 내측 섬유륜만 뚫고 외측 섬유륜까지 파괴하진 않은 상태
   > - 탈출(Extrusion) : 섬유륜이 전층 파괴되어 수핵이 파열된 부위를 따라 추간판을 빠져 나왔으나 모체와 연결된 상태
   > - 격리(Sequestrated) : 탈출된 수핵이 모체와 완전히 단절된 상태

2. 진단
   　추간판탈출증과 섬유륜 팽윤증 모두 CT, MRI 근전도 검사 등을 실시한다. 섬유륜 팽윤증은 신경압박증상이 없으므로 하지직거상 검사상 저림 증세가 없으며 요통만 있다. 반면 추간판 탈출증의 경우 하지 직거상 검사상 양성이다.

3. 치료
   (1) 섬유륜 팽윤증 : 침상안정, 물리치료, 약물 요법, 보조기 착용 등의 보존적 치료 시 보통 3~4주 이내 치유
   (2) 추간판탈출증 : 비수술적 치료에도 통증이 호전되지 않으면 수술적 치료(수핵용해술, 수핵제거술, 추간판 제거술) 등의 치료가 필요할 수 있음

4. 외상과의 인과관계
   (1) 섬유륜 팽윤증 : 외상과의 인과관계가 거의 없음
   (2) 추간판 탈출증 : 일부 외상의 경우가 있을 수 있음

55. 척추전방전위증(spondylolisthesis)에 관하여 아래의 질문에 답하시오. 기출 • 2021

• 척추분리증, 척추전방전위증의 정의와 분류 기출 • 1997

풀이

1. 척추분리증
   ① 척추체부와 추체 뒤쪽에 위치하는 척추 후궁의 좁아진 협부에 일측 또는 양측으로 골결손이 발생하는 것
   ② 비외상성 원인은 선천적으로 약한 부위에 스트레스에 의해 반복적으로 미세한 골절이 일어나 골결손이 서서히 진행된 경우이며 외상성으로는 드물게 협부골절이 발생하여 척추분리증 발생하는 경우도 있음. 보통 척추 전방전위증을 동반하며 요추 제 4-5번에서 호발한다.

2. 척추 전방전위증
   ① 정의 및 호발 부위 : 추체의 일정한 정렬을 벗어나서 추체가 그 아래의 추체에 대해 전방으로 전위된 상태로 요추 4,5번이 호발 부위다.
   ② 가장 흔한 원인은 척추분리증, 퇴행성이며 그 외 선천성, 척추 협부 골절 같은 외상에 의해 발생하기도 하며 신경압박증상이 지속되면 척추유합술 시행
   ③ 일반적으로 3 ~ 4개월간의 보존적 치료에 호전이 없는 경우 시행하며 수술적 치료의 절대적 적응증은 신경증상의 진행이 뚜렷하거나 마미증후군이 발생하는 경우 등이다.

56. 척추손상 진단서에 기재되어 척추질환의 진단명중 기왕증으로 간주될 수 있는 진단명을 5가지 기술하시오. 기출 • 2004

풀이

1. 섬유륜 팽윤증
2. 추간판 탈출증
3. 척추관 협착증
   척추의 퇴행성 변화인 골극, 비후된 황색인대, 탈출된 추간판 등으로 척수신경의 통로인 척주관이 좁아지는 것. 노화성 변화로 간헐적인 파행, 요통, 둔부, 하지의 동통 등을 호소하며 허리를 구부리면 통증이 완화된다.
4. 척추분리증
5. 척추 전방 전위증

57 45세 남자 환자가 요통 및 우측 하지로의 방사통(radiating pain)을 호소하며 OO병원 응급실을 방문하였다. 요통은 3년 전부터 있었고 3주 전부터는 우측 종아리 외측으로의 통증이 있어 인근 병원에서 추간판 탈출증이 의심된다고 들었다고 한다. 약물 치료 등의 보존적 치료를 시행하였으나 1일 전부터는 보행 시 하지의 위약감을 호소하였고, 금일 아침부터는 소변을 보기가 어렵다고 한다. 신체 검진 상 좌측 하지의 위약이 관찰되었고 항문 주위의 감각이 저하되었다. •2017

1) 상기 환자에서 가장 타당한 진단은?
2) 상기 환자의 가장 적절한 치료 방법은?

> **풀이**
>
> 1. 상기 환자에서 가장 타당한 진단
>   마미 증후군
>   ① 마미 : 제 2~5요추 사이 척추관내에 존재하는 원추이하의 요천추신경근으로 구성
>   ② 제 2요추 이하 골절이나 추간판 탈출증에 의해 발생가능
>   ③ 비대칭적 운동과 감각 소실, 방사성 통증, 방광 및 배변 조절 장애
> 2. 상기 환자의 가장 적절한 치료 방법
>   말초신경의 불완전 마비로 회복 가능성이 있는 상태이며 응급상황으로 적극적 수술치료 요구

58 교통사고로 대퇴골간(femoral shaft)골절이 있어 골수강 내 금속정 고정술을 하였다. 예상할 수 있는 합병증은? •2004

> **풀이**
>
> 1) 신경 및 혈관손상
> 2) 감염 : 수술 중 감염
> 3) 지연 유합 및 불유합, 부정유합
> 4) 재골절
> 5) 내고정물의 실패

59 75세 남자 환자로 자동차에 충돌 후 우측 대퇴경부 골절이 생겼으나 전신상태가 좋지 않아 수술이 늦어지고 심한 골다공증이 있는 상태이다. 예상되는 국소적 합병증(4가지)과 합당한 수술적 방법은? 기출 • 2015

◆ 풀이

1. 대퇴 경부 골절의 합병증
   (1) 무혈성 괴사 : 대퇴골 경부로 지나가는 영양 혈관인 골단 혈관이 골절로 박리되거나 전위되는 경우 발생
   (2) 지연유합 / 불유합 : 대퇴골 경부 골막은 얇고 골막의 내층이 없어 골막성 신생골형성이 되지 않아 단지 골수성만 의존하여 골 신생이 되어 골유합이 이루어진다.
   (3) 감염 : 골절부위 감염(개방성 창상 등의 경우), 내과적 감염(요로감염, 욕창 등의 피부감염, 폐렴)
   (4) 심부정맥 혈전에 의한 폐색전증
   (5) 외상성 관절염
2. 적당한 수술법 : 인공관절 치환술

> ➡ **인공관절 치환술의 적응증**
> 70세 이상 고령의 환자에서 심하게 전위되거나 3주 이상 치료가 지연된 대퇴 경부골절 또는 류마토이드 관절염이나 퇴행성관절염이 있는 환자에서 발생한 대퇴골 경부 골절

---

60 50세 환자로 교통사고 후 우측 고관절 비구부 골절 및 탈구가 발생하여 수술적 치료를 받았다. 예상되는 합병증은? (5개 이상) 기출 • 2016

• 자동차사고로 좌측 고관절의 후방탈구가 있었다. 예상되는 합병증을 쓰시오. 기출 • 2000

◆ 풀이

1. 고관절 탈구의 합병증은 좌골신경 손상, 무혈성 괴사와 재탈구, 외상 후 관절염 등이 있다.
2. 비구 골절 시 발생할 수 있는 합병증은 감염, 신경손상(좌골신경), 관절 내 나사천공, 이소성 골화(heterotopic ossification), 외상성 관절염, 대퇴골두 무혈성 괴사, 고관절 아탈구, 연골괴사, 고정 소실 등이 있다.

61 견관절 탈구는 가능한 빨리 정복을 시행하여야 한다. 견관절 탈구에서 흔히 사용되는 정복술 4가지를 기술하고 (명칭만 기술할 것, 각 2점, 총 8점), 가장 안전하고 널리 사용되는 방법에 대하여 기술하시오. (명칭만 기술할 것) 기출 • 2017

> **풀이**
>
> Hippocrates 방법, Stimson 방법, Milch 방법, Kocher 방법 이 중 Stimson 방법이 제일 널리 쓰이고 있음

62 75세의 여자환자가 자동차 사고로 인해 우측 상완골 근위부에 사분 골절 및 탈구가 생겼다. 치료방법과 그 이유는? 기출 • 2019

> **풀이**
>
> 1. 인공관절 치환술
> 2. 상완골 근위부 골절은 NEER의 분류에 따르며 골절편을 관절편, 해부학적 경부, 대결절, 소결절 등으로 나누고 방사선 사진상 1cm의 전위나 45도 이상의 각형성이 있는 경우 전위골절편으로 보고 이들의 수에 따라 분류하며 사분 골절은 골절편이 4개인 분쇄 골절로서 분쇄골절은 유합이 잘되지 않으며 상완골두의 무혈성 괴사와 불유합의 가능성이 높아 인공관절 치환술을 시행한다.

63 어깨 손상의 주요 부위인 회전근개 파열에 대해 아래의 물음에 답하시오. 기출 • 2020

1) 회전근개를 이루는 근육은?
2) 이 중 가장 손상이 많이 발생하는 근육은?
3) 회전근개 파열의 진단시 가장 많이 사용하는 영상검사 2가지는?
4) 회전근개 파열의 주요 치료 3가지는?

> **풀이**
> 1. 극상근, 극하근, 견갑하근, 소원근
> 2. 극상근
> 3. 초음파, MRI
> 4. 보존적 요법 : 물리치료, 약물 치료, 온열요법 등
>   수술적 요법 : 건봉합술

64   슬관절은 골 구조상 불안정한 관절이다. 슬관절의 안정성을 유지하기 위한 구조물을 쓰시오.

기출 • 2003

> **풀이**
> 1. 전후방 안정 : 전방십자인대와 후방십자인대
> 2. 외측안정성 : 외측측부인대, 장경대, 대퇴이두건, 슬와건
> 3. 내측안정성 : 내측측부인대, 반막양근, 거위발건, 사슬와인대

65   40세 남자 환자로 자동차에 우측 무릎이 부딪친 후 무릎에 부종이 생겼다. 일반 방사선 촬영 상 골절의 소견을 보이지 않아 슬관절 무릎 내 장애(슬내장)로 진단되었다. 손상이 의심되는 조직을 모두 쓰시오. 기출 • 2015

• 슬내장증의 정의 및 원인에 대해 쓰시오. 기출 • 2000

◆ 풀이

1. 슬내장의 정의

    외상이나 퇴행성 변화에 의해 슬관절의 운동시 통증이나 관절액 증가, 운동제한의 증가 등의 기능장애가 일어나는 상태

2. 손상이 의심되는 조직

    (1) 반원상 연골, 측부인대, 십자인대, 경골극의 손상

    (2) 관절내 유리체

    (3) 슬개하 지방비후(fat pad)

    (4) 활액막추벽 증후군

    (5) 경골극의 골종(exostosis)

    ➡ 반월상 연골파열

    1) 증상
        ⓐ 신전 운동 제한
        ⓑ 압통 : 관절간격(Joint line)을 따라서 손상된 부위에 일치하여 증명된다.
        ⓒ Locking(잠김 현상) : 순간적인 완전 신전이 불가능하게 되는 것을 말한다.
        ⓓ Giving way(불안정) : 환자는 슬관절이 매우 불안정하게 느끼며 자갈길을 걸을 때, 계단을 내릴 때, 뛰어내릴 때 슬관절이 갑자기 무력해진다.
        ⓔ 대퇴사두근위축(Quadriceps atrophy) : 수상 후 시일이 경과한 증례에서 반드시 나타나며, 특히 내광근(Vastus medialis)의 위축이 현저하다.

    2) 진단방법
        ⓐ McMurray Test : 똑바로 누운 자세에서 무릎을 90도 각도로 굽힌다 한손은 슬관절 부를 잡고 한손은 족관절부 또는 발꿈치를 잡고 회전 시킨다. 외회전이나 외전으로 내측 반월상 연골손상을 내회전이나 내측으로 외측 반월상 연골손상을 진단하며 통증이나 염발음이 나면 양성임
        ⓑ Apley 검사 : 복와위에서 대퇴부를 고정하고 90도 굴곡위에서 하퇴를 견인하는 검사 인대손상의 유무를 검사하는 방법이며 슬관절을 향해 압력을 가하는 검사는 반월상 검사에서 양성시 통증(+)
        ⓒ 웅크리기 검사(Squatting test) : 환자에게 선 상태로 양하지를 내회전 또는 외회전한 후 앉았다 일어섰다 하도록 한다. 손상 받은 반월상 연골이 관절 면 사이에 끼어 감돈 되는 경우, 동통을 호소함
        ⓓ MRI 혹은 관절경 검사 : MRI검사를 통해 퇴행성인지 외상성인지를 감별할 수 있으며 관절경 검사는 가장 확실한 진단 방법임

66 전방십자인대의 손상은 대표적인 스포츠 손상으로 젊은 남자에서 호발한다고 한다. 이러한 전방십자인대 손상을 진단하기 위한 대표적인 신체검진 소견에 대하여 기술하고, 가장 대표적인 영상 진단 방법에 대해 쓰시오. 기출 • 2014

- 25세 남자가 축구경기를 하던 중 점프 후 착지하며 '뚝'히는 파열음과 함께 슬관절의 통증이 발생하였다. 손상 가능성이 가장 높은 부위의 이름은? 상기 경우에서 가장 우선적으로 선택하는 치료 방법은? 기출 • 2020

> **풀이**
>
> 1. 신체 검진 소견
>   (1) 전방전위검사(anterior drawer sign) : 고관절 및 슬관절을 70~90도로 굴곡한 후 하퇴부를 전방으로 당겨 시행한다. 경골 및 족부를 중립위치, 내회전, 외회전하여 스트레스를 가함으로써 회전 불안정성을 관찰할 수 있다.
>   (2) Lachman 검사 : 슬관절을 20~30도 가량 굴곡하여 하퇴부를 당겨 그 전위 정도와 부하시 종점의 경도를 측정한다.
>   (3) Pivot shift test (추측변위 검사) : 고관절을 20도 외전 및 슬관절을 신전상태에서 내회전하고 서서히 굴곡시켜 슬관절이 아탈구 상태로부터 정복되는 것을 육안으로 관찰하거나 감각으로 느낀다.
> 2. MRI를 통해 가장 정확히 진단가능하다.
> 3. 치료법
>   (1) 부목을 사용하여 무릎 고정하기
>   (2) 다리를 편하게 하고 심장보다 높게 올려놓기
>   (3) 부기를 줄이기 위해 무릎에 얼음찜질하기

67 교통사고로 우측 슬개골 골절, 우측 슬관절 후방십자인대 파열, 우측 경골 및 비골 근위부 분쇄 골절의 진단을 받았다. 예상되는 후유증은? • 2001

> **풀이**
> 1. 슬와동맥 손상
>   족부에 맥박이 없고 슬부가 붓고 피하 출혈을 보이며 발이 차고 청색증을 보이면 혈관 파열을 의심
> 2. 총비골신경 손상
>   족굴의 배굴 및 외반 불가하며 족하수가 발생, 파행보행이 있을 수 있으며 하퇴의 외측면 모지와 제2지의 마주보는 면과 제2~5지의 배부에 감각 저하가 있을 수 있다.

68 슬관절 후방 십자 인대 손상은 슬관절의 과신전이나 경골의 후방 전위로 인하여 발생한다. 이러한 후방 십자 인대 손상을 진단하기 위한 신체 검진법에서 대표적인 방법 2가지만 기술하시오. 또한 가장 민감도가 높다고 알려진 영상 검사 방법에 대하여 기술하시오.
• 2017

> **풀이**
> 슬관절 후방 전위 검사나, 대퇴사두근 활성 검사를 통해 슬관절 불안정성의 정도를 평가 할 수 있다. 가장 민감도가 높은 영상 검사방법은 스트레스 방사선 검사로 MRI보다 민감도가 더욱 높은 검사이다.

69 40세 남자 환자로 5m 높이에서 떨어지면서 우측 족근관절에 골절이 있었다. 수술 후 3주가 지나서 발바닥 및 발가락 끝 부위에 약물치료에도 반응이 없는 통증과 저림을 호소하였고, 족근관 부위에 압통이 나타났다. 기출 • 2015

1) 진단명은?
2) 압박되는 신경은?
3) 진단법을 모두 쓰시오.
4) 치료방법은?

> **풀이**
>
> 1. **족근관 증후군**
>   족근관이란 발목의 안쪽 복숭아뼈 아래 부위(종골 내측 벽)위에 있는 터널모양의 구조물로 이 아래로 경골신경, 장족지굴건, 후경골동맥, 후경골건 등 발가락을 구부리는 근육의 힘줄 및 발바닥으로 가는 신경과 혈관이 지나간다. 이 족근관을 지나는 후경골신경이 여러 원인에 의해 압박을 받게 되어 나타나는 증상들을 족근관 증후군이라고 정의한다.
>
> 2. **후경골 신경**
>
> 3. **진단**
>   (1) 주요 증상
>   ① 발바닥 부위의 이상 감각, 작열감. 발바닥 아치 부위의 통증
>   ② 근육의 힘이 떨어지면서 파행, 근육 위축
>   ③ 족근관 부위 압통
>
>   (2) 진단
>   병력청취 및 해당부위 감각 이상 피부건조 유무, 지배 근육의 위측 유무 등을 건측과 비교, 티넬 증후 등의 신경 유발 검사가 도움이 될 수 있다.
>   근전도 검사 및 신경 전도속도를 측정한다.
>
> 4. **치료 방법**
>   보존적 요법으로 스테로이드 주사 및 소염제 등의 치료로 효과가 없으면 수술적 감압술을 시행한다.

70 5세 남자 환자가 축구하다가 회내전 상태로 손을 뻗친 상태에서 땅을 짚고 넘어지면서 발생한 극심한 수근부 통증 및 부종을 주 증상으로 내원하였다. X-ray 상 요골 원위부의 골절과 원위 요척 관절의 탈구가 동반된 소견을 보였다. •2017

1) 상기 환자에서 가장 가능성 높은 진단은?
2) 상기 환자의 가장 적절한 치료 방법은?

> **풀이**
>
> 1. 상기 환자에서 가장 가능성 높은 진단
>   갈레아찌 골절 : 요골 원위부의 골절과 하요척관절의 탈구가 동반된 골절. 꼭 수술적 치료가 필요하다고 해서 필요골절이라고도 한다.
> 2. 상기 환자의 가장 적절한 치료 방법
>   수술적 치료가 필요하며 압박 금속판을 이용한 내고정을 주로 한다.

71 29세 환자로 교통사고 후 우측 전완부의 요골 및 척골에 분쇄 골절이 발생하였다. 예상되는 합병증은? •2016

> **풀이**
>
> ① 구획 증후군
> ② 혈관 및 신경손상
> ③ 감염
> ④ 불유합 및 부정유합
> ⑤ 재골절
> ⑥ 요척골 골결합

72 대부분의 쇄골골절은 보존적 치료로 골유합을 얻을 수 있다. 그러나 수술이 필요한 경우는?

 • 2018

◆ 풀이

1) 불유합이 발생한 경우
2) 신경과 혈관 손상이 동반된 경우
3) 쇄골의 외측부 골절과 오구쇄골인대 파열이 동반된 경우
4) 연부조직 삽입으로 계속적인 골절편의 분리가 있는 경우
5) 골절이 2cm이상 전위 시

73 자살은 2018년 기준 우리나라 사망원인 5위를 차지할 정도로 심각하고 중요한 문제이며, 10~30대 사망원인 1위이다. 최근 청소년 자살률도 지속적으로 증가하고 있으며, OECD 평균 10만 명당 11,5명인 것에 비해 우리나라는 24.7명으로 매우 높은 편이라 자살 예방을 위해서 많은 노력을 하고 있다. 자살의 고위험군에 대하여 10개 이상 서술하시오.

 • 2018

◆ 풀이

자살의 고위험군

1. 과거 자살 시도의 경험
2. 45세 이상(정신 분열병은 30세 이하)
3. 알코올, 약물 의존
4. 남자
5. 독신, 이혼, 고부갈등
6. 실직 또는 은퇴
7. 신체적 질병(만성질환)
8. 정신과 입원치료의 과거력
9. 장기간 계속되는 우울증 및 우울증 회복기
10. 경제적으로 어려운 상황에 직면했을 때
11. 중요한 사람과의 이별

74 우리나라 국민의 사망원인 1위인 암을 조기에 발견하여 치료를 유도함으로써 암의 치료율을 높이고 암으로 인한 사망률을 줄이며 삶의 질을 향상시키는 것을 목적으로 국가가 비용을 지원하여 국가 암 조기검진 사업을 시행하고 있다. 5대 암 검진 프로그램 내용 중에서 암조기 검진 사업의 대상이 되는 5대 암의 종류와 이들 각각의 검진방법(기본검사 및 추가검사)에 대하여 기술 하시오. 기출 • 2009, 2020

풀이

1. 위암
   ① 검진 대상 : 만 40세 이상 남녀
   ② 검진 주기 : 2년
   ③ 검진 방법 : 위장 조영 검사 또는 위 내시경

2. 간암
   ① 검진 대상 : 만 40세 이상 남녀로 다음에 해당되는 사람, 간경변증, B형간염 바이러스 항원 양성 C형 간염 바이러스항체 양성, B형 간염 또는 C형 간염 바이러스에 의한 만성 간질환 환자
   ② 검진 주기 : 6개월
   ③ 검진 방법 : 간초음파 검사와 혈청알파태아단백검사(AFP)

3. 대장암
   ① 검진 대상 : 만 50세 이상 남녀
   ② 검진 주기 : 1년
   ③ 검진 방법 : 분변잠혈반응검사 이상 소견 시 대장 내시경 검사 또는 대장 이중조영 검사

4. 유방암
   ① 검진 대상 : 만 40세 이상 여성
   ② 검진 주기 : 2년
   ③ 검진 방법 : 유방촬영과 의사에 의한 유방진찰 권장

5. 자궁경부암
   ① 검진 대상 : 만 20세 이상 여성
   ② 검진 주기 : 2년
   ③ 검진 방법 : 자궁 경부 세포 검사

6. 폐암
   ① 검진 대상 : 만 54세 이상 만 74세 이하의 남·여 中 폐암 발생 고위험군
   ② 검진 주기 : 2년
   ③ 검진 방법 : 저선량 흉부 CT

75 류마티스 관절염은 관절 활막의 지속적인 염증반응을 특징으로 하는 만성 염증성 전신 질환이다. 지속적인 염증반응으로 연골손상 및 관절의 파괴가 일어나 기능의 장애를 초래하는 임상적 특징을 가진다. 이 질환의 특이적인 단일 검사 소견이나 신체검사 소견, 병력청취와 신체검사 등 임상적 소견으로 이루어진다. 류마티스 관절염의 진단 기준에 대하여 설명하시오. 기출 • 2010, 2024

> ◆ 풀이
>
> 1. 정의
>   관절 활막의 지속적인 염증반응을 특징으로 하는 만성 염증성 전신질환으로 활막의 지속적인 만성 염증반응으로 인하여 관절의 연골 손상이 일어나며, 결국은 관절의 파괴가 일어나 기능의 장애를 초래하는 질환
>
> 2. 진단기준 : 2010년 미국 류마티스 학회 기준
>   ① 최소 1개 이상의 관절에서 임상적으로 명확한 윤활막염(종창)이 있는 새로 발병한 환자
>   ② 다른 질환으로 잘 설명 되지 않는 윤활막염이 새로 발병한 환자를 대상으로 아래 4가지 항목에서 각 항목별 점수의 합계가 6점 이상이 되어야 한다.
>
> | 항목 | 내용 | 점수 |
> |---|---|---|
> | 관절 침범 개수 | ① 큰 관절 : 견관절, 고관절, 슬관절, 족근관절
② 작은 관절 : 중수지, 근위수지, 2~5번째 중족지, 엄지수지, 손목 관절 | 5 |
> | 혈청 검사 | ① 류마티스인자(RA factor)와 항CCP항체 | 3 |
> | 급성기염증반응물질 | ① C반응 단백(CRP) 와 적혈구 침강속도(ESR)) 수치상승 | 1 |
> | 증상의 발생 기간 | ① 6주 기준 | 1 |

76 만성폐쇄성 폐질환의 사망률을 예측하는 유용한 지표로 BODE index가 있다. 이 BODE index의 4가지 구성요소들을 모두 쓰시오. •2011

◆ 풀이

1. 만성폐쇄성 폐질환의 정의
   기도의 만성 염증과 폐실질의 파괴로 폐기능이 점차 감소하는 질환이다.
2. BODE Index의 4가지 구성요소
   ① 체질량지수(BMI, body mass index) - 비만도(체중 ÷ 키의 제곱)
   ② 기류제한(Obstruction of airplow) - FEV1% : 공기흐름의 폐쇄정도를 측정하는 호기량 (최대호기량, 초당호기량의 비율)
   ③ 호흡곤란(Dyspnea) - MMRC Dyspnea scale(임상적 호흡곤란치)
   ④ 운동능력(Exercise) - distance walked in 6min(6분간 걸을 수 있는 거리)

77 중증재생불량성빈혈의 일반적인 정의를 보면 골수검사에서 세포 충실도가 통상 (①)% 미만으로 저하되어 있고, 이와 함께 '말초혈액검사에서 이상소견들'이 있는 경우이다. •2017

1) ①에 들어갈 적절한 내용을 쓰시오.
2) '말초혈액검사에서 이상소견들'에 해당하는 3개의 기준 중 호중구 감소와 혈소판감소에 대한 기준을 쓰시오.

◆ 풀이

➡ 재생 불량성 빈혈 정의
• 다양한 원인에 의해 골수세포 충실도의 감소 및 지방으로 골수가 대체되는 골수소견과 함께 혈구세포가 감소하는 범혈구 감소증을 보인다.
• 재생불량성 빈혈은 범혈구감소증의 정도에 따라 중등도(moderate), 중증(severe), 초중증(very severe)로 나눌 수 있다.

1. ① 25
2. 호중구 감소와 혈소판감소에 대한 기준
   ① 호중구 (500,000)/ ml 이하
   ② 혈소판 (20,000, 000)/ ml 이하
   ③ 교정망상적혈구수 1% 이하

78 인슐린 저항성이 그 주요원인으로 생각되고 있는 대사증후군은 만성적인 대사장애로 여러 가지 문제를 일으키는 것으로 알려져 있다. 이러한 대사증후군의 진단에 필요한 항목을 모두 쓰시오. 기출 • 2013, 2023

▶ 풀이

1. 대사 증후군의 정의

   만성적인 대사 장애로 인하여 내당능 장애(당뇨의 전 단계로 공복 시 혈당이 100mg/dl보다 높은 상태로 적절한 식사요법과 운동요법에 의해 정상으로 회복 될 수 있는 상태), 고혈압, 고지혈증, 비만, 심혈관계 죽상동맥 경화증 등의 여러 가지 질환이 한 개인에게서 한꺼번에 나타나는 것을 대사 증후군이라고 한다.

2. 진단 기준

   아래 기준 중 세 가지 이상이 있는 경우 대사 증후군으로 진단 한다.

   1) 복부비만(Central obesity) : 남자의 경우 허리둘레가 102cm 초과, 여자의 경우 허리둘레가 88cm 초과 (한국인 및 동양인의 경우 대개 남자의 경우 허리둘레 90cm, 여자 85 cm이상)
   2) 고중성지방 혈증(Hypertriglyceridemia) : 중성지방이 150mg/dL 이상
   3) 고밀도지단백 콜레스테롤(HDL-cholesterol)이 낮을 경우 : 남자의 경우 40mg/dL 미만, 여자의 경우 50mg/dL 미만
   4) 공복혈당이 100mg/dL 이상
   5) 고혈압 : 수축기 혈압이 130mmHg 또는 이완기 혈압이 85mmHg 이상인 경우

79 암은 우리나라 국민의 사망원인 1위를 차지하는 질환으로 평균적으로 우리나라 국민 3명 중 1명은 암을 경험하게 된다고 한다. 전 세계적으로 암을 치료하기 위한 노력을 계속하고 있으나 전반적인 발생 및 암 사망률은 줄어들지 않고 있어, 현실적으로 관리에 가장 효율적인 방법으로 암 조기진단을 시행하고 있다. 이상적인 암 선별검사의 조건에 대하여 5가지 이상 약술하시오. 기출 • 2014

풀이

1. 선별 검사의 정의

   암의 어떠한 증상도 없지만 어떤 종류의 암을 유발할 높은 위험성을 가진 사람들에게 있어서 규칙적으로 사용하는 어떤 시험이나 검사로 정의

2. 이상적인 암선별 검사의 조건

   1) 선별 검사의 대상은 비교적 흔한 질병으로 많은 사람에게 이득이 돌아가야 한다.
   2) 조기발견에 따른 효과적인 치료법이 있어야 한다.
   3) 조기 진단이 가능한 검사방법이 있어야 한다.
   4) 검진 방법이 정확해야 한다.
   5) 비용이 저렴하고 쉽게 받아들일 수 있어야 한다.

3. 주요 암종별 선별 검사

   1) 유방암 : 자가검진, 유방촬영, 의사에 의한 유방 이학적 검사
   2) 자궁경부암 : 자궁경부세포 도말검사(Papanicolaou smear)
   3) 대장직장암 : 대변잠혈반응검사, 대장내시경은 고위험군의 선별검사로 추천될 수 있다.
   4) 위암 : 위장조영촬영 또는 위내시경검사
   5) 간암 : 40세 이상 남녀로 간경변증이나 B형 간염바이러스 항원 또는 C형 간염바이러스 항체 양성으로 확인된 자 등 간암의 고위험군에서 간초음파검사와 혈청알파태아단백검사(AFP)검사가 선별 검사로 추천 될 수 있다.
   6) 폐암 : 만 54세 이상 만 74세 이하의 남·여 폐암 발생 고위험군 대상 2년마다 저선량흉부 CT
      * 고위험군 : 30갑년[하루 평균 담배소비량(갑) × 흡연기간(년)] 이상의 흡연력을 가진자

80 암 종양 표지자(tumor marker)는 암의 성장에 반응해서 체내에서 또는 암조직 자체에서 생성되며 혈액, 소변, 조직검체에서 검출된다. 하지만 꼭 특정 암에서만 증가하는 것은 아니고 양성 질환 등 비 특이적인 상황에서도 상승 할 수 있기 때문에 상승했다고 암을 진단할 수 있는 것은 아니다. 하지만 암 진단에 보조적 역할, 암치료 반응 정도 확인, 암 재발여부 확인, 암의 크기 반영 등에 이용 할 수 있어 임상에서 흔히 사용하고 있다. 다음 제시된 암의 진단에 도움이 되는 가장 중요한 종양 표지자를 한 개씩만 쓰시오. 기출 • 2021

> ◆ 풀이
> 1. 간세포암 : AFP
> 2. 갑상선 수질암 : 혈액내 칼시토닌 수치
> 3. 대장암, 폐암 : CEA
> 4. 전립선암 : PSA
> 5. 난소암 : CA 125

81 당뇨병은 만성진행성질환으로 현대인의 식생활 습관의 변화와 비만의 증가에 따라 급증하고 있다. 최근 2형 당뇨병에 대한 많은 연구 결과에 따라 새로운 진료지침과 새로운 약제들이 개발되어 치료에 적용하고 있으나 아직까지도 당뇨병의 유병률은 줄어들지 않고 있어, 당뇨병은 현대인의 건강을 위협하는 중요한 질환 중 하나이다. 이러한 당뇨병의 진단기준을 모두 쓰시오. 기출 • 2014

- 당뇨병은 췌장에서 분비되는 인슐린의 기능에 문자가 발생해서 혈당이 비정상적으로 상승해 우리 몸에 많은 문제를 일으키는 대표적인 만성 질환이다. 정상 혈당은 최소 8시간 이상 금식한 상태에서 공복 혈장 혈당이 100mg/dL 미만, 75g 경구 당부하 후 2시간 이상 혈장 혈당이 140mg/dL 미만이다. 당뇨병 진단과 관련된 다음 빈칸을 채우시오.
기출 • 2020

> **풀이**
>
> 1) 당뇨의 정의 및 진단기준
>   당뇨병은 신체 내에서 혈당 조절에 필요한 인슐린의 분비나 기능의 장애로 인해 발생된 고혈당을 특징으로 하는 대사성 질환이다.
> 2) 정상 혈당
>   공복 혈장혈당 100mg/dL 미만이고, 75g 경구당부하 2시간 후 혈장혈당 140mg/dL 미만이다.
> 3) 당뇨병 진단기준
>   (1) 8시간 이상 금식 후 공복혈당이 126mg/dl 이상
>   (2) 75g 포도당 부하검사 2시간째 혈장 혈당이 200mg/dl 이상
>   (3) 다뇨, 다음, 체중 감소 등의 증상이 나타나고 식사와 관계없이 임의로 측정한 혈장에서 혈당이 200mg/dl 이상
>   (4) 당화혈색소(HbA1c) 6.5% 이상
>   당화혈색소는 2~3개월 동안의 평균혈당치를 반영한 것으로 혈당조절이 잘되고 있는지 알 수 있는 혈액검사수치로 최근 당뇨진단기준으로 인정되었다.
> 4) 당뇨병 전단계 (당뇨병 고위험군)
>   (1) 당화혈색소 (5.7~ 6.4)%에 해당하는 경우 당뇨병 전단계로 정의한다.
>   (2) 8시간 이상 금식 후 공복 혈장 혈당 (100~125)mg/dL로 정의한다.
>   (3) 75g 경구 당부하 후 2시간 혈장 혈당 (140~199)mg/dl인 경우 내당능장애로 정의한다.

82 두통은 머리 또는 목에 발생하는 통증을 의미하는 것으로 병원을 방문하게 하는 매우 흔한 증상 가운데 하나이다. 이렇게 흔하게 접하는 두통이라 하더라도 위험신호(red flag)들이 발견될 경우에는 위험한 결과를 야기할 수 있는 이차성 두통의 가능성이 높아지게 된다. 이러한 두통의 위험신호 (red flag)에 대하여 5가지 이상 약술하시오. • 2014

> **풀이**
>
> 1) 두통의 red flag
> - 갑작스런 두통 시작 : 지주막하출혈, 뇌종양/동정맥기형 출혈, 뇌하수체발작, 후두와 종양
> - 50세 이후 새로운 두통 : 뇌종양, 측두 동맥염
> - 점점 심해지는 두통 : 종양성 병변, 수막하 혈종, 약물과용
> - 발열, 경부 강직, 발진, 전신증상 동반 두통 : 뇌막염, 뇌염, 전신감염증, 교원성혈관질환
> - 암환자에서 새로 생긴 두통 : 뇌전이, 암성 뇌막염
> - 안저검사상 유두부종 : 종양성병변, 가성종양
> - 국소신경증상 및 징후가 있을 때 : 종양성병변, 동정맥기형, 뇌졸중, 교원성혈관질환

83 환자가 급성 흉통 혹은 흉부 불쾌감을 호소할 때 감별해야 할 질환 중 심근경색증은 급격한 사망 및 합병증을 초래할 수 있어 반드시 감별해야 할 중요한 질환이다. 그러나 급성 흉통 혹은 흉부 불쾌감을 일으키는 질환은 심근경색증 외에도 다양하다. 급성 흉통 혹은 흉부 불쾌감을 일으킬 수 있는 질환 중 심근경색을 제외한 다른 원인들에 대하여 기술하시오.

기출 • 2019

> **풀이**
>
> 1. 급성 흉통을 일으키는 질환
>   (1) 순환기 : 협심증, 대동맥판막협착증, 급성심낭염, 승모판탈출증
>   (2) 혈관질환 : 대동맥류, 폐동맥색전증
>   (3) 폐동맥 고혈압
>   (4) 폐 및 늑막질환 : 늑막염 및 폐렴, 기흉, 기도 기관지염
>   (5) 근골격계 질환 : 근육 손상, 늑골 골절, 어깨 및 흉부의 관절 질환, 경추간판탈출증
>   (6) 소화기질환 : 위식도 역류질환, 과민성 대장 증후군, 담도 질환
>   (7) 신경증 : 과호흡 증후군 홧병, 심장 신경증
>   (8) 기타 : 대상포진, 유방 질환, 흉곽의 종양

84 고혈압은 세계적으로 높은 유병률을 보이는 만성 질환으로 관상동맥질환, 심부전증, 뇌졸중, 신부전 등을 일으키는 심혈관계 질환의 위험인자이다. 우리나라에서도 27 ~ 28% 정도의 유병률을 보이고 있으며 남자 30 ~ 40대에서 인지, 치료, 조절율이 낮아 문제가 되고 있다. 이러한 고혈압의 치료에는 여러 가지 방법을 사용하고 있는데, 약물치료 이외의 생활 습관 개선에 대하여 4가지 이상 약술하시오. 기출 • 2014

◆ 풀이

1) 적절하고 규칙적인 운동 : 운동은 혈압을 낮추고 심폐기능을 개선, 체중감소를 돕는다.
2) 염분제한 : 염분은 혈압을 올리는 중요 인자 이므로 염분섭취를 줄여야 한다.
3) 식생활에서 동물성 지방 과 과다한 당섭취 제한 : 동맥경화증의 원인이 될 수 있는 동물성 지방 의 섭취, 과량의 당분 섭취를 줄여 과체중과 비만을 예방하여야 한다.
4) 금연 : 흡연은 심혈관계의 강력한 위험 인자로 반드시 금연을 하여야 한다.
5) 스트레스 조절 : 급격한 환경변화 나 일상생활의 스트레스는 불안, 긴장 등으로 인하여 심혈관계의 영향을 줄 수 있다.
6) 과음을 피한다. : 과도한 음주는 고혈압을 악화 시킨다.

85 골다공증은 폐경 또는 노화에 의해 발생하는 흔한 대사성 질환으로 뼈를 구성하는 미세구조가 약해지고 손상되어 쉽게 골절이 생기는 질환이다. 기출 • 2015

1) 주(major) 위험인자 3가지 약술하시오.
2) 예방을 위해서는 '이 시기'에 형성되는 최대 골량을 최고로 만드는 것이 중요하므로 '이 시기'의 영양이 매우 중요하다. '이 시기'는?
3) 고령자에서는 골절을 유발하는 가장 큰 요인이 '이것'이며 이를 예방하기 위해서는 근력강화와 유연성, 균형능력을 키우는 것이 중요하다. '이것'은?

◆ 풀이

1. 골다공증의 위험인자
   (1) 위험인자
      1) 주 위험 인자(major)
         ① 모친의 관절 골절 병력
         ② 45세 이전의 골절 병력

③ 장기간 스테로이드 사용
2) 기타위험인자 : 흡연, 장시간 벤조디아제핀 사용
① 흡연
② 장시간 벤조디아제핀 사용
③ 항경련제 복용 병력, 갑상샘 항진증 병력,
④ 현재 체중이 25세 때보다 가벼운 경우, 25세 때 신장이 168cm 이상인 경우
⑤ 운동량부족, 커피나 차를 하루 4잔 이상 섭취, 하루 서 있는 시간이 4시간 이하

2. 청·장년기
3. 낙상

86 65세 여자가 최근 식사량이 줄고 스트레스로 인하여 잠을 설치는 등 3~4일전부터 평소보다 힘들게 지내면서 몸통 왼쪽 가슴에서 동쪽에 걸쳐 가려움과 통증이 발생하였고, 금일 같은 부위에 수포가 관찰되었다. 1) 진단은? 2) 동반 가능한 합병증을 2가지 쓰시오.

 • 2015

풀이

1. 진단 : 대상포진
   (1) 정의
       피부의 한 곳에 통증과 함께 발진과 수포들이 발생하는 질환으로 수두를 유발하는 수두 대상포진 바이러스(Varicella zoster virus)에 의하여 초래되는 질환으로 바이러스가 보통 소아기에 수두를 일으킨 뒤 몸속에 잠복상태로 존재하고 있다가 다시 활성화되면서 발생한다.

2. 동반 가능한 합병증
   (1) 대상포진 후 신경통 : 피부발진이 치유된 이후에도 지속되는 통증, 대개는 30일 이상 통증이 지속되는 경우로 정의
   (2) 2차 세균감염
   (3) 전신성 대상포진
   (4) 뇌염 혹은 뇌수막염

87 우리나라의 유방암은 여성에서 2번째로 호발하는 암이다. 유방암의 경우 여러 가지 위험요인에 의해 복합적으로 영향을 받는데 이러한 고위험군에 해당하는 경우를 3가지 약술하시오.

• 2015, 2023

▶ 풀이

1. 유방암 고위험군
   (1) 어머니나 형제 중에 유방암 가족력이 있는 사람
   (2) 한쪽 유방에 유방암이 있었던 사람
   (3) 출산 경험이 없었던 사람
   (4) 30세 이후에 첫 출산을 한사람
   (5) 비만, 동물성 지방을 과잉 섭취하는 사람
   (6) 장기간 호르몬 자극을 받은 사람(이른 초경, 늦은 폐경, 폐경 후 장기적인 여성 호르몬의 투여)
   (7) 가슴부위에 방사선 치료를 받았거나 핵폭탄에 노출된 경험이 있는 사람
   (8) 지속적인 유방문제(덩어리 있는 유방)와 자궁내막, 난소, 대장에 악성종양이 있었던 사람

88 자궁경부암의 발생에는 (①) 감염이 중요한 요인이다. (①)은(는) 자궁경부의 편평세포암 환자의 99%에서 발견되며, 과정은 다를 것으로 보이지만 편평세포함과 선암 모두의 원인으로 밝혀져 있다. • 2015

1) ①에 들어갈 내용을 쓰시오.
2) 자궁경부암의 발생위험요인을 3가지 쓰시오.

▶ 풀이

1. ①에 들어갈 내용
   인유두종 바이러스(HPV)
   인유두종 바이러스는 성관계를 통해 전염되는데 자궁경부암이 있는 대부분 존재하여 자궁경부암의 전단계인 자궁경부이형성증으로 발전한다.

2. 자궁경부암의 발생위험요인
   (1) HPV바이러스 감염
   (2) 낮은 초혼연령 또는 성관계 시작연령(16세 이전)
   (3) 많은 성파트너

(4) 흡연
(5) 많은 분만 횟수
(6) 낮은 사회 경제적 수준
(7) 만성적인 면역 억제상태

89 대표적인 우리나라 가을철 고열성 질환으로 제3군 법정전염병으로 지정되어 공중보건학적으로 지속적 감시가 필요한 질환 3가지를 쓰시오. 기출 • 2016

풀이

1. 신증후근성출혈열(유행성 출혈열)
   (1) 정의
       한타 바이러스와 서울 바이러스 등에 의한 급성 열성 감염증이다. 들쥐의 배설물이 건조되면서 호흡기를 통해 전파된다. 야외활동이 많은 사람(농부나 군인 등)에게 잘 감염되고, 잠복기는 평균 2~3주 정도다. 발열, 출혈, 신장 병변 등의 증상을 보인다. 눈이 빨갛게 충혈 되거나 입천장과 겨드랑이에 점상 출혈을 보이기도 한다. 발열기, 저혈압기, 핍뇨기, 이뇨기, 회복기 등 다섯 단계로 진행되는 특징이 있다. 증상이 심해질 경우 폐부종, 출혈, 신부전 등으로 사망할 수도 있다.

2. 쯔쯔가무시병
   (1) 정의
       쯔쯔가무시라는 균에 감염된 털 진드기의 유충이 사람의 피부를 물 때 쯔쯔가무시균이 인체 내로 들어가 그 부위에서 증식하게 되는 것으로 털 진드기는 주로 쥐 등에 기생한다. 1~2주의 잠복기를 거쳐서 발열, 두통, 근육통의 일반적인 감기 증상과 함께 몸에 약 0.5~1cm의 가피(진드기에 물린 상처·까만색 딱지 형태), 림프절 종대와 전신에 붉은 색의 반점이 생기는 것이 특징이다. 피부 발진은 발병 후 5~8일쯤에 몸통에 주로 생기고, 간비종대(간·비장이 부어오름), 결막 충혈 등이 나타날 수 있다.

3. 렙토스피라증
   (1) 정의
       렙토스피라균에 의해 일어나는 급성 전신감염증으로 특히 9, 10월에 많이 발생한다. 감염된 동물(주로 쥐)의 오줌에 오염된 젖은 풀, 흙, 물 등과 점막이나 상처 난 피부의 접촉을 통해 감염되며, 잠복기는 7~12일간이다. 주된 증상은 급성 열성질환, 폐출혈, 뇌막염, 간·신장 기능장애 등이다.

90 우리나라는 과거에 비하여 결핵 환자수가 많이 감소하였으나, 여전히 가장 중요한 전염병이다. 일반적으로 결핵의 진단에 사용할 수 있는 검사를 3가지 쓰시오. 기출 • 2016

> **◆ 풀이**
>
> 1. 결핵피부반응검사(Tuberculin Skin Test)
>   결핵균 감염여부를 확인하기 위한 검사방법으로서, 투베르쿨린 용액을 좌측 팔의 안쪽 피내에 주사한 뒤 48~72시간 이후 주사부위의 부어오름(경결) 정도를 측정한다. 일반적으로 반응 부위가 10mm 이상이면 양성, 9mm 이하이면 음성으로 판정한다.
> 2. 흉부 방사선(X-선) 촬영
>   흉부 X선 검사는 폐결핵을 진단하기 위해 시행하는 첫 번째 기본검사로서 흉부촬영 사진 상 폐의상엽(upper lobe)에 결절성(nodular) 병변이나 공동(cavity)이 보이는 경우가 전형적인 소견이다.
> 3. 객담 검사를 통해 미생물학적으로 결핵균의 확인
>   결핵을 진단할 수 있는 가장 확실한 방법으로서, 객담 도말검사 및 객담 배양검사를 통해 결핵을 확진한다. 객담 도말검사는 객담을 슬라이드에 얇게 펴 발라 결핵을 포함한 항산균을 선택적으로 염색한 후 현미경으로 결핵균을 직접 관찰하는 방법이며 객담 배양검사는 객담에서 결핵균이 잘 나타나지 않는 경우 체온과 같은 온도 에서 특수 배지를 통해 결핵균을 증식시켜 검사하는 방법이다.

91 간암은 우리나라에서 갑상선암을 제외하고 5번째로 호발하는 암이며, 사망률로는 폐암 다음으로 두 번째 해당하는 질환이다. 이러한 간암의 대표적인 위험요인을 3가지 쓰시오.
기출 • 2016

> **◆ 풀이**
>
> 1. 간암의 위험인자
>   ① 간경변증 : 간염바이러스 보균자에 비해 간암의 위험이 5.9배 높다.
>   ② B형 바이러스 간염
>   ③ C형 바이러스 간염
>   ④ 연령 (40세 이상)
>   ⑤ 남자

⑥ 알코올(술)

⑦ 흡연

⑧ 기타 : 비만 아플라톡신 혈색소증

92 간경변증은 만성 간 손상에 대한 회복과정에서 발생하는 섬유화가 진행되어 불규칙한 재생결절이 생긴 상태이다. 대상성 간경변증 환자의 50%는 진단 후 10년 이내 합병증이 발생한다. 간경변증의 대표적인 합병증 3가지를 쓰시오. 기출 • 2016

▶ 풀이

1. 문맥압 항진증 및 식도 정맥류
2. 간성혼수(hepatic encephalopathy) 암모니아를 분해해서 요소로 변화시켜 몸 밖으로 배출시키는 간 기능의 이상으로 암모니아가 체내 축적되어 뇌에 이상을 유발
3. 간 기능의 저하로 혈액응고 인자의 합성이 줄어들게 되어 혈액응고 기능의 저하 및 비장크기 증가로 혈소판 수치의 감소
4. 체내 단백질 합성 저하로 인한 알부민 수치 감소와 이에 따른 부종 및 복수

93 만성 간질환에서 간 기능 장애의 중등도를 평가하고 환자의 예후와 생존율을 예측하는데 널리 사용되는 Child –Turkiye–Pugh scoring system에서 사용되는 5가지 지표들을 모두 열거 하시오. 기출 • 2017, 2021

▶ 풀이

1. 만성 간질환의 정의
   만성간질환은 간경화 또는 간경변증이라고도 하며 간의 만성적인 염증으로 인하여 정상 간조직이 재생결절 등의 섬유화 조직으로 바뀌면서 간의 기능이 저하되는 것을 말한다.
2. Child-Turkiye-Pugh scoring system에서 사용되는 5가지 지표
   (1) 총빌리루빈수치 (정상수치 ~ 1.2)
   (2) 혈청알부민수치 (정상수치 3.5 ~ 5.5)
   (3) INR(혈액응고수치) (정상 1.5 ~ 2)

(4) 복수 잔존여부 (유 / 무)

(5) 간성혼수 동반여부 (유 / 무)

94 만성콩팥병의 정의는 KDIGO 2012 가이드라인에 따르면 사구체 여과율(GFR) 60ml/min/1.73 m^2 미만의 콩팥기능 장애가 3개월 이상 있거나 콩팥기능 장애가 없더라도 '콩팥 손상의 증거'가 3개월 이상 있는 경우 진단을 내릴 수 있다고 알려져 있다. 여기에서 '콩팥 손상의 증거'에 해당하는 소견을 4개 쓰시오. 기출 • 2017

◆ 풀이

1. 알부민뇨가 있거나, 소변 내 이상 침사 소견이 있는 경우
2. 콩팥 영상 검사 상 이상이 있는 경우
3. 콩팥 조직검사 상 이상 소견이 있는 경우
4. 소변 또는 혈액검사 상 이상 소견이 있는 경우

95 일반적으로 베체트병은 International Study Group(ISG) 진단기준에 따라 재발성구강궤양이 존재하고 '4가지 항목' 중 2가지 이상을 만족시킬 때 진단을 내릴 수 있다. 이 '4가지 항목'에 해당하는 기준들을 3가지 이상 쓰시오. 기출 • 2017

◆ 풀이

1. 베체트병 정의
   반복적으로 입안에 궤양이 생기고 성기부에 궤양이 발생하며 경우에 따라 눈 안에 염증이 발생하여 시력을 잃을 수도 있는 만성 염증성 질환이다.

2. 진단 : [ISGBD] ⇨ ISBD 국제베체트병 학회)의 베체트병 국제진단기준(1990)
   아래 중 ①은 반드시 있어야 하고 나머지 중 2개 이상이 해당되면 진단된다.
   ① 1년에 적어도 3회 이상 재발되는 구강의 궤양
   ② 눈병 : 포도막염
   ③ 생식기주위의 궤양
   ④ 피부병 : 여드름 모양의 피부병, 모낭염, 혈관염이 동반된 구진성 발진

⑤ 페썰지 반응 : 조그만 자극에도 쉽게 염증반응을 보이는 현상. 정상적으로는 작은 바늘을 이용해서 생리식염수로 피부를 자극해도 염증반응이 나타나지 않지만, 베체트병 환자는 염증반응을 보인다.

96 원발성심근변증(primary cardiomyopathy)은 일반적으로 심장근육 자체의 질환을 말하는 것으로 다른 구조적인 심장질환(예를 들면 관상동맥질환, 판막질환)으로부터 이차적으로 유발된 심근의 기능부전은 제외한다고 알려져 있다. 이 원발성심근병증의 대표적인 3가지 질환을 모두 쓰시오. 기출 • 2017

> ◆ 풀이
> 1. 확장성 심근증
>   좌심실이 확장되어 심근두께가 얇아지면서 수축 기능이 저하되는 경우로 심부전이 동반되는 경우가 많아 울혈성 심근증이라고도 한다.
> 2. 제한성 심근증
>   좌심실벽이 두꺼워지면서 주로 좌심실의 이완기 때 심장이 충분히 늘어나지 않아 충만에 문제가 발생하는 경우
> 3. 비후성 심근증 : 좌심실의 일부 또는 전체가 특별한 이유 없이 두꺼워지는 경우

97 현훈(vertigo)은 사물이나 공간 혹은 자신이 빙빙 도는 증상을 뜻하며 다양한 원인에 의해 발생할 수 있다. 현훈의 원인을 찾을 때는 특히 내이(속귀)질환에 의한 말초성인지, 뇌졸중과 같은 중추성인지 감별이 매우 중요하다. 기출 • 2019

1) 귀의 구조는 크게 외이, 중이, 내이로 나누어지며 이 중 현훈은 내이와 관련이 깊다. 내이(속귀, inner ear)를 이루는 구조물을 쓰시오.
2) 내이와 관련된 말초신경성 현훈을 일으키는 질병(원인)을 쓰시오

◆ 풀이

1. 내이의 구조물
   1) 전정기관(균형을 담당)
      ① 전정
      ② 반고리관
   2) 청각기능 담당
      ① 달팽이관(와우)
2. 말초신경성 현훈을 일으키는 원인으로 전정신경이상을 포함한 양성 발작성 체위성 어지러움증, 전정신경염, 메니에르병, 편두통성 현훈이 있고 그 외 진주종, 외림프누공, 미로염(내이염) 등이 있다.

98 허혈성 심질환은 사망과 장애를 초래하며 상당한 경제적 손실을 초래한다. 심근의 허혈은 심근으로 산소 전달이 원활하지 못하여 발생하는 것으로 심장의 관상동맥과 관련이 깊다.

기출 • 2018

1) 허혈성 심질환인 '협심증'의 종류를 쓰시오.

2) 허혈성 심질환인 심근경색증의 진단방법에 대해 기술하시오.

• 불안정형 협심증의 특징적인 흉통을 2가지 이상 나열하시오. 기출 • 2024

• 전형적인 Q파 심근경색의 특징적인 심전도 소견 3가지를 시간 순서대로 서술하시오.

◆ 풀이

1. 허혈성 심질환인 '협심증'의 종류
   (1) 안정형 협심증(Stable angina)
       가장 흔한 종류의 협심증으로 일시적 심근 허혈로 발생하는 흉통을 말한다. 안정 시에는 아무런 증상이 없다가 육체적 활동이 빨라질 때(배변 시, 빠른 보행, 계단 오르기 등)나 감정이 격해졌을 때 흉통이 유발되었다가 안정을 취하면 통증이 소실됨. 통증의 시간은 대개는 3분을 넘지 않는다.
   (2) 불안정협심증(Unstable angina)
       불안정 협심증은 아래의 3가지 주요 양상을 나타낸다.
       ① 운동과 무관한 안정 시 협심증 : 활동이 없이도 운동과 무관하게 흉통이 발생하며 대개 10분~20분 이상 지속된다.

② 새로 발생한 협심증 : 최근 2개월 이내 새롭게 심한 흉통이 발생한 것
③ 심해지는 협심증 : 기존의 협심증 정도가 더 자주 더 오래 지속되며 심해진 경우 급사의 가능성이 높아질 수 있는 상황으로 즉시 진단 검사와 중재술을 시행해야 한다.

(3) 변이형협심증(이형성협심증)

관상동맥의 심한 혈관경련에 따른 혈관 내경감소, 이에 따른 혈류량 감소에 의해 유발되는 흉통으로 주로 음주 후 다음날 새벽 수면 시에 많이 나타나며 운동과 무관한 특징이 있다. 약물 요법에 잘 반응한다.

2. 심근경색의 임상 소견 및 진단방법은 아래와 같다.

(1) 증상

흉통이 주된 증상이다 흉통은 협심증과 비슷하지만 흔히 휴식 시에 발생하고 강도가 훨씬 심하고 지속시간이 길다. 전형적으로 가슴한가운데 또는 명치에 통증을 호소하며 팔로 방사된다.

(2) 확진에 도움이 되는 검사

확진하는데 도움을 주는 검사실 검사에는 심전도, 심장표지자, 심장영상 검사 등이 있다.

① 심전도

가장 중요한 조기 변화는 ST분절의 상승으로 이는 심근경색의 초기변화로 재관류 요법의 적용여부 결정에 도움이 된다. 심근경색에 의한 ST분절 상승은 증상 발현 수 시간 내에 T파 역위와 Q파 발현으로 이어진다. 심전도의 변화를 기초로 하여 심근경색 부위를 파악 할 수 있다. ST분절 비상승 심근경색의 심전도 변화는 ST분절의 하강, T파의 역위 등이나 정상으로도 나타날 수 있다.

② 심근 효소의 변화

심근이 파괴되면 심근 세포내의 효소가 혈중으로 유리되어 혈중 CK(크레아틴 인산효소, Creatine), CK-MB, Troponin의 상승이 나타난다.

③ 심장 영상검사

심장 초음파 및 심장 핵의학 검사 등의 영상검사를 통해 심근경색에서 국소 심벽운동의 이상이 관찰할 수 있다.

99 42세의 여성이 양측 유방에서 젖이 나와서 내원하였다.

(1) 유방 검사에서 특별한 이상을 발견할 수 없는 경우 생각할 수 있는 유즙분비의 원인을 약술하시오.

• 2018

(2) 만약 이 환자가 유즙분비와 더불어 시야 장애 및 두통을 호소한다면 생각할 수 있는 질병을 쓰시오.

> **풀이**
>
> 1. 유즙분비를 일으키는 원인으로는 대개 뇌하수체에서 분비되는 유즙분비 호르몬인 프로락틴의 분비와 관련이 있으며 고프로락틴 혈증이 원인이 되는 경우가 많다. 이외 임신 출산 후, 종괴(뇌하수체 종양 중 프로락틴분비종양, 신장암, 림프종, 두 개인두종, 성장 호르몬과 프로락틴 혼합 종양), 시상하부-뇌하수체 기능이상(다발성 경화증, 뇌하수체 줄기 절단 외), 전신질환(예) 갑상선 기능 저하증, 만성 신부전, 쿠싱 증후군, 말단 비대증), 그 외 약물의 부작용 등에 의해서도 유즙분비가 일어날 수 있다.
> 2. 고프로락틴 혈증으로 인한 유즙분비의 경우 두통이나 시야의 장애가 동반될 수 있으며 이는 뇌하수체 선종으로 인한 증상 중의 하나이다. 뇌하수체에서 발생하는 종양은 뇌하수체에서 분비하는 호르몬을 과다 분비하는 기능성 종양(호르몬 분비성 뇌하수체 선종)과 호르몬의 분비 없이 세포 덩어리만을 형성하는 비기능성 종양(호르몬 비분비성 뇌하수체 선종)으로 분류하게 된다. 프로락틴 분비선종은 뇌하수체 기능성 선종 중에 가장 흔하고 대부분 20~30대의 여성에서 호발하며 대개는 1 cm 이하의 미세선종이다.

100 치매는 후천적으로 발생한 인지기능 손상에 의해 성공적인 일상생활 수행이 불가능해진 상태로 정의할 수 있으며 인구노령화와 관련하여 그 중요도가 크다. 치매의 원인 및 감별 질환에 대해 약술하시오. 기출 • 2018

- 후천적으로 뇌의 기질적 장애에 의하여 사람의 정신능력과 사회적 활동을 할 수 있는 능력의 소실이 있어 일상생활의 장애를 가져올 정도로 심할 때 치매라고 한다. 치매의 대표적 원인질환들을 5가지 이상 열거하시오. 기출 • 2024

> **풀이**
>
> 1. 치매의 원인 및 감별 질환
>   (1) 알츠하이머 병
>   치매를 일으키는 가장 흔한 퇴행성 뇌질환으로 초기에는 기억력 장애가 주로 나타나며, 진행함에 따라 인지장애가 보다 명백해 지면서 살림, 재정관리나 요리 등 도구를 사용하는 생활 수행능력에 장애가 동반되는 질환이다. 질병의 발병원인은 완전히 밝혀지지 않은 상태이며 특정 유전자가 뇌의 베타 아밀로이드라는 단백질의 변성을 일으켜 뇌의 전반적인 위축, 뇌실의 확장, 신경섬유의 다발성 병변을 만드는 것으로 추측하고 있다.
>   (2) 혈관성 치매
>   혈관성 치매는 뇌동맥 경화로 인한 뇌혈류의 감소 또는 뇌졸중 이후 발병하며 뇌혈관 질환에 의해 뇌조직이 손상을 입어 치매가 발생하는 경우이다.
>   (3) 파킨슨병
>   또 하나의 매우 중요한 진행성 퇴행성 뇌 질환의 하나인 파킨슨병의 환자들 중 30~40% 정도는 파킨슨병의 말기에 치매의 증상을 나타내게 된다. 파킨슨병은 몸과 팔, 다리가 굳고 동작의 어둔함, 주로 가만히 있을 때 손이 떨리는 안정 시 진전, 말이 어눌해지고 보폭이 줄고 걸음걸이가 늦어지는 등의 증상을 보이게 된다.
>   (4) 루이소체 치매
>   (5) 알콜성 치매
>   (6) 외상성 치매

보험계리사 및 손해사정사 제2차 시험 연도별 기출문제

• 의학이론 •

제37회 보험계리사 및 손해사정사 제2차 시험문제 (2014년도 시행)
의학이론

1. 피로 골절(fatigue fracture)에 대하여 설명하고(2점), 호발 하는 대표적 부위 4곳을 기술 하시오. 기출 • 1996, 2009, 2014 (8점)

> **풀이**

피로골절(스트레스 골절)
(1) 정의 : 일정 부위의 뼈에 반복되는 힘이 작용하여 점차 골질의 연속성이 중단되는 상태를 말한다. 행군골절 및 피로골절,(fatigue fracture), 가골절이라고도 한다.
(2) 호발부위 : 체중이 많이 부하되는 부위인 중족골, 주상골, 경골간부, 대퇴 경부 등에서 호발하며 제2,3,4 중족골에서 빈도가 높다.

➡ 피로골절의 호발 부위

| 대퇴 경부 |
| 경골간부 |
| 족부 주상골 |
| 족부 중족골 |

① 중족골의 피로골절 : 장거리 달리기 선수나 발레 무용수에게 흔하며 제2중족골경부가 호발 부위나 타 중족골에도 올 수 있다.
② 경골간부의 피로골절 : 주로 젊은 운동선수, 발레무용수, 군인들에게서 많이 생긴다. 군인들에 있어서는 주로 근위부에 생기며 임상소견은 일반적으로 서서히 진행하는 국소적 동통과 압통이고, 방사선 소견상 경골 앞쪽 피질골의 비후가 보이기도 하며 경골 전방 구획증후군과 감별 진단해야 한다.
③ 대퇴 경부의 피로골절 : 젊고 활동적인 사람이 평소 잘하지 않던 체조, 달리기, 행군 등을 한 후에 잘생기며, 골다공증 같은 골의 대사성 질환을 가진 노인에서 잘 발생한다.
④ 주상골의 피로골절 : 기존의 섬유화나 골성 결합으로 족부변형이 있는 환자 특히, 족근부 배굴곡의 제한, 거골하 관절 운동의 제한, 제1중족골의 단축, 중족골 내전에 있는 사람에서 주로 생긴다.

2. 35세 남자 환자가 우측 경골(tibia) 간부 골절로 OO병원을 방문하여 부목 고정을 실시하고 입원하여 병실에서 안정을 취하던 중 부목을 시행했던 우측 하퇴부에 극심한 통증과 우측 발가락의 감각 저하 및 발가락의 움직임이 되지 않는다고 호소하였다. 붕대 속으로 발등의 맥박을 촉지해보니 촉지되지 않았다. 기출 • 2010,2014,2017,2023 (10점)

(1) 상기 환자에서 가장 가능성이 높은 진단은? (3점)
(2) 상기 진단의 발생 기전에 대하여 설명하시오. (4점)
(3) 상기 환자에게 취해야 할 조치에 대하여 기술하시오. (3점)

> **풀이**
>
> 1. 구획증후군의 정의
>   사지의 근막에 둘러싸인 폐쇄된 어떤 구획의 내압이 상승, 이 구획 내에 있는 조직의 혈액순환과 기능이 장해되는 것
>
> 2. 정상적인 구획 내의 조직압은 약 0mmHg인데, 이것이 30-60mmHg이상으로 상승하게 되면 조직 관류가 불충분하게 되고 상대적 국소빈혈 상태가 되어 조직의 혈액순환과 기능장애를 일으키게 된다. 조직괴사가 발생하면 변형 및 기능소실이 심각해진다. 구획증후군의 증상으로 소위 '5P 징후'가 있는데 동통(pain), 창백(pallor), 이상감각(paresthesia), 마비(paralysis), 무맥(pulselessness) 들이 나타난다. 이중 가장 빨리 나타나고 가장 중요한 것은 동통으로 주로 심부에 불분명한 경계로 나타나며, 침범된 부위의 근육을 수동적으로 신연시킬 때 동통이 악화된다.
>
>> ➡ 구획증후군의 원인
>> ① 꽉 끼는 붕대, 석고, 근막 결손부의 봉합, 화상이나 동상 등으로 인한 구획크기의 감소
>> ② 부종, 장시간의 지체나 압박, 화상이나 동상, 과도한 운동, 정맥질환 등의 구획압력의 증가
>> ③ 출혈성 질환, 항응고제 사용, 혈관 열상 등으로 인한 연부조직 손상 등이 있다.
>
> 3. 구획증후군이 의심되면 병변 주위를 감싸고 있는 붕대나 드레싱, 석고붕대를 신속히 제거해야 하며, 급성 구획증후군은 심한 외상 후에 생기는 것이기 때문에 통증이 심하고 휴식을 취해도 통증이 없어지지 않기 때문에 따라서 반드시 응급수술을 해 주어야 한다. 붕대, 드레싱, 부목 등을 완전히 제거한 후에도 증상이 호전되지 않고, 구획내압이 30~60mmHg이상이 되면 즉시 근막절개술을 시행한다. 근막절개술이란 근막을 절개하여 구획 내의 압력을 감소시킴으로써 조직의 괴사를 방지하는 수술을 말한다.

3. 45세 남자 환자가 작업 중 좌측 하퇴부에 약 10cm 정도의 열상(laceration)을 당하여 OO 병원에서 창상에 대하여 봉합술을 시행받고 입원하게 되었다. 수술 후 약 2일 정도가 지난 후에 창상 부위에 극심한 통증을 호소하였고 창상의 부종 및 피부 변색이 발생하였고 창상의 배출액이 증가하였으며 쥐가 부패하는 것 같은 악취가 났다. (10점)

(1) 상기 환자에서 가장 가능성 높은 진단은? (3점)
(2) 상기 합병증을 예방하기 위한 조치에 대하여 설명하시오. (3점)
(3) 상기 환자의 치료에 대하여 설명하시오. (4점)

▶풀이

1. 외상부에 심한 동통, 부종, 피부변색, 배출액 증가, 조직 내 가스 발생과 전신적으로 패혈증 또는 쇼크 상태를 초래하는 감염성 질환인 가스괴저가 의심됨. 원인균이 괴사조직과 이물질을 동반한 창상조직으로 침입하여 독소 형성 및 더욱 많은 괴사를 일으키고 박테리아 번식을 위한 환경을 조성한다.

2. 개방창에 대한 철저한 창상세척 및 변연절제술 등이 필요하며, 항생제 등의 치료를 시행하며, 창상봉합술 후에도 지속적인 창상치료에 주력하여야 한다.

3. 응급 수술로 가스 괴저를 확인하고 괴사된 조직을 제거하기 위하여 침범 부위를 광범위하게 절단하고 강력한 항생제 치료를 함께 사용한다. 고압 산소 처치는 독소생성을 억제시키고 증식을 차단시키는 역할을 한다.

4. 올림픽 대로에서 3중 추돌 사고가 발생하여 가운데 차량에 탑승한 운전자가 좌측 하지에 부상을 당하였다. 부상 부위를 관찰하니 부종과 변형이 관찰되었으나 개방창은 없었다. 운전자는 심한 통증을 호소하고 있었다. 의식은 분명하였으며 사고 정황상 타부위의 손상은 없는 것으로 판단되었다. (10점)

(1) 상기 운전자에 대한 응급조치 중 가장 중요하고 먼저 시행해야 할 것은 무엇인가? (2점)
(2) 상기 응급조치가 필요한 이유에 대하여 설명하시오. (8점)

◆ 풀이

1. 부목고정

2. 부목고정이 필요한 이유
   (1) 추가적인 연부조직 손상을 예방하고 폐쇄성 골절이 개방성 골절로 전환되는 것을 방지하고
   (2) 동통을 경감시키고
   (3) 지방색전증 및 쇼크 발생을 감소시키고
   (4) 환자의 이동과 방사선적 검사를 용이하게 해준다.

5. 운동 마비의 정도를 평가하기 위한 근력 등급에 대하여 설명하시오. 기출 • 2014. 2020

(10점)

◆ 풀이

1. Grade 5 : Normal 100% 정상 근력
2. Grade 4 : Good 75% 어느 정도 저항을 이길 수 있으나, 정상보다 근력이 약한 상태, 완전 운동범위 수행 가능
3. Grade 3 : Fair 50% 중력을 이겨내고 완전 운동범위를 수행할 수 있으나, 저항을 이길 수 없는 상태
4. Grade 2 : Poor 25% 중력을 제거한 상태에서 부분적 범위에서 운동 수행
5. Grade 1 : Trace 10% 약간의 근육수축은 있으나, 관절 운동은 불가능
6. Grade 0 : Zero 0% 근육 수축이 전혀 보이지 않는 완전 마비 상태

6. 전방 십자 인대의 손상은 대표적인 스포츠 손상으로 젊은 남자에서 호발한다고 한다. 이러한 전방 십자 인대 손상을 진단하기 위한 대표적인 신체 검진 소견에 대하여 기술하고 (8점), 가장 대표적인 영상 진단 방법에 대해 쓰시오. 기출 • 2020 (2점)

> **풀이**
>
> 1. 신체 검진 소견
>   (1) 전방전위검사(anterior drawer sign) : 고관절 및 슬관절을 70~90도로 굴곡한 후 하퇴부를 전방으로 당겨 시행한다. 경골 및 족부를 중립위치, 내회전, 외회전하여 스트레스를 가함으로써 회전 불안정성을 관찰할 수 있다.
>   (2) Lachman 검사 : 슬관절을 20~30도 가량 굴곡하여 하퇴부를 당겨 그 전위 정도와 부하시 종점의 경도를 측정한다.
>   (3) Pivot shift test (추측변위 검사) : 고관절을 20도 외전 및 슬관절을 신전상태에서 내회전하고 서서히 굴곡시켜 슬관절이 아탈구 상태로부터 정복되는 것을 육안으로 관찰하거나 감각으로 느낀다.
> 2. MRI를 통해 가장 정확히 진단가능하다.

7. 암은 우리나라 국민의 사망원인 1위를 차지하는 질환으로 평균적으로 우리나라 국민 3명 중 1명은 암을 경험하게 된다고 한다. 전 세계적으로 암을 치료하기 위한 노력을 계속하고 있으나 전반적인 발생 및 암사망률은 줄어들지 않고 있어, 현실적으로 관리에 가장 효율적인 방법으로 암 조기진단을 시행하고 있다. 이상적인 암 선별검사의 조건에 대하여 5가지 이상 약술하시오. (10점)

> **풀이**
>
> 1. 선별 검사의 정의
>   암의 어떠한 증상도 없지만 어떤 종류의 암을 유발할 높은 위험성을 가진 사람들에게 있어서 규칙적으로 사용하는 어떤 시험이나 검사로 정의
> 2. 이상적인 암선별 검사의 조건
>   (1) 선별 검사의 대상은 비교적 흔한 질병으로 많은 사람에게 이득이 돌아가야 한다.
>   (2) 조기발견에 따른 효과적인 치료법이 있어야 한다.
>   (3) 조기 진단이 가능한 검사방법이 있어야 한다.

(4) 검진 방법이 정확해야 한다.

(5) 비용이 저렴하고 쉽게 받아들일 수 있어야 한다.

3. 주요 암종별 선별 검사

(1) 유방암 : 자가검진, 유방촬영, 의사에 의한 유방 이학적 검사

(2) 자궁경부암 : 자궁경부세포 도말검사(Papanicolaou smear)

(3) 대장직장암 : 대변잠혈반응검사, 대장내시경은 고위험군의 선별검사로 추천될 수 있다.

(4) 위암 : 위장조영촬영 또는 위내시경검사

(5) 간암 : 40세 이상 남녀로 간경변증이나 B형 간염바이러스 항원 또는 C형 간염바이러스 항체 양성으로 확인된 자 등 간암의 고위험군에서 간초음파검사와 혈청알파태아단백검사 (AFP)검사가 선별 검사로 추천 될 수 있다.

8. 당뇨병은 만성진행성질환으로 현대인의 식생활 습관의 변화와 비만의 증가에 따라 급증하고 있다. 최근 2형 당뇨병에 대한 많은 연구 결과에 따라 새로운 진료지침과 새로운 약제들이 개발되어 치료에 적용하고 있으나 아직까지도 당뇨병의 유병률은 줄어들지 않고 있어, 당뇨병은 현대인의 건강을 위협하는 중요한 질환 중 하나이다. 이러한 당뇨병의 진단 기준을 모두 쓰시오. 기출 • 2020 (10점)

▶ 풀이

1. 당뇨의 정의 및 진단기준

당뇨병은 신체 내에서 혈당 조절에 필요한 인슐린의 분비나 기능의 장애로 인해 발생된 고혈당을 특징으로 하는 대사성 질환이다.

2. 정상 혈당

공복 혈장혈당 100mg/dL 미만이고, 75g 경구당부하 2시간 후 혈장혈당 140mg/dL 미만이다.

3. 당뇨병 진단기준

(1) 8시간 이상 금식후 공복혈당이 126mg/dl 이상

(2) 75g 포도당 부하검사 2시간째 혈장 혈당이 200mg/dl 이상

(3) 다뇨, 다음, 체중감소 등의 증상이 나타나고 식사와 관계없이 임의로 측정한 혈장에서 혈당이 200mg/dl 이상

(4) 당화혈색소(HbA1c) 6.5% 이상
당화혈색소는 2~3개월 동안의 평균혈당치를 반영한 것으로 혈당조절이 잘되고 있는지 알 수 있는 혈액검사수치로 최근 당뇨진단기준으로 인정되었다.
다음의 4가지 기준 중에서 한가지라도 해당되면 당뇨병으로 진단합니다.

9. 두통은 머리 또는 목에 발생하는 통증을 의미하는 것으로 병원을 방문하게 하는 매우 흔한 증상 가운데 하나이다. 이렇게 흔하게 접하는 두통이라 하더라도 위험신호(red flag)들이 발견될 경우에는 위험한 결과를 야기할 수 있는 이차성 두통의 가능성이 높아지게 된다. 이러한 두통의 위험신호 (red flag)에 대하여 5가지 이상 약술하시오. (10점)

풀이

1. 두통의 red flag
    (1) 갑작스런 두통시작 : 지주막하출혈, 뇌종양/동정맥기형 출혈, 뇌하수체발작, 후두와 종양
    (2) 50세 이후 새로운 두통 : 뇌종양, 측두 동맥염
    (3) 점점 심해지는 두통 : 종양성 병변, 수막하 혈종, 약물과용
    (4) 발열, 경부 강직, 발진, 전신증상 동반 두통 : 뇌막염, 뇌염, 전신감염증, 교원성혈관질환
    (5) 암환자에서 새로 생긴 두통 : 뇌전이, 암성 뇌막염
    (6) 안저검사상 유두부종 : 종양성병변, 가성종양
    (7) 국소신경증상 및 징후가 있을 때 : 종양성병변, 동정맥기형, 뇌졸중, 교원성혈관질환

10. 고혈압은 세계적으로 높은 유병률을 보이는 만성 질환으로 관상동맥질환, 심부전증, 뇌졸중, 신부전 등을 일으키는 심혈관계 질환의 위험인자이다. 우리나라에서도 27~28% 정도의 유병률을 보이고 있으며 남자 30~40대에서 인지, 치료, 조절율이 낮아 문제가 되고 있다. 이러한 고혈압의 치료에는 여러 가지 방법을 사용하고 있는데, 약물치료 이외의 생활 습관 개선에 대하여 4가지 이상 약술하시오. (10점)

◆ 풀이

1. **적절하고 규칙적인 운동** : 운동은 혈압을 낮추고 심폐기능을 개선, 체중감소를 돕는다.

2. **염분제한** : 염분은 혈압을 올리는 중요 인자 이므로 염분섭취를 줄여야 한다.

3. **식생활에서 동물성 지방 과 과다한 당섭취 제한** : 동맥경화증의 원인이 될 수 있는 동물성 지방의 섭취, 과량의 당분 섭취를 줄여 과체중과 비만을 예방하여야 한다.

4. **금연** : 흡연은 심혈관계의 강력한 위험 인자로 반드시 금연을 하여야 한다.

5. **스트레스 조절** : 급격한 환경변화 나 일상생활의 스트레스는 불안, 긴장 등으로 인하여 심혈관계의 영향을 줄 수 있다.

6. **과음을 피한다.** : 과도한 음주는 고혈압을 악화 시킨다.

제38회 보험계리사 및 손해사정사 제2차 시험문제 (2015년도 시행)
의 학 이 론

1. 활막 관절에 대하여 설명하시오. (10점)

> **풀이**
>
> 1. 활막관절의 정의
>   뼈와 뼈 사이에 일정한 공간이 있고 그 안에 활액이 있어 운동이 자유로운 관절을 말한다.
> 2. 구성
>   관절 연골, 관절낭 활액막, 활액
> 3. 활막 관절의 종류
>   (1) 구상관절(구와관절 : ball & socket joint) : 구관절, 구형관절이라고도 하며 관절두가 볼록하고 관절와가 오목하게 구성된 관절로 굴곡, 신전, 내전과 외전, 내회전과 외회전이 가능한 관절이다. 견관절, 고관절이 해당한다.
>   (2) 경첩관절 : 1축 관절이라고도 하며, 하나의 축 주위의 회전 운동만이 가능(굴곡, 신전) 슬관절, 팔꿈치관절(완척관절), 수지관절, 족근관절 등이 해당한다.
>   (3) 차축관절 : 관절와가 관절두를 차바퀴처럼 감싸면서 제한된 회전운동을 하는 관절로 제2경추 및 상요척관절이 이에 해당한다.
>   (4) 안장관절 : 관절두와 관절와가 말안정처럼 생긴 것을 말하며 엄지(무지)의 수근 중수관절이 해당한다.
>   (5) 과상 관절(Condlyoid joint)
>   타원 관절((ellipsoidal joint)이라고도 하며 관절면이 타원형을 이루어 관절와는 얕은 오목 모양인 관절로 요수근 관절 및 환추-후두관절(atlanto-occipital joint)이 이에 해당한다.
>   (6) 평면관절(Plane joint)
>
>   > ▶ 상-하지의 주요 3대관절
>   > • 상지 : 견관절(구상관절), 주관절(경첩관절), 완관절(과상관절)
>   > • 하지 : 고관절(구상관절), 슬관절(경첩관절), 족근관절(경첩관절)

2. 40세 남자 환자로 자동차에 우측 무릎이 부딪친 후 무릎에 부종이 생겼다. 일반 방사선 촬영상 골절의 소견을 보이지 않아 슬관절 무릎 내 장애(슬내장)로 진단되었다. 손상이 의심되는 조직을 모두 쓰시오. (10점)

◆ 풀이

1. 슬내장의 정의
   외상이나 퇴행성 변화에 의해 슬관절의 운동시 통증이나 관절액 증가, 운동제한의 증가 등의 기능 장애가 일어나는 상태
2. 손상이 의심되는 조직
   (1) 반원상 연골, 측부인대, 십자인대, 경골극의 손상
   (2) 관절내 유리체
   (3) 슬개하 지방비후(fat pad)
   (4) 활액막추벽 증후군
   (5) 경골극의 골종(exostosis)

3. 관절 강직의 원인은? (10점)

◆ 풀이

1. 관절 강직의 정의
   관절 안에서 2개의 다른 뼈가 서로 접합되어 관절이 제 기능을 수행하지 못하고 굳어버리는 것
2. 원인
   (1) 장기간의 고정 : 관절 탈구, 아탈구, 인대손상, 관절타박상, 관절내골절, 골절 및 탈구치료를 위한 장기간의 외고정
   (2) 광범위한 연부조직의 손상에 대한 반흔 구축, 손상지의 지속적인 부종
   (3) 관절 질환 : 류마티스 관절염, 강직성 척추염, 골관절염 등

4. 부정유합의 정의(5점)와 원인(5점)은? (10점)

◆ 풀이

1. 부정유합(Malunion)
   (1) 정의
   　골편들이 원래의 해부학적 위치가 아닌 상태로 유합되는 것으로 지단축, 유합각 형성, 회전변형 등을 일으킨다. 지단축은 골절된 부위가 건측에 비해 짧아지는 것으로 하지단축이 2.5cm 이상이면 파행이 초래된다. 상지보다는 하지의 기능손실이 심하며 심하지 않은 경우 구두굽을 높여 조정하나 파행이 될 정도일 경우 수술이 필요하다.
   (2) 원인
   　① 부정확한 정복 및 고정
   　② 심한 연부조직손상을 동반한 경우
   　③ 불충분한 고정
   　④ 중추신경계 손상으로 경련성 마비를 동반했을 경우

5. 40세 남자 환자로 5m 높이에서 떨어지면서 우측 족근관절에 골절이 있었다. 수술 후 3주가 지나서 발바닥 및 발가락 끝 부위에 약물치료에도 반응이 없는 통증과 저림을 호소하였고 족근관 부위에 압통이 나타났다. (10점)

(1) 진단명은? (2점)
(2) 압박되는 신경은? (3점)
(3) 진단법을 모두 쓰시오. (3점)
(4) 치료방법은? (2점)

◆ 풀이

1. 족근관 증후군
   　족근관이란 발목의 안쪽 복숭아뼈 아래 부위(종골 내측 벽)위에 있는 터널모양의 구조물로 이 아래로 경골신경, 장족지굴건, 후경골동맥, 후경골건 등 발가락을 구부리는 근육의 힘줄 및 발바닥으로 가는 신경과 혈관이 지나간다. 이 족근관을 지나는 후경골신경이 여러 원인에 의해 압박을 받게 되어 나타나는 증상들을 족근관 증후군이라고 정의한다.
2. 후경골 신경

3. 진단
   (1) 주요 증상
      ① 발바닥 부위의 이상 감각, 작열감. 발바닥 아치 부위의 통증
      ② 근육의 힘이 떨어지면서 파행, 근육 위축
      ③ 족근관 부위 압통
   (2) 진단
      병력청취 및 해당부위 감각 이상 피부건조 유무, 지배 근육의 위측 유무 등을 건측과 비교, 티넬 증후 등의 신경 유발 검사가 도움이 될 수 있다.
      근전도 검사 및 신경 전도속도를 측정한다.
4. 치료 방법
   보존적 요법으로 스테로이드 주사 및 소염제 등의 치료로 효과가 없으면 수술적 감압술을 시행한다.

6. 75세 남자 환자로 자동차에 충돌 후 우측 대퇴경부 골절이 생겼으나 전신상태가 좋지 않아 수술이 늦어지고 심한 골다공증이 있는 상태이다. 예상되는 국소적 합병증(4가지)과 합당한 수술적 방법은? (10점)

▶ 풀이

1. 대퇴 경부 골절의 합병증
   (1) 무혈성 괴사 : 대퇴골 경부로 지나가는 영양 혈관인 골단 혈관이 골절로 박리되거나 전위되는 경우 발생한다.
   (2) 지연유합 / 불유합 : 대퇴골 경부 골막은 얇고 골막의 내층이 없어 골막성 신생골형성이 되지 않아 단지 골수성만 의존하여 골 신생이 되어 골유합이 이루어진다.
   (3) 감염 : 골절부위 감염(개방성 창상 등의 경우), 내과적 감염(요로감염, 욕창 등의 피부감염, 폐렴)
   (4) 심부정맥 혈전에 의한 폐색전증
   (5) 외상성 관절염
2. 적당한 수술법 : 인공관절 치환술

→ 인공관절 치환술의 적응증
   70세 이상 고령의 환자에서 심하게 전위되거나 3주 이상 치료가 지연된 대퇴 경부골절 또는 류마토이드 관절염이나 퇴행성관절염이 있는 환자에서 발생한 대퇴골 경부 골절

7. 골다공증은 폐경 또는 노화에 의해 발생하는 흔한 대사성 질환으로 뼈를 구성하는 미세구조가 약해지고 손상되어 쉽게 골절이 생기는 질환이다. (10점)

   (1) 주(major) 위험인자 3가지 약술하시오. (6점)
   (2) 예방을 위해서는 '이 시기'에 형성되는 최대 골량을 최고로 만드는 것이 중요하므로 '이 시기'의 영양이 매우 중요하다. '이 시기'는? (2점)
   (3) 고령자에서는 골절을 유발하는 가장 큰 요인이 '이것'이며 이를 예방하기 위해서는 근력강화와 유연성, 균형능력을 키우는 것이 중요하다. '이것'은? (2점)

▶ 풀이

1. 골다공증의 위험인자
  (1) 위험인자
   1) 주 위험 인자(major)
     ① 모친의 관절 골절 병력
     ② 45세 이전의 골절 병력
     ③ 장기간 스테로이드 사용
   2) 기타위험인자 : 흡연, 장시간 벤조디아제핀 사용
     ① 흡연
     ② 장시간 벤조디아제핀 사용
     ③ 항경련제 복용 병력, 갑상샘 항진증 병력,
     ④ 현재 체중이 25세 때보다 가벼운 경우, 25세 때 신장이 168cm 이상인 경우
     ⑤ 운동량부족, 커피나 차를 하루 4잔 이상 섭취, 하루 서 있는 시간이 4시간 이하
2. 청·장년기
3. 낙상

8. 65세 여자가 최근 식사량이 줄고 스트레스로 인하여 잠을 설치는 등 3~4일전부터 평소보다 힘들게 지내면서 몸통 왼쪽 가슴에서 등 쪽에 걸쳐 가려움과 통증이 발생하였고, 금일 같은 부위에 수포가 관찰되었다. (10점)

   (1) 진단은? (4점)
   (2) 동반 가능한 합병증을 2가지 쓰시오. (6점)

> ◆ 풀이

1. 진단 : 대상포진
   (1) 정의
      피부의 한 곳에 통증과 함께 발진과 수포들이 발생하는 질환으로 수두를 유발하는 수두 대상포진 바이러스(Varicella zoster virus)에 의하여 초래되는 질환으로 바이러스가 보통 소아기에 수두를 일으킨 뒤 몸속에 잠복상태로 존재하고 있다가 다시 활성화되면서 발생한다.
2. 동반 가능한 합병증
   (1) 대상포진 후 신경통 : 피부발진이 치유된 이후에도 지속되는 통증, 대개는 30일 이상 통증이 지속되는 경우로 정의
   (2) 2차 세균감염
   (3) 전신성 대상포진
   (4) 뇌염 혹은 뇌수막염

9. 우리나라의 유방암은 여성에서 2번째로 호발하는 암이다. 유방암의 경우 여러 가지 위험요인에 의해 복합적으로 영향을 받는데 이러한 고위험군에 해당하는 경우를 3가지 약술하시오. 기출 • 2023 (10점)

> ◆ 풀이

1. 유방암 고위험군
   (1) 어머니나 형제 중에 유방암 가족력이 있는 사람
   (2) 한쪽 유방에 유방암이 있었던 사람
   (3) 출산 경험이 없었던 사람
   (4) 30세 이후에 첫 출산을 한사람
   (5) 비만, 동물성 지방을 과잉 섭취하는 사람
   (6) 장기간 호르몬 자극을 받은 사람(이른 초경, 늦은 폐경, 폐경 후 장기적인 여성 호르몬의 투여)
   (7) 가슴부위에 방사선 치료를 받았거나 핵폭탄에 노출된 경험이 있는 사람
   (8) 지속적인 유방문제(덩어리 있는 유방)와 자궁내막, 난소, 대장에 악성종양이 있었던 사람

10. 자궁경부암의 발생에는 (①) 감염이 중요한 요인이다. (①)은(는) 자궁경부의 편평세포암 환자의 99%에서 발견되며, 과정은 다를 것으로 보이지만 편평세포암과 선암 모두의 원인으로 밝혀져 있다. (10점)

   (1) ①에 들어갈 내용을 쓰시오. (4점)
   (2) 자궁경부암의 발생 위험요인을 3가지 쓰시오. (6점)

   > **풀이**
   >
   > 1. ①에 들어갈 내용
   >   인유두종 바이러스(HPV)
   >   인유두종 바이러스는 성관계를 통해 전염되는데 자궁경부암이 있는 대부분 존재하여 자궁경부암의 전단계인 자궁경부이형성증으로 발전한다.
   > 2. 자궁경부암의 발생위험요인
   >   (1) HPV바이러스 감염
   >   (2) 낮은 초혼연령 또는 성관계 시작연령(16세 이전)
   >   (3) 많은 성파트너
   >   (4) 흡연
   >   (5) 많은 분만 횟수
   >   (6) 낮은 사회 경제적 수준
   >   (7) 만성적인 면역 억제상태

제39회 보험계리사 및 손해사정사 제2차 시험문제 (2016년도 시행)
의 학 이 론

1. 병적 골절의 원인이 되는 전신적 병변 및 국소적 병변 5개 이상을 기술하시오. (10점)

2. 골다공증성 골절이 많이 발생하는 곳 3곳 이상을 기술하시오. • 2023   (10점)

◆ 풀이

1. 병적 골절
   (1) 정의 : 정상의 뼈에서는 골절을 일으키기 어려운 힘이 골절을 일으키게 되는 것
   (2) 원인 : 국소성 골변화로는 감염, 양성 골종양, 악성 골종양, 전이성 골종양, 방사선 조사 등이 있다. 전신골 질환으로는 골다공증, 골연화증, 구루병, 골형성 부전증 변형성 골염, 매독, 소아마비 등이 있다.
   (3) 호발부위 : 골다공증에 의한 병적골절은 척추, 대퇴경부 및 전자부, 요골 원위부, 상완골 등에서 호발하며 악성종양에 의해서는 척추 압박골절이 자주 발생한다.

3. 29세 환자로 교통사고 후 우측 전완부의 요골 및 척골에 분쇄 골절이 발생하였다. 예상되는 합병증은? (5개 이상)   (10점)

◆ 풀이

1. 구획 증후군
2. 혈관 및 신경손상
3. 감염
4. 불유합 및 부정유합
5. 재골절
6. 요척골 골결합

4. 50세 환자로 교통사고 후 우측 고관절 비구부 골절 및 탈구가 발생하여 수술적 치료를 받았다. 예상되는 합병증은? (5개 이상) (10점)

◆ 풀이

1. 고관절 탈구의 합병증은 좌골신경 손상, 무혈성 괴사와 재탈구, 외상 후 관절염 등이 있다.
2. 비구 골절시 발생할 수 있는 합병증은 감염, 신경손상(좌골신경), 관절내 나사천공, 이소성 골화(heterotopic ossification), 외상성 관절염, 대퇴골두 무혈성 괴사, 고관절 아탈구, 연골괴사, 고정 소실 등이 있다.

5. 발에서 중족부에 해당되는 골구조물을 쓰시오. (5개) (10점)

◆ 풀이

1. 족근골 : 거골, 종골, 주상골, 3개의 설상골(내측, 중간, 외측), 입방골로 이루어져 7개의 골로 구성

   1) 후족부(발꿈치를 이루는 뼈)
      거골, 종골로서 종골은 보행시 체중의 최소 충격을 지탱할 수 있게 하는 가장 큰 뼈이며, 서 있을 때는 체중을 지탱하여 균형유지 종골 위에는 거골이 있는데, 발의 뼈를 하지의 뼈들과 연결하여 발목을 형성
   2) 중족부 : 주상골, 입방골, 설상골

2. 중족골 5개
3. 족지골 : 제1족지(기저골, 말절골) 제2족지~제5족지(기저골, 중절골, 말절골)

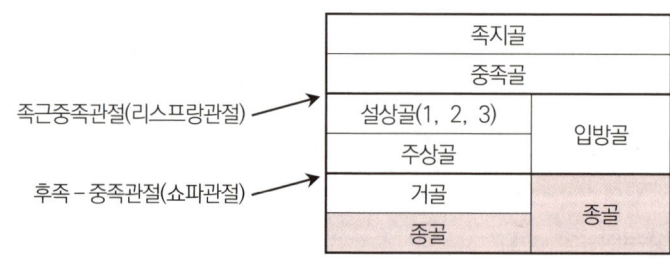

6. 교통사고로 대퇴골 원위부 관절 내 골절이 발생하였다. 관절 내 골절편을 견고하게 고정시켜야 하는 이유를 설명하시오. (10점)

◆ 풀이

대퇴골 원위부 골절은 관절의 강직이 초래되기 쉬운 부분이다. 견고한 내고정은 조기 관절 운동을 가능하게 하여 관절강직을 예방하고, 또한 관절면을 해부학적으로 정복하고 유지시켜 외상성 관절염을 예방할 수 있다.

7. 대표적인 우리나라 가을철 고열성 질환으로 제3군 법정전염병으로 지정되어있어, 공중보건학적으로 지속적 감시가 필요한 질환 3가지를 쓰시오. (10점)

◆ 풀이

1. 신증후근성출혈열(유행성 출혈열)
   (1) 정의
       한타 바이러스와 서울 바이러스 등에 의한 급성 열성 감염증이다. 들쥐의 배설물이 건조되면서 호흡기를 통해 전파된다. 야외활동이 많은 사람(농부나 군인 등)에게 잘 감염되고, 잠복기는 평균 2~3주 정도다. 발열, 출혈, 신장 병변 등의 증상을 보인다. 눈이 빨갛게 충혈 되거나 입천장과 겨드랑이에 점상 출혈을 보이기도 한다. 발열기, 저혈압기, 핍뇨기, 이뇨기, 회복기 등 다섯 단계로 진행되는 특징이 있다. 증상이 심해질 경우 폐부종, 출혈, 신부전 등으로 사망할 수도 있다.

2. 쯔쯔가무시병
   (1) 정의
       쯔쯔가무시라는 균에 감염된 털 진드기의 유충이 사람의 피부를 물 때 쯔쯔가무시균이 인체 내로 들어가 그 부위에서 증식하게 되는 것으로 털 진드기는 주로 쥐 등에 기생한다. 1~2주의 잠복기를 거쳐서 발열, 두통, 근육통의 일반적인 감기 증상과 함께 몸에 약 0.5~1cm의 가피(진드기에 물린 상처·까만색 딱지 형태), 림파절 종대와 전신에 붉은 색의 반점이 생기는 것이 특징이다. 피부 발진은 발병 후 5~8일쯤에 몸통에 주로 생기고, 간비종대(간·비장이 부어오름), 결막 충혈 등이 나타날 수 있다.

3. 렙토스피라증
   (1) 정의
       렙토스피라균에 의해 일어나는 급성 전신감염증으로 특히 9, 10월에 많이 발생한다. 감염된 동물(주로 쥐)의 오줌에 오염된 젖은 풀, 흙, 물 등과 점막이나 상처 난 피부의 접촉을 통해 감염되며, 잠복기는 7~12일간이다. 주된 증상은 급성 열성질환, 폐출혈, 뇌막염, 간·신장 기능장애 등이다.

8. 우리나라는 과거에 비하여 결핵 환자수가 많이 감소하였으나, 여전히 가장 중요한 전염병이다. 일반적으로 결핵의 진단에 사용할 수 있는 검사를 3가지 쓰시오. (10점)

풀이

1. 결핵피부반응검사(Tuberculin Skin Test)
   결핵균 감염여부를 확인하기 위한 검사방법으로서, 투베르쿨린 용액을 좌측 팔의 안쪽 피내에 주사한 뒤 48~72시간 이후 주사부위의 부어오름(경결) 정도를 측정한다. 일반적으로 반응 부위가 10mm 이상이면 양성, 9mm 이하이면 음성으로 판정한다.

2. 흉부 방사선(X-선) 촬영
   흉부 X선 검사는 폐결핵을 진단하기 위해 시행하는 첫 번째 기본검사로서 흉부촬영 사진상 폐의상엽(upper lobe)에 결절성(nodular) 병변이나 공동(cavity)이 보이는 경우가 전형적인 소견이다.

3. 객담 검사를 통해 미생물학적으로 결핵균의 확인
   결핵을 진단할 수 있는 가장 확실한 방법으로서, 객담 도말검사 및 객담 배양검사를 통해 결핵을 확진한다. 객담 도말검사는 객담을 슬라이드에 얇게 펴 발라 결핵을 포함한 항산균을 선택적으로 염색한 후 현미경으로 결핵균을 직접 관찰하는 방법이며 객담 배양검사는 객담에서 결핵균이 잘 나타나지 않는 경우 체온과 같은 온도에서 특수 배지를 통해 결핵균을 증식시켜 검사하는 방법이다.

9. 간암은 우리나라에서 갑상선암을 제외하고 5번째로 호발하는 암이며, 사망률로는 폐암다음으로 두 번째에 해당하는 질환이다. 이러한 간암의 대표적인 위험요인을 3가지 쓰시오.
(10점)

◆ 풀이

1. 간암의 위험인자
   ① 간경변증 : 간염바이러스 보균자에 비해 간암의 위험이 5.9배 높다.
   ② B형 바이러스 간염
   ③ C형 바이러스 간염
   ④ 연령 (40세 이상)
   ⑤ 남자
   ⑥ 알코올(술)
   ⑦ 흡연
   ⑧ 기타 : 비만 아플라톡신 혈색소증

10. 간경변증은 만성 간 손상에 대한 회복과정에서 발생하는 섬유화가 진행되어 불규칙한 재생결절이 생긴 상태이다. 대상성 간경변증 환자의 50%는 진단 후 10년 이내 합병증이 발생한다. 간경변증의 대표적인 합병증 3가지를 쓰시오.
(10점)

◆ 풀이

1. 문맥압 항진증 및 식도 정맥류
2. 간성혼수(hepatic encephalopathy) 암모니아를 분해해서 요소로 변화시켜 몸 밖으로 배출시키는 간 기능의 이상으로 암모니아가 체내 축적되어 뇌에 이상을 유발
3. 간 기능의 저하로 혈액응고 인자의 합성이 줄어들게 되어 혈액응고 기능의 저하 및 비장크기 증가로 혈소판 수치의 감소
4. 체내 단백질 합성 저하로 인한 알부민 수치 감소와 이에 따른 부종 및 복수

제40회 보험계리사 및 손해사정사 제2차 시험문제 (2017년도 시행)
의학이론

1. 골절의 국소 합병증 중 하나인 구획 증후군(compartment syndrome)의 증상에 대하여 기술하고 (5점), 진단 방법에 대하여 기술하시오. • 2023 (5점)

   > **풀이**
   >
   > 1. 증상
   >   동통(Pain), 창백(Pallor), 이상감각(Paresthesia), 마비(paralysis), 무맥(Pulselessness)
   >   가장 중요한 징후는 통증이다. (동창이마무)
   > 2. 진단
   >   구획 내의 조직압력을 측정하는 방법으로 확진할 수 있다. 압력 측정 결과 압력이 30mmHg를 초과하면 구획증후군을 진단할 수 있다.
   >   조직압의 측정 : 정맥관(intravenous tube), 3 방향 멈춤 꼭지(three way stopcock), 주사기, 수은 혈압계

2. 45세 남자 환자가 요통 및 우측 하지로의 방사통(radiating pain)을 호소하며 OO병원 응급실을 방문하였다. 요통은 3년 전부터 있었고 3주 전부터는 우측 종아리 외측으로의 통증이 있어 인근 병원에서 추간판 탈출증이 의심 된다고 들었다고 한다. 약물 치료 등의 보존적 치료를 시행하였으나 1일 전 부터는 보행 시 하지의 위약감을 호소하였고, 금일 아침부터는 소변을 보기가 어렵다고 한다. 신체 검진 상 좌측 하지의 위약이 관찰되었고 항문 주위의 감각이 저하되었다.
   (1) 상기 환자에서 가장 타당한 진단은? (5점)
   (2) 상기 환자의 가장 적절한 치료 방법은? (5점)

> **풀이**
>
> (1) 상기 환자에서 가장 타당한 진단
>   마미 증후군
>   ① 마미 : 제 2~5요추 사이 척추관내에 존재하는 원추이하의 요천추신경근으로 구성
>   ② 제 2요추 이하 골절이나 추간판 탈출증에 의해 발생가능
>   ③ 비대칭적 운동과 감각 소실, 방사성 통증, 방광 및 배변 조절 장애
> (2) 상기 환자의 가장 적절한 치료 방법
>   말초신경의 불완전 마비로 회복 가능성이 있는 상태이며 응급상황으로 적극적 수술치료 요구

3. 25세 남자 환자가 축구하다가 회내전 상태로 손을 뻗힌 상태에서 땅을 짚고 넘어지면서 발생한 극심한 수근부 통증 및 부종을 주 증상으로 내원 하였다. X-ray 상 요골 원위부의 골절과 원위 요척 관절의 탈구가 동반된 소견을 보였다.

(1) 상기 환자에서 가장 가능성 높은 진단은? (5점)
(2) 상기 환자의 가장 적절한 치료 방법은? (5점)

> **풀이**
>
> (1) 상기 환자에서 가장 가능성 높은 진단
>   **갈레아찌 골절** : 요골 원위부의 골절과 하요척관절의 탈구가 동반된 골절. 꼭 수술적 치료가 필요하다고 해서 필요골절이라고도 한다.
> (2) 상기 환자의 가장 적절한 치료 방법
>   수술적 치료가 필요하며 압박 금속판을 이용한 내고정을 주로 한다.

4. 수근부를 이루는 8가지의 뼈를 기술하시오. (각 1점, 총 8점)
   • 이 중 가장 흔하게 골절되는 뼈를 기술하시오. (2점)

   ◆ 풀이
   1. 수근골은 근위열에 주상골, 월상골, 삼각골, 두상골이 구성되며 원위열에 대능형골, 소능형골, 유두골, 유구골로 구성되어 있다.
   2. 주상골

5. 견관절 탈구는 가능한 빨리 정복을 시행하여야 한다. 견관절 탈구에서 흔히 사용되는 정복술을 4가지 기술하고 (명칭만 기술할 것, 각 2점, 총 8점), 가장 안전하고 널리 사용되는 방법에 대해 기술하시오. (명칭만 기술할 것, 2점)

   ◆ 풀이
   견관절 탈구에서 흔히 사용되는 정복술은 Hippocrates 방법, Stimson 방법, Milch 방법, Kocher 방법이 있다. 이 중 Stimson 방법이 제일 널리 쓰이고 있다.

6. 슬관절 후방 십자 인대 손상은 슬관절의 과신전이나 경골의 후방 전위로 인하여 발생한다. 이러한 후방 십자 인대 손상을 진단하기 위한 신체 검진법에서 대표적인 방법 2가지만 기술하시오. (각 4점, 총 8점) 또한 가장 민감도가 높다고 알려진 영상 검사 방법에 대하여 기술하시오. (2점)

   ◆ 풀이
   슬관절 후방 전위 검사나, 대퇴사두근 활성 검사를 통해 슬관절 불안정성의 정도를 평가 할 수 있다. 가장 민감도가 높은 영상 검사방법은 스트레스 방사선 검사로 MRI보다 민감도가 더욱 높은 검사이다.

7. 만성콩팥병의 정의는 KDIGO 2012 가이드라인에 따르면 사구체 여과율(GFR) 60ml/min/1.73m² 미만의 콩팥기능의 장애가 3개월 이상 있거나 콩팥기능의 장애가 없더라도 '콩팥 손상의 증거'가 3개월 이상 있는 경우 진단을 내릴 수 있다고 알려져 있다. 여기에서 '콩팥 손상의 증거'에 해당하는 소견을 4개 쓰시오. (10점)

> **풀이**
> 1. 알부민뇨가 있거나, 소변 내 이상 침사 소견이 있는 경우
> 2. 콩팥 영상 검사 상 이상이 있는 경우
> 3. 콩팥 조직검사 상 이상 소견이 있는 경우
> 4. 소변 또는 혈액검사 상 이상 소견이 있는 경우

8. 중증재생불량성빈혈의 일반적인 정의를 보면 골수검사에서 세포충실도가 통상 (①)% 미만으로 저하되어 있고, 이와 함께 '말초혈액검사에서 이상소견들'이 있는 경우이다. (10점)

   (1) ①에 들어갈 적절한 내용을 쓰시오. (5점)
   (2) '말초혈액검사에서 이상소견들'에 해당하는 3개의 기준 중 호중구 감소와 혈소판감소에 대한 기준을 쓰시오. (5점)
   　① 호중구 (　　)/ ml 이하
   　② 혈소판 (　　)/ ml 이하

> **풀이**
>
> ➔ 재생 불량성 빈혈 정의
> - 다양한 원인에 의해 골수세포 충실도의 감소 및 지방으로 골수가 대체되는 골수소견과 함께 혈구세포가 감소하는 범혈구 감소증을 보인다.
> - 재생불량성 빈혈은 범혈구감소증의 정도에 따라 중등도(moderate), 중증(severe), 초중증(very severe)로 나눌 수 있다.
>
> (1) ① 25
> (2) 호중구 감소와 혈소판감소에 대한 기준
> 　① 호중구 (500,000) / ml 이하
> 　② 혈소판 (20,000,000) / ml 이하
> 　③ 교정망상적혈구수 1% 이하

9. 일반적으로 베체트병은 International Study Group(ISG) 진단기준에 따라 재발성구강궤양이 존재하고 '4가지 항목' 중 2가지 이상을 만족시킬 때 진단내릴 수 있다. 이 '4가지 항목'에 해당하는 기준들을 3가지 이상 쓰시오. (10점)

◆ 풀이

1. 베체트병 정의
   반복적으로 입안에 궤양이 생기고 성기부에 궤양이 발생하며 경우에 따라 눈 안에 염증이 발생하여 시력을 잃을 수도 있는 만성 염증성 질환이다.

2. 진단 : [ISGBD] ⇨ISBD 국제베체트병 학회)의 베체트병 국제진단기준(1990)
   아래 중 ①은 반드시 있어야 하고 나머지 중 2개 이상이 해당되면 진단된다.
   ① 1년에 적어도 3회 이상 재발되는 구강의 궤양
   ② 눈병 : 포도막염
   ③ 생식기주위의 궤양
   ④ 피부병 : 여드름 모양의 피부병, 모낭염, 혈관염이 동반된 구진성 발진
   ⑤ 페썰지 반응 : 조그만 자극에도 쉽게 염증반응을 보이는 현상. 정상적으로는 작은 바늘을 이용해서생리식염수로 피부를 자극해도 염증반응이 나타나지 않지만, 베체트병 환자는 염증반응을 보인다.

10. 원발성심근병증(primary cardiomyopathy)은 일반적으로 심장근육 자체의 질환을 말하는 것으로 다른 구조적인 심장질환(예를 들면 관상동맥 질환, 판막질환)으로부터 이차적으로 유발된 심근의 기능부전은 제외 한다고 알려져 있다. 이 원발성심근병증의 대표적인 3가지 질환을 모두 쓰시오. (10점)

◆ 풀이

1. 확장성 심근증
   좌심실이 확장되어 심근두께가 얇아지면서 수축 기능이 저하되는 경우로 심부전이 동반되는 경우가 많아 울혈성 심근증이라고도 함
2. 제한성 심근증
   좌심실벽이 두꺼워지면서 주로 좌심실의 이완기 때 심장이 충분히 늘어나지 않아 충만에 문제가 발생하는 경우
3. 비후성 심근증 : 좌심실의 일부 또는 전체가 특별한 이유 없이 두꺼워지는 경우

제41회 보험계리사 및 손해사정사 제2차 시험문제 (2018년도 시행)
의학이론

1. 다음 골절 또는 탈구 시 동반되는 신경 손상은? (10점)

1) 상완골두 탈구
2) 상완골 간부 골절
3) 비골 근위부 골절
4) 고관절 탈구

▶ 풀이

1. 상완골두 탈구 : 액와신경
2. 상완골 간부골절 : 요골신경 손상
3. 비골 근위부 골절 : 총비골신경(peroneal nerve)
4. 고관절 탈구(후방탈구) : 좌골신경 손상

2. 관절 내 골절에 의한 부정유합으로 진행되는 질환(5점)과 치료방법(5점)은? (10점)

▶ 풀이

1. **외상성 관절염** : 관절 내 골절에서 관절면의 정확한 해부학적 정복이 안 되었으면 외상성 관절염이 발생한다.
2. **치료** : 상태가 경한 경우 약물치료, 물리치료 등의 보존적 요법과 보조구, 목발, 지팡이가 이용된다. 심한 경우 고관절 슬관절, 주관절 및 견관절에서는 인공관절 성형술이 시행되고, 족관절, 수지관절, 족지관절에는 관절유합술이 효과적이다.

3. 무혈성 괴사의 정의(4점) 및 골절 후 무혈성 괴사가 흔히 발생하는 부위(3개 이상, 6점)는?

◆ 풀이

1. 정의 : 골절이나 탈구 시 혈관손상이 동반되어 해당 혈액의 영양공급을 맡는 혈관이 손상되어 해당 혈관이 영양공급을 맡은 부위의 골에서 괴사가 일어나는 것
2. 호발부위 : 대퇴골두, 거골 체부, 수부 주상골

4. 개방성 골절에 대한 치료 원칙에 대해 기술하시오. (10점)

◆ 풀이

치료원칙

① 감염 예방

② 연부조직손상의 치유 및 골절의 유합

③ 기능의 회복

> **치료의 단계**
> ① 응급실에서 환자의 활력징후 측정 등을 포함한 초기 평가 및 응급처리를 시행
> ② 변연절제술 및 세척을 포함한 연부조직에 대한 수술과 골절의 안정화를 위한 수술 시행
> ③ 피부와 연부조직 및 골 재건에 대한 수술을 시행
> 변연절제술은 개방성 골절의 치료 결과에 영향을 주는 가장 중요한 인자로 모든 죽은 조직에 대한 세밀한 절제가 필요하다. 1차 수술 후에도 변연 절제술은 단계적으로 시행되어야 하며 48~72시간 내에 2차 관찰 수술을 통해 추가적인 변연 절제술이 반드시 요구되며 필요하다면 48시간마다 변연 절제술을 반복 시행하여야 한다.

5. 골절에 대한 부목고정의 장점은? (10점)

◆ 풀이

1. 부목고정의 장점
   (1) 추가적인 연부조직 손상을 예방하고 폐쇄성 골절이 개방성 골절로 전환되는 것을 방지하고
   (2) 동통을 경감시키고
   (3) 지방색전증 및 쇼크 발생을 감소시키고
   (4) 환자의 이동과 방사선적 검사를 용이하게 해준다.

6. 대부분의 쇄골골절은 보존적 치료로 골유합을 얻을 수 있다. 그러나 수술이 필요한 경우는? (10점)

> **풀이**
>
> 1. 불유합이 발생한 경우
> 2. 신경과 혈관 손상이 동반된 경우
> 3. 쇄골의 외측부 골절과 오구쇄골인대 파열이 동반된 경우
> 4. 연부조직 삽입으로 계속적인 골절편의 분리가 있는 경우
> 5. 골절이 2cm이상 전위 시

7. 유아 및 소아에서 발생하는 고관절(Hip Joint)의 이상은 일시적인 경우도 있으나 질병에 따라 후유증을 남기게 되는 경우도 있어 그 원인 파악이 중요하다. 유아 및 소아에서 발생하는 고관절 이상의 질병적 원인에 대하여 기술하시오. (10점)

> **풀이**
>
> 소아의 고관절 이상의 질병적 원인 중 대표적인 것은 아래와 같다.
> (1) 발달성 고관절 탈구
> (2) 대퇴골두 무혈성 괴사(Legg-Calve-Perthes 병) : 소아의 특발성 대퇴골두 무혈성 괴사임
> (3) 대퇴골두 골단 분리증
> (4) 일과성 고관절 활액막염
>
> 이중 가장 흔한 것이 일과성 고관절 활액막염 (Transient synovitis of the hip) 으로 소아기에 발생하는 고관절의 비특이성 염증질환으로 특별한 치료 없이 도 후유증 없이 저절로 치유되고 10세 이하의 소아에 서 고관절 통증의 가장 흔한 원인이다.

8. 허혈성 심질환은 사망과 장애를 초래하며 상당한 경제적 손실을 초래한다. 심근의 허혈은 심근으로 산소 전달이 원활하지 못하여 발생하는 것으로 심장의 관상동맥과 관련이 깊다.

   (1) 허혈성 심질환인 '협심증'의 종류를 쓰시오. (5점)

   > **풀이**
   >
   > 1. 안정형 협심증(Stable angina)
   >
   >   가장 흔한 종류의 협심증으로 일시적 심근 허혈로 발생하는 흉통을 말한다. 안정 시에는 아무런 증상이 없다가 육체적 활동이 빨라질 때(배변 시, 빠른 보행, 계단 오르기 등)나 감정이 격해졌을 때 흉통이 유발되었다가 안정을 취하면 통증이 소실됨. 통증의 시간은 대게 3분을 넘지 않는다.
   >
   > 2. 불안정협심증(Unstable angina)
   >
   >   불안정 협심증은 아래의 3가지 주요 양상을 나타낸다.
   >
   >   (1) 운동과 무관한 안정시 협심증 : 활동이 없이도 운동과 무관하게 흉통이 발생하며 대개 10분 ~ 20분 이상 지속된다.
   >
   >   (2) 새로 발생한 협심증 : 최근 2개월 이내 새롭게 심한 흉통이 발생한 것
   >
   >   (3) 심해지는 협심증 : 기존의 협심증 정도가 더 자주 더 오래 지속되며 심해진 경우 급사의 가능성이 높아질 수 있는 상황으로 즉시 진단 검사와 중재술을 시행해야 한다.
   >
   > 3. 변이형협심증(이형성협심증)
   >
   >   관상동맥의 심한 혈관경련에 따른 혈관 내경감소, 이에 따른 혈류량 감소에 의해 유발되는 흉통으로 주로 음주 후 다음날 새벽 수면 시에 많이 나타나며 운동과 무관한 특징이 있다. 약물 요법에 잘 반응한다.

(2) 허혈성 심질환인 심근경색증의 진단방법에 대해 기술하시오. (5점)

◆ 풀이

심근경색의 임상 소견 및 진단방법은 아래와 같다.

1. 증상 : 흉통이 주된 증상이다 흉통은 협심증과 비슷하지만 흔히 휴식시에 발생하고 강도가 훨씬 심하고 지속시간이 길다. 전형적으로 가슴한가운데 또는 명치에 통증을 호소하며 팔로 방사된다.

2. 확진에 도움이 되는 검사

확진하는데 도움을 주는 검사실 검사에는 심전도, 심장표지자, 심장영상 검사, 등이 있다.

(1) 심전도 : 가장 중요한 조기 변화는 ST분절의 상승으로 이는 심근경색의 초기 변화로 재관류 요법의 적용여부 결정에 도움이 된다. 심근경색에 의한 ST분절 상승은 증상 발현 수 시간 내에 T파 역위와 Q파 발현으로 이어진다. 심전도의 변화를 기초로 하여 심근경색 부위를 파악 할 수 있다. ST분절 비상승 심근경색의 심전도 변화는 ST분절의 하강, T파의 역위 등이나 정상으로도 나타날 수 있다.

(2) 심근 효소의 변화 : 심근이 파괴되면 심근 세포내의 효소가 혈중으로 유리되어 혈중 CK(크레아틴 인산효소, Creatine), CK-MB, Troponin 의 상승이 나타난다. CK(크레아틴 인산효소, Creatine) 는 심근과 골격근에 모두 존재하는 효소로 심근손상 외에 골격근 손상이나 근육 주사 등으로 인해서도 증가될 수 있기 때문에 심근에만 주로 존재하는 동종효소인 CK-MB가 더 특이한 검사로 이용된다. CK-MB는 심근경색 후 4~6시간 지나면 상승. 24시간 내 최고치. 2~3일 후 정상으로 돌 아온다. 심장근원섬유(Myofibrin)는 Actin, Myosin, Tropomyocin과 Troponin 복합체로 구성되어 있으며, 이 중 Troponin복합체는 Troponin T(TnT), TroponinI(TnI), Troponin C(TnC)의 세 가지로 구성되어 있고 이중에서 Troponin T(TnT), Troponin I(TnI)는 정상인의 혈중에는 거의 검출이 되지 않으나 세포막이 손상되 면 혈중으로 유리되어 큰 폭으로 상승하며 심근과 골격근의 Troponin 사이에 아미노산 조성 상 차이가 있어 면역학적으로 구별이 가능하므로 심근 손상에 특이적인 검사 표지자이다.

9. **42세의 여성이 양측 유방에서 젖이 나와서 내원하였다.**

   (1) 유방 검사에서 특별한 이상을 발견할 수 없는 경우 생각할 수 있는 유즙분비의 원인을 약술하시오. (6점)

   ◆ 풀이

   > 유즙분비를 일으키는 원인으로는 대개 뇌하수체에서 분비되는 유즙분비 호르몬인 프로락틴의 분비와 관련이 있으며 고프로락틴 혈증이 원인이 되는 경우가 많다 이외 임신 출산 후, 종괴(뇌하수체 종양 중 프로락틴분비종양, 신장암, 림프종, 두개인두종, 성장 호르몬과 프로락틴 혼합 종양), 시상하부- 뇌하수체 기능이상(다발성 경화증, 뇌하수체 줄기 절단 외), 전신질환(예: 갑상선 기능 저하증, 만성 신부전, 쿠싱 증후군, 말단 비대증), 그 외 약물의 부작용 등에 의해서도 유즙분비가 일어날 수 있다.

   (2) 만약 이 환자가 유즙분비와 더불어 시야 장애 및 두통을 호소한다면 생각할 수 있는 질병을 쓰시오. (4점)

   ◆ 풀이

   > 고프로락틴 혈증으로 인한 유즙분비의 경우 두통이나 시야의 장애가 동반될 수 있으며 이는 뇌하수체 선종으로 인한 증상 중의 하나이다. 뇌하수체에서 발생하는 종양은 뇌하수체에서 분비하는 호르몬을 과다 분비하는 기능성 종양(호르몬 분비성 뇌하수체 선종)과 호르몬의 분비 없이 세포 덩어리만을 형성하는 비기능성 종양(호르몬 비분비성 뇌하수체 선종)으로 분류하게 된다. 프로락틴 분비선종은 뇌하수체 기능성 선종 중에 가장 흔하고 대부분 20-30대의 여성에서 호발하며 대개는 1cm 이하의 미세선종이다.

10. 치매는 후천적으로 발생한 인지기능 손상에 의해 성공적인 일상생활 수행이 불가능해진 상태로 정의할 수 있으며 인구노령화와 관련하여 그 중요도가 크다. 치매의 원인 및 감별 질환에 대해 약술하시오. (10점)

> **풀이**
>
> 1. 알츠하이머 병
>
>   치매를 일으키는 가장 흔한 퇴행성 뇌질환으로 초기에는 기억력 장애가 주로 나타나며, 진행함에 따라 인지장애가 보다 명백해 지면서 살림, 재정관리나 요리 등 도구를 사용하는 생활 수행능력에 장애가 동반되는 질환이다. 질병의 발병원인은 완전히 밝혀지지 않은 상태이며 특정 유전자가 뇌의 베타 아밀로이드라는 단백질의 변성을 일으켜 뇌의 전반적인 위축, 뇌실의 확장, 신경섬유의 다발성 병변을 만드는 것으로 추측하고 있다.
>
> 2. 혈관성 치매
>
>   혈관성 치매는 뇌동맥 경화로 인한 뇌혈류의 감소 또는 뇌졸중 이후 발병하며 뇌혈관 질환에 의해 뇌조직이 손상을 입어 치매가 발생하는 경우이다.
>
> 3. 파킨슨병
>
>   또 하나의 매우 중요한 진행성 퇴행성 뇌 질환의 하나인 파킨슨병의 환자들 중 30~40% 정도는 파킨슨병의 말기에 치매의 증상을 나타내게 된다. 파킨슨병은 몸과 팔, 다리가 굳고 동작의 어둔함, 주로 가만히 있을 때 손이 떨리는 안정 시진전, 말이 어눌해지고 보폭이 줄고 걸음걸이가 늦어지는 등의 증상을 보이게 된다.
>
> 4. 루이소체 치매

제42회 보험계리사 및 손해사정사 제2차 시험문제 (2019년도 시행)
의 학 이 론

1. 골관절계의 정상적인 관절에서는 능동적 운동 범위가 수동적 운동 범위와 일치하나 수동적 운동 범위가 능동적 운동 범위 보다 큰 경우는? (10점)

◆ 풀이

운동에는 환자의 근력에 의해서 움직이는 능동적인 운동과 외부에서 힘을 가하여 움직이는 수동적 운동이 있다. 정상적인 관절에서는 능동적인 운동과 수동적인 운동범위가 일치한다. 그러나 근육마비, 근육 긴장, 근육 경련, 부종, 신경학적 이상, 구축 또는 통증에 의해 두 운동범위의 차이(수동적 운동범위 > 능동적 운동범위)가 생길 수 있다.

2. 6세 남아가 우측 경골 간부에 골절 후 부정 유합으로 7도 정도의 전방 각 변형이 형성되었다. 향후 치료(5점)와 그 이유(5점)는? (10점)

◆ 풀이

지켜본다.

소아는 재형성 과정에서 부정유합된 골편이 재정열 되기 때문에 성인보다 다소 덜 정확한 해부학적 정복도 용납될 수 있다.

일반적으로 소아골절에서 연령과 방향에 따라 재형성에 차이가 있으나 10도(관상면)이내의 각변형은 허용된다고 알려져 있다. 소아골절의 내반 변형은 재형성 과정에서 교정이 잘된다.

3. 외상성 관절염이 있을 때 관절의 기능 유지를 위한 수술법에 대해 열거 하시오. (10점)

◆ 풀이

1. 인공관절 성형술, 수지 및 족관절의 경우 관절 고정술 시행
2. 고관절이나 슬관절의 경우 선택적 절골술을 이용하여 체중부하 관절면이나 체중 부하 축을 바꿔 효과를 볼 수 있으나 일반적으로 인공관절 성형술이 시행되고 수지 및 족지관절의 경우 관절 고정술이 시행된다.

4. 말초신경의 손상 후 회복이 잘 되는 경우를 열거 하시오. (10점)

◆ 풀이

1. 수초가 없거나 가는 신경이 굵은 신경보다 회복 속도가 빠르다.
2. 통각 > 촉각 > 감각 신경 > 운동신경
3. 나이가 어릴수록 회복이 빠르다.
4. 수상 후 봉합까지의 시간이 길수록 회복이 지연된다.
5. 손상이 없거나 골절 및 혈관손상이 없는 경우가 회복이 빠르다
6. 심장으로부터 근위부보다 원위부 일수록 회복이 빠르다.

5. 불안정성 골절이란 무엇인가? (10점)

◆ 풀이

불안정골절은 unstable fracture로 정복이 되었더라도 쉽게 다시 전위를 일으키는 골절로 긴 나선상 골절이나 사상 골절이 해당한다.

6. 75세의 여자환자가 자동차 사고로 인해 우측 상완골 근위부에 사분 골절 및 탈구가 생겼다. 치료방법(5점)과 그 이유(5점)는? (10점)

> **풀이**
>
> 치료방법은 인공관절 치환술이다.
> 상완골 근위부 골절은 NEER의 분류에 따르며 골절편을 관절편, 해부학적 경부, 대결절, 소결절 등으로 나누고 방사선 사진상 1cm의 전위나 45도 이상의 각형성이 있는 경우 전위골절편으로 보고 이들의 수에 따라 분류하며 사분 골절은 골절편이 4개인 분쇄 골절로서 분쇄골절은 유합이 잘되지 않으며 상완골두의 무혈성 괴사와 불유합의 가능성이 높아 인공관절 치환술을 시행한다.

7. 아프가점수(APGAR score)는 출생직후에 소생술이 필요한 신생아를 계통적으로 알아내는 실제적인 방법이라고 할 수 있다. 즉 1분 아프가점수(APGAR score)는 출생 직후 소생술의 필요성을 의미하며, 이후의 아프가점수(APGAR score)의 호전은 신생아가 성공적으로 소생될 가능성과 연관이 깊다. 아프가점수(APGAR score)를 구성하는 구성요소 5가지에 대해 기술하시오. (10점)

> **풀이**
>
> 아프가(APGAR)는 Appearance(모습), Pulse(맥박), Grimace(찡그림), Activity(운동), Respiration(호흡)의 약자로 신생아의 초기 상태를 확인하는 검사로 다섯가지 항목으로 구성 된다.
> 1) 피부색 : 청색증 여부 확인
> 2) 맥박 : 맥박이 없는지, 분당 100회 이상인지, 이하인지 확인
> 3) 반사(reflex = 자극반응) : 자극에 대한 반응이 없는지, 자극시 약하게 울거나 찡그리는지, 움츠리거나 우는지
> 4) 근 긴장도 : 근 긴장도가 없는지, 약간 굽히거나 펴는 힘을 저지하는 굽힌 팔과 다리인지 확인
> 5) 호흡 : 호흡이 없는지, 약하고 불규칙한지, 강한지 확인

8. 대부분의 암에서 병의 범위는 다양한 침습적 및 비침습적 진단 검사와 시술에 의해 평가되며 이러한 과정을 시기결정 혹은 병기 결정(staging)이라고 한다. 이러한 병기의 결정은 암환자의 예후와 밀접한 관련이 있으며 치료 방법을 결정하는 데 중요한 역할을 한다.

(1) 시기(병기) 결정에는 임상적 시기결정과 병리학적 시기결정의 두 가지가 있다.
임상적 시기와 병리학적 시기는 어떻게 결정되는지 기술하시오. (4점)

◆ 풀이

임상적, 수술적, 병리학적 소견을 근거로 결정된다.
CT 나 MRI 같은 영상 검사를 통해 병기를 결정할 경우 임상적 병기 Clinical stage 라 하여 알파벳 c 를 앞에 붙이며 수술전 병기를 결정하는 경우나 조직검사를 하지 못하는 경우에 사용된다.
병기는 수술 후 잘라낸 암덩어리에 대한 정밀 조직 검사 결과에 근거한 병기이다.

(2) 가장 널리 사용되는 시기(병기)분류 체계 중 하나는 TNM체계에 따른 시기(병기)이다.
T, N, M은 각각 어떤 의미가 있는지 기술하시오. (6점)

◆ 풀이

TNM병기 : 종양의 병기는 현미경적 모양보다는 종양이 번진 정도에 근거하며 TNM 병기를 많이 사용
① "T"는 종양의 크기와 국소적으로 전파된 정도
② "N"은 종양의 침범을 받은 주변 nodes 림프절의 수
③ "M"은 종양세포의 전이(metastasis, 멀리 떨어진 부위로의 전파)여부를 의미

9. 현훈(vertigo)은 사물이나 공간 혹은 자신이 빙빙 도는 증상을 뜻하며 다양한 원인에 의해 발생할 수 있다. 현훈의 원인을 찾을 때는 특히 내이(속귀)질환에 의한 말초성인지, 뇌졸중과 같은 중추성인지 감별이 매우 중요하다.

(1) 귀의 구조는 크게 외이, 중이, 내이로 나뉘어지며 이 중 현훈은 내이와 관련이 깊다. 내이(속귀, inner ear)를 이루는 구조물을 쓰시오. (4점)

◆ 풀이

앞쪽으로부터 청각기능을 담당하는 달팽이관(와우)와 균형을 담당하는 전정, 반고리관의 세 부분으로 나뉘어져 있다.

(2) 내이와 관련된 말초신경성 현훈을 일으키는 질병(원인)을 쓰시오. (6점)

◆ 풀이

말초성 원인으로 전정신경이상을 포함한 양성 발작성 체위성 어지러움증, 전정신경염, 메니에르병 편두통성 현훈이 있고 그 외 진주종, 외림프누공, 미로염(내이염) 등이 있다.

10. 환자가 급성 흉통 혹은 흉부 불쾌감을 호소할 때 감별해야 할 질환 중 심근경색증은 급격한 사망 및 합병증을 초래할 수 있어 반드시 감별해야 할 중요한 질환이다. 그러나 급성 흉통 혹은 흉부 불쾌감을 일으키는 질환은 심근경색증 외에도 다양하다. 급성 흉통 혹은 흉부 불쾌감을 일으킬 수 있는 질환 중 심근경색을 제외한 다른 원인들에 대하여 기술하시오. (10점)

◆ 풀이

원인은 아래와 같으며 박리성 대동맥류, 폐색전증 및 긴장성 기흉에 의한 흉통은 위중하고 즉각적인 치료를 요한다.
(1) 순환기 : 협심증, 대동맥판막협착증, 급성심낭염, 승모판탈출증
(2) 혈관질환 : 대동맥류, 폐동맥색전증
(3) 폐동맥 고혈압
(4) 폐 및 늑막질환 : 늑막염 및 폐렴, 기흉, 기도 기관지염
(5) 근골격계 질환 : 근육 손상, 늑골 골절, 어깨 및 흉부의 관절 질환, 경추간판탈출증
(6) 식도질환 : 위식도 역류질환
(7) 소화기 질환 : 과민성 대장 증후군, 담도 질환
(8) 신경증 : 과호흡 증후군 홧병, 심장 신경증
(9) 기타 : 대상포진, 유방 질환, 흉곽의 종양

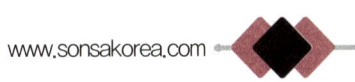

제43회 보험계리사 및 손해사정사 제2차 시험문제 (2020년도 시행)
의학이론

1. 체간골은 흉곽과 척추체로 이루어져 있다. 흉곽과 척추체를 구성하는 뼈의 이름을 서술하고(7점) 체간골의 기능을 서술하시오(3점).

   ◆ 풀이
   1. 흉곽을 구성하는 뼈 : 늑골12쌍, 흉골
      척추를 구성하는 뼈 : 경추(7) 흉추(12) 요추(5), 천추(5) 미추(3~4) 천추와 미추는 성인이 되면 각각 하나의 골인 천골과 미골로 변화한다.
   2. 체간골의 기능은 다음과 같다.
      (1) 보호 기능 : 체간골은 주로 내부장기를 보호하는 역할을 한다.
      (2) 지지 기능 : 인체의 모양을 지탱
      (3) 조혈 기능 : 골수에서 조혈작용을 한다.
      (4) 저장 기능 : 칼슘 등의 무기질

2. 어깨 손상의 주요 부위인 회전근개 파열에 대해 아래의 물음에 답하시오.

   (1) 회전근개를 이루는 근육은? (각 1점, 총 4점)

   ◆ 풀이
   (1) ① 극상근 ② 극하근 ③ 견갑하근 ④ 소원근

   (2) 이 중 가장 손상이 많이 발생하는 근육은? (1점)

   ◆ 풀이
   극상근

(3) 회전근개 파열의 진단시 가장 많이 사용하는 영상검사 2가지는? (각 1점, 총 2점)

> **풀이**
>
> 초음파, MRI
> 단순 방사선 촬영은 골절 등 다른 질환과의 감별을 위할 때 촬영 하며 회전근개는 연부조직으로 연부조직 손상 진단에는 초음파나 MRI를 이용해 진단할 수 있다.

(4) 회전근개 파열의 주요 치료 3가지는? (각 1점, 총 3점)

> **풀이**
>
> 보존적 요법 : 물리치료 약물 치료, 온열요법 등
> 수술적 치료 : 건 봉합술

3. 사지의 근력 평가는 마비환자와 신경 손상 환자에서 중요하다. 사지근력 평가와 관련하여 아래의 물음에 답하시오.

   (1) 근력을 평가하는 도수근력평가의 단계를 각각 작성하시오. (6점)
       (숫자, 영어단어, 영어기호 모두 표시할 것)

   > **풀이**
   >
   > ① Grade 5 : Normal 100% 정상 근력
   > ② Grade 4 : Good 75% 어느 정도 저항을 이길 수 있으나, 정상보다 근력이 약한 상태, 완전 운동범위 수행 가능
   > ③ Grade 3 : Fair 50% 중력을 이겨내고 완전 운동범위를 수행할 수 있으나, 저항을 이길 수 없는 상태
   > ④ Grade 2 : Poor 25% 중력을 제거한 상태에서 부분적 범위에서 운동 수행
   > ⑤ Grade 1 : Trace 10% 약간의 근육수축은 있으나, 관절 운동은 불가능
   > ⑥ Grade 0 : Zero 0% 근육 수축이 전혀 보이지 않는 완전 마비 상태

   (2) 이 중, 중력의 제거 유무로 구분되는 두 개의 단계를 작성하시오. (4점)

   > **풀이**
   >
   > Fair(근력 3등급 grade 3), Poor(근력 2등급 grade 2)

4. 외상 후 발생할 수 있는 가동범위 감소나 근력약화와 관련된 아래의 물음에 답하시오.

   (1) 외상 후 운동장해(장애)가 발생할 수 있는 원인을 나열하시오. (6점)

   ◆ 풀이

   상하지 절단, 성인에서의 하지 길이의 차이, 골성 관절 강직, 더 이상 호전이 없어 상당기간 지난 관절의 강직, 각형성이 심한 불량 유합, 회복이 진행 중인 상하지의 신경마비 등등이 있다.

   (2) 외상 후 관절염과 가장 관련이 높은 주요 손상을 나열하시오. (4점)

   ◆ 풀이

   관절 내 골절, 연골이나 인대 손상 (반월상 연골손상 무릎의 전방십자인대, 후방십자인대손상 내외측부 인대 손상 등등)이다.

5. 압박골절과 관련된 아래의 물음에 답하시오.

   (1) 압박골절이 발생했을 때 일차적으로 가장 많이 진단에 사용하는 영상검사 2가지 (각 1점, 총 2점)

   ◆ 풀이

   단순 방사선 촬영, CT
   CT는 단순 방사선 촬영으로 보이지 않는 골절 및 골편 위치 등에 세밀한 정보를 제공한다.

   (2) 급성골절과 만성(진구성) 골절을 구분하는데 가장 유용한 영상검사 2가지 (각 1점, 총 2점)

   ◆ 풀이

   MRI, 골주사
   급성 골절의 경우 MRI소견상 T1영상에서 저신호강도 T2영상에서 고신호 강도, 조영증강영상에서 고신호 강도를 보인다.

   (3) 압박골절이 가장 호발하는 부위 (3점)

   ◆ 풀이

   척추의 흉요추부 만곡 부위

(4) (3)이외 압박골절이 많이 발생하는 부위 (3점)

> **◆ 풀이**
> 척추의 경우 중간 흉추부위가 압박골절이 많이 발생한다.

6. 25세 남자가 축구경기를 하던 중 점프 후 착지하며 '뚝'하는 파열음과 함께 슬관절의 통증이 발생하였다.

(1) 손상 가능성이 가장 높은 부위의 이름은? (2점)

> **◆ 풀이**
> 전방 십자인대

(2) 상기 경우에서 가장 우선적으로 선택하는 치료 방법은? (2점)

> **◆ 풀이**
> 스포츠 손상의 급성기 치료원칙인 RICE원칙에 따라서
> 1. 부목을 사용하여 무릎 고정하기
> 2. 다리를 편하게 하고 심장보다 높게 올려놓기
> 3. 부기를 줄이기 위해 무릎에 얼음찜질 하기

(3) 상기 손상을 진단(치료 후 장애 평가 시에도 활용)하기 위한 신체 검사방법 2가지의 이름과 내용을 서술하시오. (6점)

> **◆ 풀이**
> 1. 전방전위검사(Anterior drawer test) : 환자를 바로 눕힌 후 고관절을 45도, 슬관절을 80~90도로 굴곡한 후 근위 경골부를 전방으로 견인하여 대퇴골에 대한 경골의 전위 정도를 측정하여 검사한다.
> 2. 라크만검사(Lachman test) : 환자를 바로 눕힌 후 슬관절을 20~30도 굴곡 시킨 상태에서 한 손은 대퇴골을 잡아 고정한 후 다른 손으로 경골을 잡아서 앞으로 견인한다.
> 3. Pivot shift test(추측변위검사) : 전방십자인대파열이 있는 경우 무릎이 완전 신전 시 경골이 앞뒤로 전이되기 시작하다가 무릎이 30도 이상 굴곡 되면 다시 복귀하는 검사방법

7. 당뇨병은 췌장에서 분비되는 인슐린의 기능에 문자가 발생해서 혈당이 비정상적으로 상승해 우리 몸에 많은 문제를 일으키는 대표적인 만성 질환이다. 정상 혈당은 최소 8시간 이상 금식한 상태에서 공복 혈장 혈당이 100mg/dL 미만, 75g 경구 당부하 후 2시간 이상 혈장 혈당이 140mg/dL 미만이다. 당뇨병 진단과 관련된 다음 빈칸을 채우시오.

(각 1점, 총 10점)

(1) 당뇨병 진단기준

1) 당화혈색소 (①)% 이상 또는
2) 8시간 이상 공복 혈장 혈당 (②)mg/dL 이상 또는
3) 75g 경우 당부하 후 2시간 혈장 혈당 (③) mg/dL 이상 또는
4) 당뇨병의 전형적인 증상 [(④), (⑤), (⑥)]이 있으면서 무작위 혈장 혈당 검사에서 (⑦) mg/dL 이상

◆ 풀이

1) 당화혈색소 (① 6.5)% 이상 또는
2) 8시간 이상 공복 혈장 혈당 (② 126)mg/dL 이상 또는
3) 75g 경구 당부하 후 2시간 혈장 혈당 (③ 200) mg/dL 이상 또는
4) 당뇨병의 전형적인 증상 [(④ 다음), (⑤ 다뇨), (⑥ 체중감소)]가 있으면서 무작위 혈장 혈당 검사에서 (⑦ 200)mg/dL 이상

(2) 당뇨병 전단계 (당뇨병 고위험군)

1) 당화혈색소 (⑧ ~ ⑧) % 해당하는 경우 당뇨병 전단계로 정의한다.
2) 8시간 이상 금식 후 공복 혈장 혈당 (⑨ ~ ⑨)mg/dL 인 경우 공복 혈당 장애로 정의한다.
3) 75g 경우 당부하 후 2시간 혈장 혈당 (⑩ ~ ⑩)mg/dL인 경우 내당능장애로 정의한다.

◆ 풀이

1) 당화혈색소 (⑧ 5.7~ 6.4)%에 해당하는 경우 당뇨병 전 단계로 정의한다.
2) 8시간 이상 금식 후 공복 혈장 혈당 (⑨ 100~125)mg/dL로 정의한다.
3) 75g 경구 당부하 후 2시간 혈장 혈당 (⑩ 140~199)mg/dl인 경우 내당능장애로 정의한다.

8. 자살은 2018년 기준 우리나라 사망원인 5위를 차지할 정도로 심각하고 중요한 문제이며, 10~30대 사망원인 1위이다. 최근 청소년 자살률도 지속적으로 증가하고 있으며, OECD 평균 10만 명당 11.5명인 것에 비해 우리나라는 24.7명으로 매우 높은 편이라 자살 예방을 위해서 많은 노력을 하고 있다. 자살의 고위험군에 대하여 10개 이상 서술하시오. (10점)

◆ 풀이

자살의 가능성을 높이는 위험인자는 아래와 같다.
① 과거 자살 시도의 경험
② 45세 이상(정신 분열병은 30세 이하)
③ 알코올, 약물 의존
④ 남자
⑤ 독신, 이혼, 고부갈등
⑥ 실직 또는 은퇴
⑦ 신체적 질병(만성질환)
⑧ 정신과 입원치료의 과거력
⑨ 장기간 계속되는 우울증 및 우울증 회복기
⑩ 경제적으로 어려운 상황에 직면했을 때
⑪ 중요한 사람과의 이별

9. 종양이란 우리 몸속에 새롭게 비정상적으로 자란 덩어리라 볼 수 있다. 종양은 크게 양성종양과 악성 종양으로 구분할 수 있다. 종양이 가지는 특성별로 양성 종양과 악성 종양의 차이점에 대하여 5가지 이상 서술하시오. (10점)

◆ 풀이

특성	양성종양	악성종양
성장속도	• 천천히 자람 • 성장이 멈추는 휴지기를 가질 수 있음	• 빨리 자람 • 저절로 없어지는 경우는 매우 드뭄
성장양식	• 점점 커지면서 성장하나 범위가 한정되어 있음 • 주위 조직에 대한 침윤은 없음	• 주위 조직으로 침윤하면서 성장함
피막 형성 여부	• 피막이 있어 종양이 주위 조직으로 침윤하는 것을 방지함 • 피막이 있으므로 수술적 절제가 쉬움	• 피막이 없으므로 주위 조직으로의 침윤이 잘 일어남
세포의 특성	• 분화가 잘 되어 있음 • 분열상은 없거나 적음 • 세포가 성숙함	• 분화가 잘 안되어 있음 • 정상 또는 비정상의 분열상이 많음 • 세포가 미성숙함
인체에의 영향	인체에 거의 해가 없음	항상 인체에 해가 됨
전이 여부	없음	혼합(혈행, 림프성, 파종성, 이식성)
재발 여부	수술로 제거 시 재발은 거의 없음	수술 후 재발 가능함
예후	좋음	• 종양의 크기, 림프절, 침범여부 전이 유무에 따라 달라짐

10. 우리나라 사망원인 1위인 암 조기에 발견해서 암 치료율을 높이고 암 사망률을 감소시키기 위해서 국가 암 검진 사업을 하고 있다. 국가 암 검진에는 총 6개 항목이 제공되어 있는데 이들의 이름(최고 5점)과 검진 방법(최고 5점)에 대해서 서술하시오. (10점)

◆ 풀이

1. 위암
   ① 검진 대상 : 만 40세 이상 남녀
   ② 검진 주기 : 2년
   ③ 검진 방법 : 위장 조영 검사 또는 위 내시경

2. 간암
   ① 검진 대상 : 만 40세 이상 남녀로 다음에 해당되는 사람, 간경변증, B형간염 바이러스 항원 양성 C형 간염 바이러스항체 양성, B형 간염 또는 C형 간염 바이러스에 의한 만성 간질환 환자
   ② 검진 주기 : 6개월
   ③ 검진 방법 : 간초음파 검사와 혈청알파태아단백검사(AFP)

3. 대장암
   ① 검진 대상 : 만 50세 이상 남녀
   ② 검진 주기 : 1년
   ③ 검진 방법 : 분변잠혈반응검사 이상 소견 시 대장 내시경 검사 또는 대장 이중조영 검사

4. 유방암
   ① 검진 대상 : 만 40세 이상 여성
   ② 검진 주기 : 2년
   ③ 검진 방법 : 유방촬영과 의사에 의한 유방진찰 권장

5. 자궁경부암
   ① 검진 대상 : 만 20세 이상 여성
   ② 검진 주기 : 2년
   ③ 검진 방법 : 자궁 경부 세포 검사

6. 폐암
   ① 검진 대상 : 만 54세 이상 만 74세 이하의 남·여 中 폐암 발생 고위험군
   ② 검진 주기 : 2년
   ③ 검진 방법 : 저선량 흉부 CT

제44회 보험계리사 및 손해사정사 제2차 시험문제 (2021년도 시행)
의학이론

1. 다음은 상지의 구조를 표시한 그림이다. 아래의 질문에 답하시오(영문 및 국문의 의학용어 모두 작성 가능, 단 정확한 명칭을 작성해야 함). (10점)

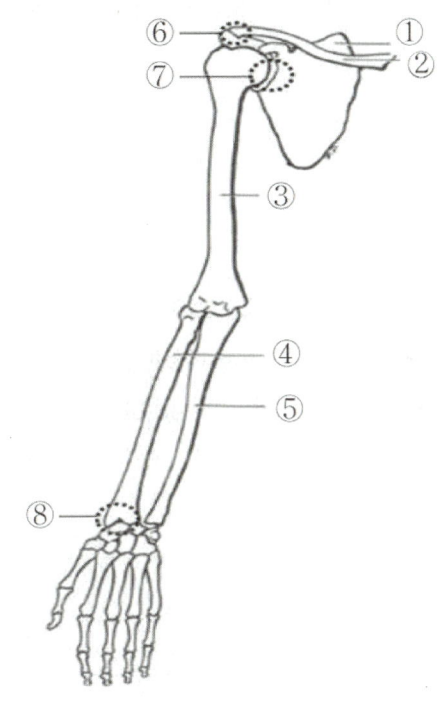

(1) ①, ②, ③, ④, ⑤ 각 숫자에 해당하는 뼈의 이름을 작성하시오. (5점)

> ◆ 풀이
>
> ① 견갑골(scapula)
>
> ② 쇄골(clavicle)
>
> ③ 상완골(humerus)
>
> ④ 요골(radius)
>
> ⑤ 척골(ulna)

(2) 점선으로 표시 된 각 숫자 ⑥,⑦,⑧에 해당하는 관절의 이름을 작성하시오. (견관절, 완관절이 아닌 구체적인 명칭을 쓰시오) (3점)

> ◆ 풀이
>
> ⑥ 견봉쇄골관절(acromioclavicular joint)
>
> ⑦ 관절와상완관절(glenohumeral joint)
>
> ⑧ 요수근관절(radiocarpal joint)

(3) 상지의 주요 관절 중, 삼각 섬유연골 복합체 병변(TFCC, triangular fibrocartilage complex lesions)이 발생하는 관절은 어느 관절인가? (2점)

> ◆ 풀이
>
> 완관절(수근관절)

2. 다음은 발목의 그림이다. 각 표시된 부분의 명칭을 작성하고 질문에 답하시오(영문 및 국문의 의학용어 모두 작성 가능, 단 정확한 명칭을 작성해야 함). (10점)

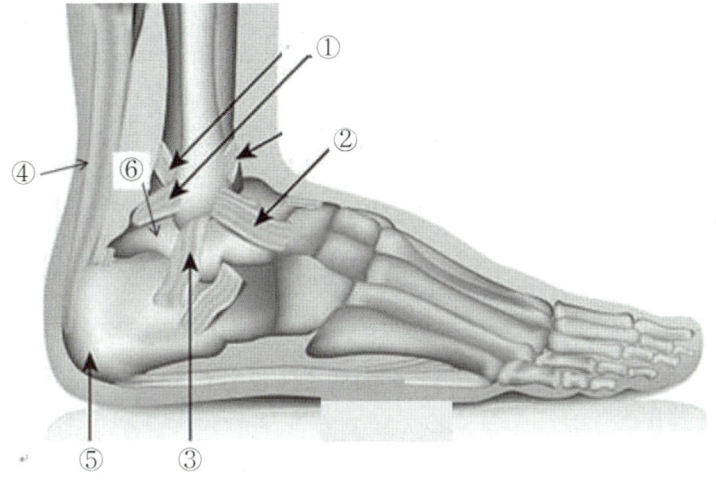

(1) 외측 발목의 안정성과 관련이 높은 주요 인대 ①,②,③을 작성하시오. (3점)

> ▶ 풀이
> ① 후거비 인대(posterior talofibular ligament)
> ② 전거비 인대(anterior talofibular ligament)
> ③ 종비 인대(calcaneofibular ligament

(2) ④의 명칭을 작성하시오. (1점)

> ▶ 풀이
> ④ 아킬레스 건(Achilles tendon)

(3) ⑤, ⑥에 해당하는 뼈의 이름을 작성하시오. (2점)

> ▶ 풀이
> ⑤ 종골(calcaneus), ⑥ 거골(talus)

(4) 발목의 외상 발생 시 가장 많이 손상되는 동작(2점) 및 가장 많이 손상되는 인대의 이름(2점)을 쓰시오.

> **풀이**
>
> 가장 많이 손상되는 인대 : 전거비 인대, 손상되는 동작 : 발목의 내번 동작

3. 뇌실질내출혈에서 출혈의 외상성과 자발성을 감별하기 위한 고려사항들을 서술하시오. (10점)

> **풀이**
>
> 1. 나이 : 자발성 뇌실질 내 출혈의 경우 50대 이후가 많은 반면 외상성의 경우에는 어느 연령대나 발생 가능하다.
> 2. 출혈 부위 : 자발성뇌출혈의 경우 기저핵 부위에 흔하며 외상성 뇌실질내 출혈의 경우 전두엽이나 측두엽에 발생되는 경향이 있다.
> 3. 다른 부위 병소 동반 여부 : 다른 부위의 병소의 손상(다른 부위 골절, 출혈 등)이 있는 경우 외상성일 가능성이 많으나 자발성 뇌실질내 출혈의 경우 다른 병소를 동반할 가능성이 적다.
> 4. 두개골 골절 : 두개골 골절이 있으면 외상성일 가능성이 높다.
> 5. 기존의 질환과의 관련성 : 자발성인 경우 고혈압이나 출혈성질환, 기존의 질환(당뇨, 동맥경화, 고지혈증 등) 등에 대한 관련성이 높은 반면 외상성은 관련성이 많지 않다.

4. 관절운동의 제한 원인을 크게 두 가지로 나누어 서술하시오. (10점)

> **풀이**
>
> 관절운동 각도의 제한은 기질적 변화에 의한 것과 기능적 변화에 의한 것으로 구분 가능하다. 기질적 변화에 의한 것은 관절 그 자체의 수축이나 강직에 의한 것, 연부조직의 변화에 의한 것으로 허혈성 구축이나 신경 마비 등이 있다. 기능적 변화에 의한 것은 신경증 히스테리까지 포함 된다.

5. 척추전방전위증(spondylolisthesis)에 관하여 아래의 질문에 답하시오. (10점)

(1) 척추전방전위증의 정의 (3점)

> **풀이**
> 추체의 일정한 정렬을 벗어나서 추체가 그 아래의 추체에 대해 전방으로 전위된 상태

(2) 척추전방전위증의 가장 흔한 원인 두 가지 (2점)

> **풀이**
> 척추분리증, 퇴행성

(3) 척추전방전위증이 주로 발생하는 부위 (2점)

> **풀이**
> 요추4번, 요추 5번

(4) 척추전방전위증에서 수술을 고려하는 경우 (3점)

> **풀이**
> 일반적으로 3 ~ 4개월간의 보존적 치료에 호전이 없는 경우 시행하며 수술적 치료의 절대적 적응증은 신경증상의 진행이 뚜렷하거나 마미증후군이 발생하는 경우이다.

6. 척추의 변형각을 측정하는 방법은 크게 두 가지가 있다. 이 두 가지 방법에 대해 설명하시오. (10점)

(1) Cobb's angle(콥스각)을 측정하는 경우 및 임상적 의의를 서술하시오. (2점)

◆ 풀이
척추 측만증을 평가하는 방법으로 척추압박골절로 인한 기형장해 평가 방법으로 활용

(2) 아래 그림에서 선을 그어 Cobb's angle(콥스각)을 측정하는 방법을 표시하시오.(아래 그림을 답안지에 그린 후 선을 그을 것) (3점)

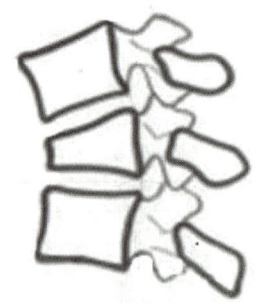

(3) 국소 후만각(local kyphotic angle)의 임상적 의의를 서술하시오. (2점)

◆ 풀이
골절된 추체만을 평가하는 방법

(4) 아래 그림에서 선을 그어 국소 후만각(local kypnotic_angle)을 측정하는 방법을 표시하시오(아래 그림을 답안지에 그린 후 선을 그린 후 선을 그을 것). (3점)

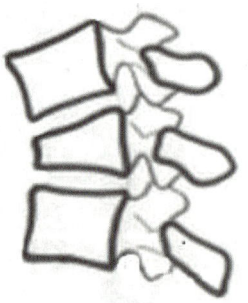

7. 결장 직장의 용종에는 선종성 용종, 과형성 용종, 유년기 용종 등이 있다. 이중 선종성 용종의 경우 악성화 가능성을 가지고 있다. 선종성 용종 (adenomatous polyp)에 있어 악성화 가능성이 높은 위험인자 5개를 쓰시오. (10점)

◆ 풀이

선종의 개수가 3개 이상이거나 크기가 1cm이상이거나 관용모선종 또는 융모선종(융모 형태의 세포가 많거나), 고도 이형성증, 톱니모양선종인 경우

8. 수면 무호흡증은 수면 중에 호흡의 멈춤 또는 호흡이 얕아지는 문제가 발생해 수면에 지장이 발생하는 질환이다. 수면 무호흡증의 세 가지 유형과 밤 동안의 수면 기록을 분석하여 진단하는 검사 방법의 의료 행위명에 대해서 쓰시오. (10점)

(1) 수면 무호흡증의 세 가지 유형 (6점)

◆ 풀이

① 폐쇄성 수면 무호흡증
② 중추성 수면 무호흡증
③ 혼합형 수면 무호흡증

(2) 수면 무호흡증 진단을 위한 검사 의료 행위명 (4점)

◆ 풀이

수면 다원 검사

9. 종양 표지자(tumor marker)는 암의 성장에 반응해서 체내에서 또는 암조직 자체에서 생성되며 혈액, 소변, 조직검체에서 검출된다. 하지만 꼭 특정 암에서만 증가하는 것은 아니고 양성 질환 등 비 특이적인 상황에서도 상승 할 수 있기 때문에 상승했다고 암을 진단할 수 있는 것은 아니다. 하지만 암 진단에 보조적 역할, 암치료 반응 정도 확인, 암 재발여부 확인, 암의 크기 반영 등에 이용 할 수 있어 임상에서 흔히 사용하고 있다. 다음 제시된 암의 진단에 도움이 되는 가장 중요한 종양 표지자를 한 개씩만 쓰시오. (10점)

(1) 간세포암 :
(2) 갑상선 수질암 :
(3) 대장암, 폐암 :
(4) 전립선암 :
(5) 난소암 :

▶ 풀이

(1) 간세포암 : AFP
(2) 갑상선 수질암 : 혈액내 칼시토닌 수치
(3) 대장암, 폐암 : CEA
(4) 전립선암 : PSA
(5) 난소암 : CA 125

10. 만성 간질환의 중증도 판정에 사용하는 평가 방법으로 Child – Pugh 분류법을 사용하고 있다. 중증도 판정, 예후 판단, 치료법 결정에 사용되고 있는 Child – Pugh 분류법에는 5가지 항목에 대하여 점수를 평가하여 합산하여 A, B, C 등급을 산정한다. 5가지 평가 항목에 대해서 쓰시오. (10점)

▶ 풀이

1. 총 빌리루빈(mg/dL)
2. 혈청 알부민(g/dL)
3. 프로트롬빈 시간값(초) : INR(혈액 응고 연장 비율)로도 측정
4. 복수의 여부 및 중증도
5. 간성 뇌증의 여부 및 중증도

제45회 보험계리사 및 손해사정사 제2차 시험문제 (2022년도 시행)
의학이론

1. 당뇨의 합병증은 급성 합병증과 만성 합병증으로 구분하고 만성 합병증은 다시 미세혈관 합병증과 대혈관 합병증으로 구분한다. 미세혈관 합병증에는 크게 3대 질환이 있으며 그중 한 개가 당뇨 망막병증이다 나머지 두 개는 어떤 질환인지 쓰시오. (4점)

◆ 풀이

1) 당뇨의 미세혈관 3대 합병증
   당뇨병성 신장병증, 당뇨병성 신경병증
2) 당뇨의 망막병증의 분류
   신생혈관 생성 여부에 따라서
   증식성 망막병증(신생혈관 생성)과 비증식성 망막병증으로 구분

2. 국제 종양 분류에서는 신생물의 부위와 형태(Morphology)를 포함하고 있으며 형태는 5자리 분류번호로 구성되어 있다. 이 중 처음 4자리 수는 신생물의 조직학적 형태를 표시하고 사선뒤의 5자리 수는 행동양식을 표시하는 형태코드(biologic behavior code)로 6자리 숫자(/0, /1, /2, /3, /6, /9)를 사용하고 있다. 6가지 숫자와 그 숫자가 의미하는 형태를 쓰시오.

◆ 풀이

/0 양성,

/1 양성 또는 악성여부가 불확실한, 경계형 악성, 낮은 악성 잠재성, 불확실한 악성 잠재성

/2 정상소재의 암종, 상피내 암종, 비침윤성, 비침범성

/3 악성, 원발부위

/6 악성, 전이부위, 악성, 속발부위

/9 악성, 원발부위 또는 속발부위 여부가 불확실한

3. 가와사끼 병은 일반적으로 5일 이상 지속되는 발열과 5가지 주요 임상 기준 중 4가지 이상을 만족하면 진단할 수 있다. 또한 심장 관련 합병증은 가와사끼 병의 장기 예후에 중요한 변수가 된다. 가와사키병의 발열 외 5가지 임상기준을 쓰고(8점), 심장관련 합병증에 대해서 쓰시오. (2점)

◆ 풀이

1) 진단기준 : 전형적인 가와사끼병의 진단 기준은 '5일 이상 지속되는 발열'과 다음과 같은 5가지 임상 양상 중 4가지 이상의 증상이 반드시 발생되어야한다.
   ① 화농이 없는 양측성 결막 충혈
   ② 입술, 입 안의 변화 : 입술의 홍조 및 균열, 딸기 혀, 구강 발적
   ③ 부정형 발진
   ④ 급성기의 비화농성 경부 림프절 비대(1.5cm 이상)
   ⑤ 급성기의 손발의 가벼운 부종과 홍조, 아급성기의 손발톱 주위의 막양 낙설
2) 심장관련 합병증 : 관상동맥류

4. 치매보험에서 보장하는 경도치매, 중도치매, 중증치매의 경우 CDR척도 검사를 통해서 진단을 받은 경우에 통상적으로 인정해 주고 있다. CDR검사는 환자 및 보호자와 자세한 면담을 통해서 6가지 세부영역의 기능을 평가하여 점수를 결정한다. 6가지 세부영역을 쓰시오. (10점)

◆ 풀이

① 기억력
② 지남력
③ 판단력과 문제해결능력
④ 사회활동
⑤ 집안생활과 취미
⑥ 위생과 몸치장

5. 다음은 골반에 대한 기술 및 골반의 정면과 측면에서 그린 그림이다 아래의 질문에 답하시오. (10점)

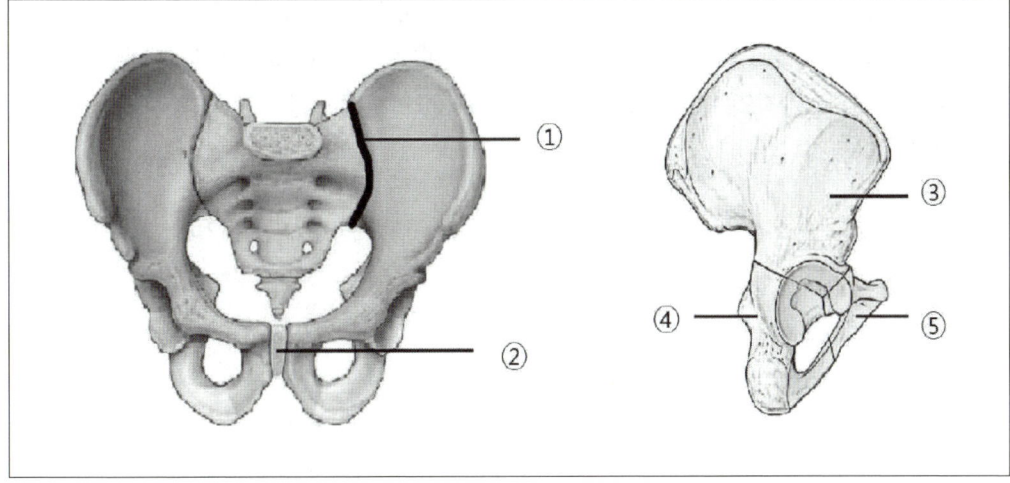

골반골은 두 개의 무명골, 천골과 미골로 이루어져 있으며 후방에는 두 개의 무명골이 천골과 (①)을 형성하고 전방에는 양측의 무명골이(②)을 형성한다. 무명골은 (③), (④), (⑤) 총 세 개의 뼈가 융합하여 이루어진다.

1) ①, ② 각 숫자에 해당하는 관절을 쓰시오(각 2점)
2) ③, ④, ⑤ 각 숫자에 해당하는 뼈의 이름을 쓰시오(각 2점)

◆ 풀이

① 천장관절

② 치골결합

③ 장골

④ 좌골

⑤ 치골

6. 60대 여성이 낙상 후 악화된 양측 무릎의 통증으로 병원에 방문하였다. 자세한 병력 청취 결과, 무릎통증은 약 10여년 전부터 별다른 이유 없이 발생하였고 초기에는 휴식 후에는 호전되는 경향을 보였으나 근래에는 쉬어도 잘 호전되지 않았으며 낙상 후 악화되었다고 한다. 양측 무릎의 내반 변형이 관찰되었고 단순 방사선 검사에서 양측 내측 및 슬개 대퇴 구획의 관절 간격의 협소가 나타나며 연골하 골의 경화, 관절면 가장 자리 골극이 관찰되었다. 아래의 질문에 답하시오. (10점)

(1) 병력과 신체소견, 방사선 소견을 종합하였을 때 가장 가능성이 높은 기저질환은 무엇인가? (2점)

> **풀이**
>
> 퇴행성 관절염
>
> 슬내장증이나 반월상 연골파열이 아닌 이유는 반월상 연골파열의 손상 기전에 대한 자세한 설명이 없으며 반월상 연골 파열의 주요 임상 증상(압통, 잠김현상 등)에 대한 설명또한 없습니다. 또한 방사선 소견은 전형적인 퇴행성 관절염 소견을 나타내는바 종합하면 반월상 연골파열이나 슬내장증은 답안의 가능성이 적습니다.

(2) 위(1) 질환의 위험인자를 두 가지 쓰시오. (각 2점)

> **풀이**
>
> 퇴행성 관절염의 위험인자는 다음과 같다.
> ① 나이(고령, 60세 이상)
> ② 성별(여성), 유전적 요인
> ③ 비만
> ④ 반복적인 관절 사용
> ⑤ 과거의 외상,
> ⑥ 선천적 기형(대퇴골두 골단 분리증, 선천성 골반이형성증)

(3) 보존적 치료에 잘 듣지 않고 심한 통증이 지속되거나 관절의 불안정성 및 변형이 지속되면 수술적 응이 된다, 수술적 치료방법 두 가지를 쓰시오. (각 2점)

> **풀이**
>
> ① 절골술, 다발성 천공술, 관절 고정술
> ② 인공관절 치환술(관절 성형술)

7. 42세 남성이 2mm난간에서 발을 헛딛어 발꿈치로 착지한 후 양측 발꿈치의 심한 통증과 부종이 발생하여 병원에 방문하였다. 단순 방사선 검사에서 양측 종골내 관절내 분쇄 골절이 의심되었다. 아래의 질문에 답하시오. (10점)

(1) 종골 골절에서 관절면의 전위와 손상 정도, 종골 체부의 방출된 정도 등 골절의 형태를 명확하게 파악하기 위해서 필요한 추가적인 검사는 무엇인가?

◆ 풀이
컴퓨터 단층 촬영 (CT)

(2) 종골 골절 후 발생할 수 있는 급성 합병증을 한가지만 쓰시오.(2점)

◆ 풀이
구획증후군, 피부괴사 및 감염, 비복신경 손상

(3) 종골 골절은 정확하게 관절면을 정복하더라도 관절내 분쇄 골절이 심한 경우 종골과(①)이 이루는 관절인(②) 에 외상성 관절염이 남게 되는 경우가 많다. ①에 적합한 뼈의 이름과 ②에 적합한 관절의 이름을 쓰시오.(각 2점)

◆ 풀이
① 거골 ② 거골하 관절

(4) 수상후 6개월 내지 1년 정도 경과 후 발생한 외상성 관절염으로 증상이 심한 경우 시행해 볼 수 있는 수술방법은? (2점)

◆ 풀이
관절 유합술

8. 51세 여성이 발을 헛디뎌 낙상 후 발생한 우측 발목의 심한 통증과 부종으로 병원에 방문하였다. 단순 방사선 검사 및 전산화 단층 촬영에서 우측 발목의 삼과 골절(trimalleolar fracture)이 확인되었다. 아래의 질문에 답하시오. (10점)

(1) 다음은 발목관절을 그린 그림이다. '삼과 골절'에서 골절이 발생한 뼈의 번호 두 개를 그림에서 찾아 적고 그 이름을 함께 적으시오. (번호, 이름 각각 2점, 총 8점)

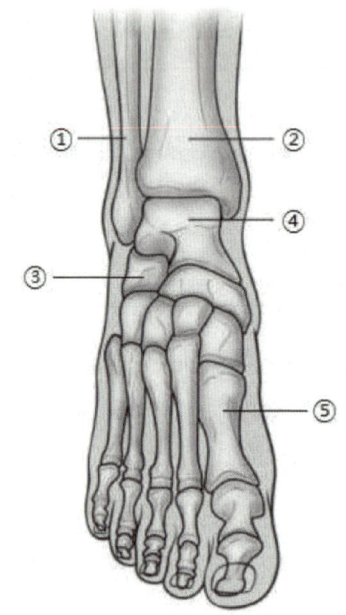

◆ 풀이
① 비골 ② 경골

(2) 위 여성에서 발생한 삼과 골절에 가장 적합한 치료방법을 간단히 쓰시오. (2점)

◆ 풀이
삼과골절은 관절내 골절 및 분쇄골절의 한 유형으로 수술의 적응증에 해당하는 골절로 수술적 치료(내고정술)이 필요하다.

9. 다음은 경추의 해부학 및 구조에 대한 설명이다. 다음 빈칸을 순서에 맞게 채우시오.
(각 2점, 총 10점)

> 경추는 굴곡, (①), 외측굴곡 그리고 (②) 운동이 가능한 총 (③)개의 경추골과 이들을 연결시키는 근육, 인대 및 추간판으로 구성한다. 이 중 상부 2개의 경추는 하부의 경추와 형태 및 운동의 양상이 서로 사뭇 다르다. 제1경추인 (④)는 추체와 극돌기가 없는 환상 구조로 짧은 전궁과 긴 후궁에 의해 연결된 2개의 외측과로 구성된다. 제2경추인 (⑤)는 경추골 중 가장 큰 체부를 갖고 체부의 상부에는 발생학적으로 제1경추의 추체에 해당하는 치돌기가 존재한다.

◆ 풀이

① 신전, ② 회전, ③ 7, ④ 환추, ⑤ 축추

10. 50세 남자가 공사현장에서 머리 및 얼굴 부위를 기계에 수상하여 응급실에 이송되었다. 아래의 질문에 답하시오. (10점)

(1) 외상성 뇌손상이 의심되어 응급실에서 평가와 예후판정을 위해 눈뜨기, 가장 좋은 운동반응, 가장 좋은 언어반응의 3가지 항목을 합산하여 평가하였다. 이 평가 방법이 무엇인지 쓰시오. (2점)

◆ 풀이

글라스고우 혼수척도(GCS)

(2) 다음은 시행한 뇌 전산화단층촬영 결과지이다. 결과지에서 출혈과 관계된 두개강내 국소 손상을 두 가지만 찾아서 한글로 쓰시오. (각 2점)

> Tramatic SAH in suprapatellar cistern, both CPA cistern, prepontine cistern and cisterna magna.
> Acute EDH in cereballar region.
> Acute IVH in both lat, 3rd, ,4th ventricles.
> Pneumocephalus in suprasellar area

> **풀이**
> SAH = 지주막하 출혈(거미막하 출혈, Subarachnoid hemorrhage),
> EDH(epidural hematoma = epidural hemorrhage) = 경막상혈종(출혈), 경막외 혈종(출혈),
> 뇌실내 출혈 = IVH(intraventricular hemorrhage)

(3) 다음은 시행한 안면골 전산화단층촬영 결과지이다. 결과지에서 골절된 두개골을 이루는 뼈의 이름 을 두 가지만 찾아서 한글로 쓰시오. (각 2점)

> Fracture of Lt. occipital bone, Rt. zygomatic bone, both nasal bones, both maxillary bones.

> **풀이**
> ① occipital bone : 후두골
> ② zygomatic bone : 협골(관골)
> ③ nasal bone : 비골
> ④ maxillary bone : 상악골

제46회 보험계리사 및 손해사정사 제2차 시험문제 (2023년도 시행)
의학이론

1. 슬관절 내 구조물 중 하나인 반월상 연골판의 기능을 서술하시오 (5개). (10점)

◆ 풀이

1) 체중전달
2) 외력의 분산
3) 관절연골 보호
4) 관절의 안정성
5) 윤활기능

2. 대퇴 골두 괴사는 대퇴골 경부 골절의 합병증으로 일어날 수 있다. 그 밖에 비외상성으로 대퇴 골두 무혈성 괴사를 일으킬 수 있는 것은 무엇이 있는가요? 5개 기술 하시오. (10점)

◆ 풀이

1. 과다한 음주
2. 부신피질 호르몬 과다 사용 : 부신피질 호르몬을 과다하게 복용하는 전신성 홍반성 낭창, 쿠싱 증후군, 내분지 질환, 장기이식 등
3. 잠수병
4. 혈색소 질환(겸상구 빈혈증)
5. 고셔병
6. 방사선 조사
7. 동맥질환
8. 화학 요법

그밖에 고지혈증, 임신, 췌장염, 전이성 악성종양, 과민반응, 염증성 장질환, 통풍, 만성 간 질환, 응고장애, 신장질환, 유육종증, 독성화학품, 흡연 등

3. 다음 그림은 연부 조직에 손상 없이 제4 중수골 골절 후 유합이 되었으나 손가락을 굽힐 때 손가락이 교차하게 되었다. 원인은 무엇인가? (10점)

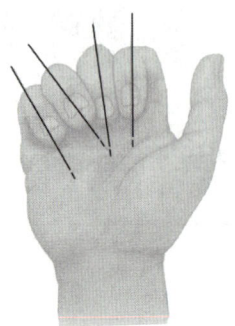

◆ 풀이

중수골 골절의 합병증으로는 강직, 부정유합, 불유합 건유착 또는 파열, 감염, 내재근 기능저하, 골수염 등이 발생할 수 있다. 부정유합은 중수골 골절의 가장 흔한 합병증으로 단축, 각변형, 회전 변형이 포함된다. 회전 변형은 사선 또는 나선 골절에서 흔히 발생하며 수지를 굴곡하면 골절된 수지가 인접수지 위로 겹쳐지게 된다.

4. 골절치유에 영향을 미치는 치유인자에 대해 설명하십시오(10개 이상). (10점)

◆ 풀이

1. 나이 : 나이가 어릴수록 골절의 치유가 빠름
2. 영양 상태 : 영양상태가 좋을수록 골절의 치유가 빠름
3. 호르몬 : 갑상선 호르몬, 성장 호르몬, 칼시토닌, 인슐린 등은 골절의 치유에 영향을 미친다.
4. 골조직 : 해면골은 치밀골 보다 골절의 치유가 빠르다.
5. 감염 : 감염이 없는 뼈는 감염이 있는 뼈보다 치유가 빠르다.
6. 손상의 중증도 : 저에너지 손상이 고에너지 손상보다 유합이 빠르다.
7. 폐쇄성 골절이 개방성 골절 보다 골절의 유합이 빠르다.
8. 골절부위 연부조직이 삽입되면 골절의 유합이 늦다.
9. 골절의 혈액 공급이 좋을 수록 골절의 유합이 빠르다.
10. 골절의 부가는 복구할 조직의 양이 적어 골절의 유합이 빠르다.

5. 외상으로 급성구획 증후군이 발생하였다. 전형적인 증상 5개를 기술하시오. (10점)

   풀이

   동통(Pain), 창백(Pallor), 이상감각(Paresthesia), 마비(Paralysis), 무맥(Pulselessness)

6. 골다공증 골절은 작은 외상에 발생하는 골절을 의미한다. 흔히 발생하는 부위는 어디인가요? 4군데를 기술하시오. (각 2.5점)

   풀이

   척추, 대퇴경부, 상완골, 요골 원위부

7. 동맥의 죽상경화증(죽상동맥경화증)은 혈관의 내피세포의 손상과 지방세포 및 찌꺼기들의 축적으로 경화반(Plaque)이 형성/진행되어, 유의한 혈관 협착 또는 경화반의 파열을 초래하면서 허혈성 심질환, 뇌경색/뇌출혈, 말기 신질환 및 허혈성 사지질환 등을 유발시킨다. 동맥 죽상형화증 발생의 주요 위험인자를 5가지 이상 열거하시오. (5점)

   풀이

   고지혈증, 흡연, 고혈압, 당뇨, 비만 운동부족, 유전적 경향, 나이, 남성, 인종

8. 대사증후군(Metabolic syndrome)은 단일 질병이 아닌 유전적 소인과 환경적 인자가 결합하여 발생하는 포괄적 질병으로 정의된다. 현재 우리나라에서 사용되는 대사증후군 진단의 (1) 구성요소 5가지 및 (2) 각 구성요소별 진단 기준을 서술하시오. (각 5점, 총 10점)

◆ 풀이

(1) 진단의 구성요소
   ① 허리둘레 ② 혈압 ③ 중성지방 ④ HDL(고밀도지단백)콜레스테롤 ⑤ 공복혈당
(2) 각 구성요소별 진단 기준
   ① 허리둘레 : 남자 90cm, 여자 85cm 이상
   ② 혈압 : 수축기혈압 130mmHg 이상, 이완기 혈압 85mmHg 이상
   ③ 중성지방 : 150mg/dl 이상
   ④ HDL(고밀도지단백)콜레스테롤 : 남 40mg/dl 여자 50mg/dl 미만)
   ⑤ 공복혈당 : 100mg/dl 이상

9. 수정체의 혼탁으로 시력이상이 발생하는 질환인 백내장은 크게 선천성과 후천성으로 나눌 수 있다. 1) 후천성(후발성)으로 발생하는 백내장의 종류를 열거하고 2) 안과에서의 가장 기본적인 검사이기도 하며 백내장 진단-수정체혼탁의 정도 및 위치 파악 등-에 필요한 대표적인 검사방법을 쓰시오. (5점)

◆ 풀이

1) 후천적(후발성) 백내장의 분류
   (1) 노년백내장
   (2) 외상백내장
   (3) 합병 백내장 : 심한 안질환 이후 초래되는 백내장
   (4) 후발 백내장 : 수정체수술(낭외적출술) 후 수정체 후낭과 전낭의 일부가 남는 경우 여기에 수정체 섬유일부가 붙어있으면서 혼탁한 막을 형성
   (5) 당뇨백내장
   (6) 중독 백내장 : 장기간의 스테로이드 사용 후 발생 가능
2) 대표적 검사 : 세극등 현미경 검사

10. 만성 기관지염, 폐기종, 만성 천식 등의 기도 폐쇄로 인한 질환인 1) 만성 폐쇄성 폐질환 (COPD)의 3대 주요 증상을 쓰고 폐기능검사(PET) 중 가장 핵심적인 검사인 2) FEV1에 대해 설명하시오. (각 5점, 총 10점)

◆ 풀이

1) 증상
   ① 기침
   ② 가래
   ③ 만성적이고 진행적인 호흡곤란

2) FEV1 : 1초간 노력성 호기량

11. 갑상선 암과 함께 여성암 발생율 1,2위를 다투는 질환인 '유방암의 고위험군'에 해당하는 경우를 5가지 이상 열거하시오. (10점)

◆ 풀이

1. 어머니나 형제 중에 유방암 가족력이 있는 사람
2. 한쪽 유방에 유방암이 있었던 사람
3. 출산 경험이 없었던 사람
4. 30세 이후에 첫 출산을 한사람
5. 비만, 동물성 지방을 과잉 섭취하는 사람
6. 장기간 호르몬 자극을 받은 사람(이른 초경, 늦은 폐경, 폐경 후 장기적인 여성 호르몬의 투여)
7. 가슴부위에 방사선 치료를 받았거나 핵폭탄에 노출된 경험이 있는 사람
8. 지속적인 유방문제(덩어리 있는 유방)와 자궁내막, 난소, 대장에 악성종양이 있었던 사람

제47회 보험계리사 및 손해사정사 제2차 시험문제 (2024년도 시행)
의학이론

1. 50세 성인 남자가 교통사고로 우측 대퇴골의 간부에 분쇄 골절이 있어 수술적 치료를 하였다. 치료가 적절하지 않아서 골 변형이 생겼다. 어떤 변형이 예상되는지 5가지를 기술하시오. (10점)

> **풀이**
>
> 골변형은 여러 가지 원인에 의해 발생할 수 있으나 상기 지문의 내용으로 보아 골절의 합병증인 부정유합 결과로 나타나는 골변형을 이야기하고 있다. 부정유합은 발생 부위에 따라서 관절내 부정유합과 관절외 부정유합으로 나눌 수 있으며 관절외 부정유합은 골간단부 부정유합(metaphyseal malunnion), 골간부 부정유합(diaphyseal malunnion)으로 나눌 수 있다. 지문은 골간부의 부정유합의 결과로 인해 나타나는 변형을 묻는 문제로 골간부의 부정유합의 결과로 나타날 수 있는 변형은 아래와 같다.
> ① 각형성(전,후방 각형성)
> ② 내반 변형
> ③ 외반 변형
> ④ 단축(shortening)
> ⑤ 회전 변형(염전)

2. 파행(limping gait)이란 비대칭적 보행을 말한다. 원인을 5가지 열거하시오. (10점)

> **풀이**
>
> limping gait는 절뚝거림으로 한쪽 다리를 저는 비대칭적인 보행을 말한다.
> ① 하지의 구조적 이상 : 하지의 골절 또는 염좌 척추체 골절, 고관절 골절, 기타 근육 이상, 하지 단축, 고관절 이형성증
> ② 중추신경계 이상 : 파킨슨병, 뇌졸중, 뇌성마비 등
> ③ 요추 병증 : 척추관 협착증, 요추 신경병증

④ 혈관성 : 동맥경화성 만성 동맥 폐쇄질환, 버거씨병 등

⑤ 감염(염증성) : 류마티스관절염, 화농성 관절염, 통증, 골수염등

3. 퇴행성 관절염의 단순 방사선 소견을 5가지 기술하시오. (10점)

◆ 풀이

① 방사선 사진상 관절 간격의 감소(관절강 협착)

② 관절의 골극 형성(osteophyte)

③ 연골하 골경화(sclerosis)

④ 불규칙한 관절면

⑤ 골형태의 변형 등 이상소견 확인

(기타 가능한 답안 : 연골하 낭종)

4. 다음 질환이나 외상에 의해 흔히 손상되는 말초 신경은? (10점)

(1) 상완골 간부 골절

(2) 비골 경부 골절

(3) 수근관증후군(carpal tunnel syndrome)

(4) 주관증후군(cubital tunnel syndrome)

(5) 지각이상대퇴신경통(meralgia paresthetica)

◆ 풀이

(1) 상완골 간부 골절 : 요골신경

(2) 비골 경부 골절 : 비골신경

(3) 수근관증후군(carpal tunnel syndrome) : 정중신경

(4) 주관증후군(cubital tunnel syndrome) : 척골 신경

(5) 지각이상대퇴신경통(meralgia paresthetica) : 대퇴신경(외측 대퇴 표피신경)

5. 30세 남자 환자가 요통과 좌측 하지로 방사통을 호소하면서 내원하였다. 이학적 검사상 장족무지신근(extensor hallucis longus)의 근육 약화와 제1족지 배부에 감각 이상을 보였다. 일반적으로 어느 부위의 추간판 탈출이 의심되며, 압박된 신경근은 무엇인가?

(1) 이환된 부위 (5점)
(2) 압박된 신경근 (5점)

◆ 풀이
(1) 이환된 부위 : 요추 제4-5번간 추간판
(2) 압박된 신경근 : 제5 요추 신경근

6. 정형외과적 손상 중 응급 처치 및 수술을 요하는 경우를 열거하시오. (10점)

◆ 풀이
① 악화되는 신경손상을 동반한 척추 골절
② 구획증후군을 동반한 골절
③ 사지의 혈관, 연부조직 손상을 동반한 개방성 골절 / 탈구
④ 고관절, 슬관절, 견관절 등 주요 관절이 도수 정복되지 않는 탈구

7. 경부 초음파를 시행하는 의료기관의 증가에 따라 갑상선암의 조기진단이 급격히 증가하였다. 갑상선암의 종류를 조직학적 형태에 따라 5가지 이상 열거하시오. (10점)

◆ 풀이
① 유두암
② 여포암
③ 역형성(미분화암)
④ 수질암
⑤ 허들세포암(hurthle cell carcinoma) : 여포암의 변형 암임
⑥ 림프암(lympoma) = 림프종
⑦ 전이암

8. 류마티스 관절염의 많은 증상들은 활액막의 염증반응으로 생긴다. 1987년 미국 류마티스학회의 진단기준과 달리 2010년 미국 류마티스학회/유럽류마티스학회(ACR/EULAR)의 류마티스 관절염 진단기준은 4가지 분류 항목의 점수를 합산하여 진단한다. 아래 질문에 답하시오.

   (1) 4가지 분류 항목들을 열거하시오. (8점)
   (2) 신규 환자에서 다른 질환으로 설명할 수 없는 임상적으로 명백한 1개 이상의 관절윤활막염을 가진 경우, 항목 합산 점수가 몇 점 이상인 경우에 류마티스 관절염으로 진단할 수 있는지 쓰시오. (2점)

◆ 풀이

(1) 진단항목
   ① 관절 침범 개수, ② 급성기 염증 반응 물질, ③ 혈청검사, ④ 증상 발생기간
(2) 점수 : 6점

9. 후천적으로 뇌의 기질적 장애에 의하여 사람의 정신능력과 사회적 활동을 할 수 있는 능력의 소실이 있어 일상생활의 장애를 가져올 정도로 심할 때 치매라고 한다. 치매의 대표적 원인질환들을 5가지 이상 열거하시오. (10점)

◆ 풀이

① 알츠하이머병
② 혈관성 치매
   뇌동맥 경화로 인한 뇌혈류의 감소 또는 뇌졸중 이후 발병하며 뇌혈관 질환에 의해 뇌조직이 손상을 입어 치매가 발생하는 경우
③ 파킨슨병에 의한 치매
④ 루이소체 (Lewy body)치매
⑤ 외상성 치매
⑥ 알콜성 치매

10. 다음은 급성관동맥증후군에 대한 설명이다. 아래의 질문에 답하시오.
    (1) 불안정형 협심증의 특징적인 흉통을 2가지 이상 나열하시오. (4점)
    (2) 전형적인 Q파 심근경색의 특징적인 심전도 소견 3가지를 시간 순서대로 서술하시오. (6점)

> **풀이**
>
> (1) 불안정형 협심증의 흉통 양상
>   ① 안정 시 협심증 : 운동이나 스트레스와 무관하게 휴식 시 협심증 증상 발생
>   ② 새로이 발생한 협심증 : 2개월 이내 새로 생긴 심한 협심증
>   ③ 심해지는 협심증 : 기존 협심증의 정도가 더 자주 오래 지속되며 흉통의 강도가 증가
> (2) ① T파 상승 ② ST분절 상승 ③ 병적 Q파 출현

Part V

부록
· 키워드 노트 ·

Part I. 상해

I 골절 탈구의 개론

1. 인체의 주요 관절

(1) 관절의 분류

 1) 운동성에 따른 분류

   ① _____

   ② _____

 2) 조직학적 분류

   ① _____

   ② _____

   ③ _____

 3) 관절면의 모양에 따른 분류

   ① _____

   ② _____

   ③ _____

   ④ _____

   ⑤ _____

   ⑥ _____

2. 골절 및 탈구의 정의

(1) 골절의 정의

_____

(2) 탈구의 정의

_____

_____

3. 골절의 분류

(1) 해부학적 위치에 따른 분류

    1) _____

    2) _____

    3) _____

(2) 골절의 정도에 따른 분류

    1) _____

    2) _____

(3) 골절면의 방향에 따른 분류

    1) _____

    2) _____

    3) _____

    4) _____

(4) 골절편의 수에 따른 분류

    1) _____

    2) _____

    3) _____

(5) 개방창 동반 여부에 따른 분류

    1) _____

    2) _____

(6) 골절의 안정성에 따른 분류

    1) _____

    2) _____

(7) 골편의 전위에 따른 분류
  1) _____
  2) _____

(8) 손상기전에 따른 분류
  1) 직접외상에 의한 골절
    ① _____
    ② _____
    ③ _____
  2) 간접외상에 의한 골절
    ① _____
    ② _____
    ③ _____
    ④ _____

4. 특수골절

(1) 병적 골절(pathologic fracture)
  1) 정의
    _____
    _____
  2) 분류
    ① _____
    ② _____
  3) 진단
    _____ , _____ , _____

(2) 스트레스 골절(stress fracture)
  1) 정의
    _____

2) 호발부위(4군데)

　　_____ , _____ , _____ , _____

(3) 개방성 골절(Open fractue)
 1) 정의
　　_____

 2) 치료의 원칙(3가지)
　　_____ , _____ , _____

 3) 분류(Gustilo와 Anderson)
　　① 1형 : _____
　　② 2형 : _____
　　③ 3형 : _____
　　　　_____

 4) 치료의 단계
　　① _____
　　② _____
　　③ _____
　　④ _____
　　⑤ _____

(4) 소아골절
 1) 특수한 형태의 소아골절
　　① _____
　　② _____
　　③ _____

 2) 소아골절의 치료
　　① 치료원칙
　　　_____

② 수술적 치료가 필요한 경우(3가지)

(a) _____

(b) _____

(c) _____

3) 흔한 소아골절

① 분만 골절

(a) 정의

_____

(b) 호발부위

_____ , _____ , _____

② 상완골 과상부 골절

(a) 치료

_____ , _____ , _____

(b) 합병증

_____ , _____ , _____ ,

_____

③ 요골두 아탈구

(a) 원인

_____

(b) 진단

_____ , _____

5. 골절의 치유

(1) 장관골 골절의 치유과정

1) _____

2) _____

3) _____

(2) 골절의 치유에 영향을 미치는 인자

1) 손상인자

① _____
② _____
③ _____
④ _____
⑤ _____
⑥ _____

2) 환자요인

① _____
② _____
③ _____
④ _____
⑤ _____

3) 조직인자

① _____
② _____
③ _____
④ _____

4) 치료인자

① _____
② _____
③ _____

6. 골절 및 탈구의 치료

(1) 골절의 치료

1) 응급처치

2) 부목고정의 장점

   ① _____
   ② _____
   ③ _____
   ④ _____

(2) 본 치료

1) 치료의 원칙

   ① _____
   ② _____

2) 치료의 종류

   ① 비수술적 방법

      (a) _____
      (b) _____
      (c) _____
      (d) _____

   ② 수술적 방법

      (a) 관혈적 수술방법의 정의

      _____

      (b) 비관혈적 수술방법 의 정의

      _____

(3) 수술적 치료

1) 수술의 적응증 (5가지)

   ① _____
   ② _____

③ _____

④ _____

⑤ _____

7. 골절과 탈구의 합병증

(1) 전신적 합병증

1) _____

2) _____

3) _____

4) _____

5) 지방색전증

　① 지방색전증(fatembolism) 정의
　　_____
　　_____

　② 지방색전증의 주증상(3가지)
　　(a) _____
　　(b) _____ : _____ , _____ , _____ , _____
　　(c) _____

6) 심부정맥 혈전증

　① 정의
　　_____

　② 원인 (위험인자)
　　_____ , _____ , _____ , _____ ,
　　_____ , _____ , _____

　③ 증상
　　_____ , _____ , _____ , _____ ,

　④ 진단
　　_____ , _____ , _____

⑤ 치료

_____ , _____ , _____

7) 폐색전증

① 정의

_____

_____

8) 가스 괴저(Gas gangrene)

① 정의

_____

_____

② 증상

_____ , _____ , _____ , _____

③ 치료

_____ , _____ , _____ , _____ ,

_____

9) 파상풍

① 정의

_____

② 증상

_____ , _____ , _____

③ 치료

_____ , _____ , _____ , _____ ,

_____

(2) 국소적 합병증

1) 연부조직손상

① 정형외과 영역에서의 피부손상의 발생원인

_____ , _____ , _____ , _____

② 정형외과 영역에서 근육 및 건의 손상의 발생원인

　　_____

2) 신경손상

　① 신경손상이 호발하는 병변

　　(a) 견관절 탈구 : _____

　　(b) 상완골 간부골절 : _____

　　(c) 주관절 탈구 및 골절 : _____ , _____ , _____

　　(d) 고관절 탈구 : _____

　　(e) 비골골절 : _____

3) 혈관손상

　① 호발 부위 :

　　(a) 견관절 탈구 : _____ , _____

　　(b) 주관절 탈구 : _____

　　(c) 슬관절 탈구 : _____

4) 장기 손상

　① 호발 부위

　　(a) 골반골절 : _____

　　(b) 늑골골절 : _____

5) 급성 구획 증후군

　① 정의

　　_____

　　_____

　② 급성 구획증후군의 흔한 원인

　　_____ , _____ , _____ , _____

　③ 증상 및 징후

　　_____ , _____ , _____ , _____ , _____ = _____

④ 진단

⑤ 치료

　　_____ , _____ , _____

6) 무혈성 괴사

① 정의

② 원인

　　_____ , _____ , _____ , _____ ,
　　_____ , _____

③ 호발부위

　　_____ , _____ , _____ , _____

④ 진단 및 치료

　　_____ , _____ , _____ , _____

7) 감염 및 골수염

① 정의

② 증상

　　_____ , _____ , _____ ,
　　_____ , _____

③ 진단

　　_____ , _____ , _____

④ 치료

　　_____ , _____

8) 비정상적인 골절 치유(유합)

　① 부정유합

　　(a) 정의

　　_____
　　_____

　　(b) 원인(5가지)

　　　ⓐ _____
　　　ⓑ _____
　　　ⓒ _____
　　　ⓓ _____
　　　ⓔ _____

　　(c) 치료

　　　ⓐ 회전변형 : _____
　　　ⓑ 하지의 관절내 부정유합에서의 치료 : _____
　　_____
　　_____

　　　ⓒ 소아골절의 치료시 발생한 부정유합 : _____
　　_____

　② 지연유합

　　(a) 정의

　　_____
　　_____

　　(b) 증상 및 징후

　　_____

　　(c) 치료

　　_____

③ 불유합

   (a) 정의

      _____

   (b) 호발부위(3군데)

      _____ , _____ , _____

   (c) 원인(7가지)

      _____ , _____ , _____ , _____ ,

      _____ , _____ , _____

   (d) 분류(가골 형성 여부에 따른 분류)

      ⓐ _____

      ⓑ _____

      ⓒ _____

④ 치료

   _____ , _____ , _____ , _____

9) 재골절(refracture)

① 원인

   _____ ,

   _____

② 치료(예방)

   _____ ,

   _____

10) 관절강직

① 원인

   _____ , _____ , _____ , _____ ,

   _____ , _____

② 치료(예방)

   _____ , _____ , _____

11) 외상성 관절염(post traumatic arthritis)
　① 원인
　　_____ , _____ , _____ ,
　　_____

　② 호발부위
　　_____ (_____ , _____)

　③ 치료
　　_____ , _____ , _____ ,
　　_____ , _____ , _____ ,

12) 이소성 골형성
　① 원인
　　_____

　② 호발부위
　　_____ , _____

　③ 예방
　　_____ , _____ , _____ ,

13) 복합부위 통증 증후군(Complex Regional Pain Syndrome, CRPS)
　① 정의
　　_____
　　_____

　② 분류
　　(a) _____ = _____
　　(b) _____ = _____

　③ 진단 항목(4가지 카테고리)
　　(a) _____
　　(b) _____
　　(c) _____

ⓓ _____

④ 치료

_____ , _____ , _____

> 정답

I. 골절 탈구의 개론

1. 인체의 주요 관절

(1) 관절의 분류

1) 운동성에 따른 분류
   ① 가동관절
   ② 부동관절

2) 조직학적 분류
   ① 활막관절
   ② 섬유관절
   ③ 연골관절

3) 관절면의 모양에 따른 분류
   ① 구상관절(구와관절 : ball & socket joint)
   ② 경첩관절
   ③ 차축관절(활차관절 = 중쇠관절)
   ④ 안장관절
   ⑤ 과상관절(condyoid joint)
   ⑥ 평면관절

2. 골절 및 탈구의 정의

(1) 골절의 정의
   단일 혹은 반복적인 과부하로 인하여 뼈의 연속성이 완전 혹은 불완전하게 소실된 상태

(2) 탈구의 정의
   관절이 파열되거나 붕괴되어 관절을 구성하고 있는 뼈가 어긋나서 관절의 접촉면이 소실된 상태

3. 골절의 분류

(1) 해부학적 위치에 따른 분류

1) 골간골절

2) 골간단 골절

3) 골단 골절

(2) 골절의 정도에 따른 분류

1) 완전 골절

2) 불완전 골절

(3) 골절면의 방향에 따른 분류

1) 횡상 골절

2) 사선 골절

3) 나선상 골절

4) 종상 골절

(4) 골절편의 수에 따른 분류

1) 단순 또는 선상 골절

2) 분쇄 골절

3) 분절 골절

(5) 개방창 동반 여부에 따른 분류

1) 개방성 골절

2) 폐쇄성 골절

(6) 골절의 안정성에 따른 분류

1) 안정성 골절

2) 불안정성 골절

(7) 골편의 전위에 따른 분류

1) 비전위성 골절

2) 전위성 골절

(8) 손상기전에 따른 분류

1) 직접외상에 의한 골절
   ① 타박 골절
   ② 압좌골절
   ③ 관통 골절

2) 간접외상에 의한 골절
   ① 견열 골절(신장 골절)
   ② 압박 골절
   ③ 회전 골절
   ④ 각형성 골절

4. 특수골절

(1) 병적 골절(pathologic fracture)
 1) 정의
    정상적인 뼈에서는 골절을 일으키기 어려운 힘이 질환 혹은 종양으로 인하여 약해진 뼈에 작용해 골절을 일으키는 경우

 2) 분류
    ① 신생물에 의한 병적 골절
    ② 비신생물성 골절 : 골다공증, 골연화증, 골형성 부전증

 3) 진단
    방사선 사진, 골주사 , CT, 조직검사

(2) 스트레스 골절(stress fracture)
 1) 정의
    정상골이 반복적인 부하를 견디지 못하여 발생되는 불완절 골절

 2) 호발부위(4군데)
    중족골, 대퇴 경부, 경골 간부, 발의 주상골, 등

(3) 개방성 골절(Open fractue)
 1) 정의
    골절부위가 개방창을 통하여 외부환경과 연결되어 있는 골절

 2) 치료의 원칙(3가지)
    감염 예방 , 연부조직 손상의 치유 및 골절의 유합 , 기능의 회복

 3) 분류(Gustilo와 Anderson)
    ① 1형 : 창상크기가 1cm이하의 저에너지 손상으로 연부조직 손상이 경미함
    ② 2형 : 1cm이상의 창상과 연부조직 손상이 중등도이며 이물질은 비교적 적음
    ③ 3형 : 10cm 이상의 창상과 이물질이 많고 근육의 손상이 심하며 골편의 전위가 많음

4) 치료의 단계
   ① 응급처치
   ② 변연절제술 및 세척을 포함한 연부조직에 대한 수술
   ③ 골절의 안정화를 위한 수술
   ④ 피부와 연부조직, 골조직 재건술
   ⑤ 재활치료

(4) 소아골절

1) 특수한 형태의 소아골절
   ① 소성변형
   ② 녹색 줄기 골절
   ③ 융기골절

2) 소아골절의 치료
   ① 치료원칙
      도수정복 및 견인 등의 비수술적 치료를 우선적으로 시행
   ② 수술적 치료가 필요한 경우(3가지)
      (a) 관절내의 전위된 골절
      (b) 대퇴 경부골절
      (c) 일부 골단판 골절

3) 흔한 소아골절
   ① 분만골절
      (a) 정의
         분만 과정 중에 신생아에 발생하는 골절
      (b) 호발부위
         쇄골 간부, 상완골 간부, 대퇴간부
   ② 상완골 과상부 골절
      (a) 치료
         도수정복, 경피적 핀고정술, 관혈적 정복 및 내고정술
      (b) 합병증
         부정유합 및 이행각의 변화(내반주변형), 볼크만 허혈성구축, 신경손상, 외상성 화골성 근염
   ③ 요골두 아탈구
      (a) 원인
         요골 윤상인대 일부가 찢어서 요골두가 일과성 아탈구

(b) 진단

　　방사선 사진 촬영, 전완을 회전시키면서 서서히 굴곡 시킴

5. 골절의 치유

(1) 장관골 골절의 치유과정

1) 염증기

2) 복원기

3) 재형성기

(2) 골절의 치유에 영향을 미치는 인자

1) 손상인자
   ① 개방성 골절 여부
   ② 손상의 중증도
   ③ 관절내 골절
   ④ 분절 골절
   ⑤ 골절편간 연부조직 삽입
   ⑥ 혈액 공급의 장애

2) 환자요인
   ① 질병 / 장애
   ② 연령
   ③ 영양 상태
   ④ 전신호르몬
   ⑤ 흡연(니코틴)

3) 조직인자
   ① 골의 형태(해면골 또는 피질골)
   ② 골괴사
   ③ 골질환
   ④ 감염

4) 치료인자
   ① 골절 골편의 부가
   ② 부하 및 미세운동
   ③ 골절의 안정화

6. 골절 및 탈구의 치료

(1) 골절의 치료

1) 응급처치

2) 부목고정의 장점
   ① 환자의 이동을 용이하게 함
   ② 통증 감소
   ③ 추가적인 연부조직 손상을 예방하고 폐쇄성 골절이 개방성 골절로 전환되는 것을 방지
   ④ 지방색전증 및 쇼크 발생을 감소

(2) 본 치료

1) 치료의 원칙
   ① 적절한 해부학적 형태로 견고한 골유합을 얻어 통증을 완화
   ② 정상에 가깝도록 회복시켜 조기에 정상 생활에 복귀

2) 치료의 종류
   ① 비수술적 방법
      (a) 도수정복
      (b) 고정
      (c) 견인
      (d) 기능성 보조기
   ② 수술적 방법
      (a) 관혈적 수술방법의 정의
         골절부위를 수술적으로 노출시켜 직접 눈으로 보면서 골절편을 정복 후 내고정 시행
      (b) 비관혈적 수술방법의 정의
         골절부위를 수술적으로 노출시키지 않고 도수적복 후 고정을 시행하는 법

(3) 수술적 치료

1) 수술의 적응증 (5가지)
   ① 도수정복으로 치료가 불가능한 경우
   ② 전위된 골절
   ③ 정복 후 다시 어긋난 가능성이 클 때
   ④ 구획 증후군
   ⑤ 갈레아찌 골절

7. 골절과 탈구의 합병증

(1) 전신적 합병증

1) 쇼크

2) 심폐정지

3) 압궤 증후군

4) 출혈

5) 지방색전증
   ① 지방색전증(fatembolism)정의
   골절 및 어떠한 원인으로 골수에서 떨어져 나간 지방 입자가 파열된 정맥 진입 후 주요장기 혈관의 색전 유발
   ② 지방색전증의주증상(3가지)
   (a) 호흡기계증상
   (b) 중추 신경계 증상 : 기면, 급성 불안, 혼미, 혼수 경련
   (c) 점상 출혈(점상 발진)

6) 심부정맥 혈전증
   ① 정의
   근육 깊은 곳의 심부정맥에 혈전이 생긴 것
   ② 원인 (위험인자)
   65세 이상의 고령, 비만, 흡연, 경구 피임약, 악성 종양, 척수 손상, 대퇴골이나 경골의 골절, 장기간의 침상 안정
   ③ 증상
   하지부의 통증, 감각 이상, 부종, 온기, 홍반
   ④ 진단
   초음파 검사(가장 효율적), 정맥 조영술, CT정맥 조영술
   ⑤ 치료
   항응고제 투여, 혈전 절제술, 예방목적의 조기보행

7) 폐색전증
   ① 정의
   심부정맥의 혈전이 붙어있던 혈관벽에서 떨어져 나와 우심방, 우심실을 지나 폐로 이동하여 폐동맥을 막아 색전이 생기는 것

8) 가스 괴저(Gas gangrene)
   ① 정의
   개방성 창상부가 혐기성 균에 감염되어 통증, 피부변색, 근육 및 조직 괴사나 패혈증 등의 전신증상을 일으키는 질환
   ② 증상
   외상부의 극심한 통증, 피부변색, 괴사, 초음파나 방사선상 수포 소견
   ③ 치료
   괴사조직 제거, 철저한 세척, 변연절제술을 시행, 항생제 투여, 강력한 항생제 투여 및 고압산소 요법

9) 파상풍
   ① 정의
   파상풍 균이 생산한 독소가 신경계를 침범하여 심각한 골격근의 연축을 일으키는 질환
   ② 증상
   개구장애, 안면근의 연축, 후두와 인두근육의 경직에 의한 호흡곤란
   ③ 치료
   파상풍 백신접종, 파상풍 독소 주사, 외부자극 차단, 호흡 곤란시 기관절개술 시행, 필요시 고압 산소 요법 시행

(2) 국소적 합병증
 1) 연부조직손상
   ① 정형외과 영역에서의 피부손상의 발생원인
   개방성 골절, 수술창의 개방, 욕창, 석고압박 등에 의한 피부손상
   ② 정형외과 영역에서 근육 및 건의손상의 발생원인
   수상 당시 건이나 근육의 손상 및 지연성 건파열
 2) 신경손상
   ① 신경손상이 호발하는 병변
     (a) 견관절 탈구 : 액와신경
     (b) 상완골 간부골절 : 요골신경
     (c) 주관절 탈구 및 골절 : 요골, 정중, 척골신경
     (d) 고관절 탈구 : 좌골신경
     (e) 비골골절 : 총비골신경
 3) 혈관손상
   ① 호발 부위 :

      (a) 견관절 탈구 : 액와동맥 및 정맥, 상완동맥

      (b) 주관절 탈구 : 상완동맥

      (c) 슬관절 탈구 : 슬와 동맥

4) 장기 손상

  ① 호발 부위

      (a) 골반골절 : 하부요도

      (b) 늑골골절 : 폐 또는 늑막

5) 급성 구획 증후군

  ① 정의

    사지의 한정된 구획에 압력이 증가하여 이 구획내 있는 조직의 혈액 순환과 기능이 장애가 되어 근육 및 신경이 괴사되는 것

  ② 급성 구획증후군의 흔한 원인

    골절, 연부조직 손상, 동맥 손상, 의식소실기간 중의 사지 압박 및 손상

  ③ 증상 및 징후

    동통(Pain), 창백(Pallor), 이상감각(Paresthesia), 마비(paralysis), 무맥(Pulselessness) =5P

  ④ 진단

    조직압 측정

  ⑤ 치료

    근막 절개술 실시. 병변 주위를 감싸고 있는 붕대, 부목등을 제거

6) 무혈성 괴사

  ① 정의

    골절 또는 탈구로 혈류가 차단되어 해당 혈관의 지배하에 있는 골의 부분에 괴사가 일어나는 것

  ② 원인

    골절, 탈구 등의 외상, 알코올 과다 복용, 스테로이드과다복용, 잠수병, 감압병

  ③ 호발부위

    대퇴골두, 거골 체부, 수근부 주상골, 상완골두 등

  ④ 진단 및 치료

    보조기 착용, 골이식, 절골술, 인공관절 치환술

7) 감염 및 골수염

  ① 정의

    골절 및 탈구로 인하여 발생하는 감염으로 개방성 창상, 수술 및 혈행에 의한 감염

② 증상
　통증, 발열, 부종 및 열 등의 임상증상, 전신쇠약, 체온 상승 및 환부의 농 배출
③ 진단
　혈액 검사 이상 소견, 방사선 소견 및 MRI 및 골주사 이상 소견, 혈액배양 및 농양 천자를 통한 원인균 확인
④ 치료
　항생제 투여, 변연절제술

8) 비정상적인 골절 치유(유합)
　① 부정유합
　　(a) 정의
　　　골편들이 원래의 해부학적 위치가 아닌 상태로 유합되는 것으로 지단축, 유합각 형성, 회전 변형 등을 유발
　　(b) 원인(5가지)
　　　ⓐ 중추신경계 손상으로 인한 경련성 마비
　　　ⓑ 심한 연부조직 손상을 동반한 골절
　　　ⓒ 부정확한 정,복
　　　ⓓ 불충분한 고정, 조기보행
　　　ⓔ 환자의 부주의,
　　(c) 치료
　　　ⓐ 회전변형: 교정수술
　　　ⓑ 하지의 관절내 부정유합에서의 치료 : 수술의 절대적 적응증이 된다. 수술 방법으로는 이차적교정술, 관절외 교정절골술, 관절 유합술 또는 관절 성형술 등
　　　ⓒ 소아골절의 치료시 발생한 부정유합 : 성장에 따른 자연 교정을 보면서 수술여부를 결정
　② 지연유합
　　(a) 정의
　　　골절이 유합될 수 있는 충분한 기간 치료를 했음에도 유합이 지연되는 상태로 치유과정이 완전히 정지된 상태 아님
　　(b) 증상 및 징후
　　　골절된 사지의 열감 및 발적, 국소 종창, 움직이거나 부분 체중 부하시 골절부 통증 유발
　　(c) 치료
　　　체중부하를 줄임. 6주간의 석고고정을 시행하여 골절의 치유를 촉진, 3~6주마다 방사선 사진 촬영

③ 불유합
- ⓐ 정의
  골절부의 유합이 정지된 상태
- ⓑ 호발부위(3군데)
  경골하 1/3 골절, 대퇴골 경부 골절, 손의 주상골 골절
- ⓒ 원인(7가지)
  심한 개방성골절, 골수염, 분쇄골절, 골절부 사이에 연부조직이 삽입, 골절부의 계속적 운동, 부적절한 내고정, 불충분한 외고정 기간
- ⓓ 분류(가골 형성 여부에 따른 분류)
  - ⓐ 위축성 불유합(atrophic nonunion)
  - ⓑ 비후형 불유합(hypertrophic nonunion)
  - ⓒ 빈영양형 불유합(oligotrophic nonunion)

④ 치료
전기자극, 초음파, 골이식술, 외고정술 등의 수술적 치료

9) 재골절(refracture)
① 원인
내고정 때 삽입한 압박 금속판 및 금속나사의 제거 후 나사구멍으로 인한 골강도 약화, 골다공증
② 치료(예방)
완전 유합 후 압박금속판 제거, 제거 후 4주간 체중부하를 줄이고 4개월까지 스포츠 활동자제

10) 관절강직
① 원인
관절 탈구 및 아탈구, 인대손상, 관절타박상, 관절내골절, 장기간의 외고정, 광범위한 연부조직의 손상에 대한 반흔 구축
② 치료(예방)
견고한 내고정 후 물리치료, 수동적 관절운동 및 유착박리술, 기능적 보조기 착용 후 조기 관절 운동

11) 외상성 관절염(post traumatic arthritis)
① 원인
관절면의 부절적한 정복, 하중 전달에 의한 연골 손상, 부정 정렬, 반복 되는 손상 등
② 호발부위
체중이 부하되는 관절(슬관절, 족관절 등)
③ 치료
적당한 휴식, 체중감소, 목발이나 지팡이를 통한 하중 감소, 온열요법이나 마사지, 관절의 능동적

운동 등의 물리치료, 인공관절 치환술, 수지 및 족지관절에서는 관절 고정술 시행

12) 이소성 골형성
   ① 원인
      골절이나 탈구 등의 외상 후 연부조직에 석회 침착이나 화골(calcification)이 발생하는 것
   ② 호발부위
      주관절, 고관절 및 견관절
   ③ 예방
      조기 능동적 운동, 부드러운 수동 운동, 저용량의 방사선 조사, 인도메타신 사용

13) 복합부위 통증 증후군(Complex Regional Pain Syndrome, CRPS)
   ① 정의
      손상이나 질병으로부터 회복되는 과정 중에 교감신경계의 비정상적 장기간의 반응으로 인한 불명확한 통증이 오는 경우
   ② 분류
      (a) 제1형 (반사성 교감신경이영양증) = 신경 손상 없음
      (b) 제2형(작열통)= 신경손상이 동반
   ③ 진단 항목(4가지 카테고리)
      (a) 감각이상
      (b) 혈관 이상
      (c) 부종, 발한이상
      (d) 운동 또는 이영양성 변화
   ④ 치료
      물리치료, 마약성 진통제, 교감신경 차단제(차단술)

Ⅱ 두부외상 및 신경 손상

1. 두부 해부학

(1) 해부학적 특징

1) 뇌두개골의 종류
   ① _____
   ② _____
   ③ _____
   ④ _____
   ⑤ _____
   ⑥ _____

2) 봉합의 종류
   ① _____ : _____ - _____
   ② _____ : _____ - _____
   ③ _____ : _____ - _____
   ④ _____ : _____ - _____

3) 뇌막
   ① _____
   ② _____
   ③ _____

4) 뇌
   ① 대뇌의 구조와 기능
      (a) 운동중추, 언어중추, 예측, 추상적 사고, 판단 수의적 운동 : _____
      (b) 기억, 청각중추 : _____
      (c) 통증, 온도, 압력 등 감각의 중추, 몸과 사지의 자세 인식 : _____
      (d) 시각중추 : _____
   ② 소뇌

③ 뇌간(Brain stem)

 (a) _____

 (b) _____

 (c) _____

④ 간뇌(Diencephalon, 사이뇌)

 (a) _____

 (b) _____

5) 뇌신경의 종류

번호	뇌신경	기능
I		감각 :
II		감각 :
III		운동 :
IV		운동 :
V		감각 :
VI		운동 :
VII		감각 : 운동 :
VIII		감각 :
IX		감각 :
X		감각 : 운동 :
XI		운동 :
XII		운동 :

① 혀와 관련된 뇌신경

  (a) _____

  (b) _____

  (c) _____

  (d) _____

② 운동과 감각 혼합신경

  (a) _____

  (b) _____

  (c) _____

  (d) _____

6) 자율 신경계의 길항 작용

	교감신경	부교감신경
심장박동		
동공		
혈압		
방광		
침		
말초혈관		
땀		

2. 두부외상

(1) 손상 기전

(2) 진단 및 검사

 1) 근력 등급

  ① _____

  ② _____

  ③ _____

  ④ _____

⑤ _____ , _____

⑥ _____

2) Glasgow Coma Scale(GCS)평가항목

① _____

② _____

③ _____

3) 의식수준의 평가 : 의식수준의 5단계

① _____

② _____

③ _____

④ _____

⑤ _____

4) 반사

① 병적반사(대표적인 병적 반사 1가지)

_____

② 근육 신장 반사(Muscle stretch reflex) = 심부건 반사(Deep tendon reflex)의 종류

(a) 삼두근 반사

(b) _____

(c) _____

(d) _____

(e) _____

5) 뇌신경 검사

(a) 동공반사(light reflex) : _____ , _____

(b) 구역반사 : _____ , _____

6) 영상 및 보조검사

_____ , _____ , _____ , _____ ,

_____ , _____

3. 두부 외상의 종류

(1) 두개골 골절의 종류

1) 골절 모양 및 양상에 따른 대표적 골절의 종류(4가지)

   ① _____

   ② _____

   ③ _____

   ④ _____

2) 두개골 골절의 부위에 따른 분류

   ① _____

   ② _____

   (a) 관찰소견 (3가지) : _____ , _____ , _____

(2) 두 개내 손상

1) 경막외혈종(Epiduralhematoma=경막상혈종)

   ① 진단(CT 소견)

   _____

2) 급성/만성경막하혈종(Acute/ChronicSubduralHematoma)

   ① 위험인자(4가지)

   (a) _____

   (b) _____

   (c) _____

   (d) _____

   ② 진단검사 (CT소견)

   (a) _____

3) 미만성 뇌축삭손상

   ① 정의

   _____

   _____

4. 두부외상의 치료

1) 두개강내압의 상승에 따른 대표적 증상(3가지)
   ① _____
   ② _____
   ③ _____

2) 두부손상에 따른 두개강내압의 관리
   ① _____ : _____ , _____ , _____
   ② _____ : _____ , _____ , _____

5. 두부손상의 후유증

(1) 식물인간

1) 정의
   ① _____
   ② _____
   ③ _____

(2) 뇌사

1) 뇌사의 정의
   _____

2) 뇌사의 조건
   _____ , _____ , _____ 및 _____

3) 뇌사 판정의 기준
   ① _____
   ② _____
   ③ _____
   ④ _____
   ⑤ _____

> 정답

II. 두부외상 및 신경 손상
1. 두부 해부학
(1) 해부학적 특징

 1) 뇌두개골의 종류

   ① 전두골 (1)

   ② 측두골 (2)

   ③ 접형골 (1)

   ④ 후두골(1)

   ⑤ 두정골(2)

   ⑥ 사골(1)

 2) 봉합의 종류

   ① 시상봉합 : 두정골 – 두정골

   ② 관상 봉합 : 전두골 – 두정골

   ③ 인상 봉합 : 두정골 – 측두골

   ④ 삼각 봉합 : 두정골 – 후두골

 3) 뇌막

   ① 경막

   ② 지주막

   ③ 연막

 4) 뇌

   ① 대뇌의 구조와 기능

      (a) 운동중추, 언어중추, 예측, 추상적 사고, 판단 수의적 운동 : 전두엽

      (b) 기억, 청각중추 : 측두엽

      (c) 통증, 온도, 압력 등 감각의 중추, 몸과 사지의 자세 인식 : 두정엽

      (d) 시각중추 : 후두엽

   ② 소뇌

   ③ 뇌간(Brain stem)

      (a) 중뇌

      (b) 교뇌(뇌교)

      (c) 연수

④ 간뇌(Diencephalon, 사이뇌)
  (a) 시상
  (b) 시상하부

5) 뇌신경의 종류

번호	뇌신경	기능
I	후각신경	감각 : 후각
II	시신경	감각 : 시각
III	동안신경	운동 : 안구운동, 동공수축, 안검거상
IV	활차신경	운동 : 안구운동(상사근)
V	삼차신경	감각 : 안면부 감각, 운동: 저작근 운동(안신경, 상악신경, 하악신경)
VI	외전신경	운동 : 안구운동(외직근)
VII	안면신경	감각 : 혀 전방의 2 / 3 맛감각 운동 : 안면 표정근 운동, 누액 및 타액 분비
VIII	청신경	감각 : 청각(와우신경), 평형(전정 신경)
IX	설인신경	감각 : 혀의 후방 1 / 3의 맛감각 인두감각, 운동 : 타액 분비
X	미주신경	감각 : 외이도 감각, 흉복부 장기 감각, 운동 : 연구개, 후두, 연하 운동, 흉복부 장기 운동
XI	부신경	운동 : 목의 운동, 흉쇄유돌근과 승모근
XII	설하신경	운동 : 혀의 운동

① 혀와 관련된 뇌신경
  (a) 삼차신경
  (b) 설하신경
  (c) 설인신경
  (d) 안면신경

② 운동과 감각 혼합신경
  (a) 삼차신경
  (b) 안면신경
  (c) 설인신경
  (d) 미주신경

6) 자율 신경계의 길항 작용

	교감신경	부교감신경
심장박동	촉진	억제
동공	확대	축소
혈압	상승	하강
방광	이완	수축
침	억제	촉진
말초혈관	수축	이완
땀	분비 증가	감소

2. 두부외상

(1) 손상 기전

(2) 진단 및 검사

1) 근력 등급
   ① normal 100%
   ② good 75%
   ③ fair 50% 중력을 이길 정도
   ④ poor02 25% 중력을 이기지 못함
   ⑤ trace 10% 수축만 가능, 관절운동 불가능
   ⑥ zero

2) Glasgow Coma Scale(GCS)평가항목
   ① 개안반응 4점
   ② 언어반응 5점
   ③ 운동 반응 6점

3) 의식수준의 평가 : 의식수준의 5단계
   ① 청명
   ② 기면
   ③ 혼미
   ④ 반혼수
   ⑤ 혼수

4) 반사
　① 병적반사(대표적인 병적 반사 1가지)
　　바빈스키 반사
　② 근육 신장 반사(Muscle stretch reflex) = 심부건 반사(Deep tendon reflex)의 종류
　　(a) 삼두근 반사
　　(b) 이두근 반사
　　(c) 완요근반사
　　(d) 슬개건 반사
　　(e) 아킬레스건 반사

5) 뇌신경 검사
　(a) 동공반사(light reflex) : 시신경, 동안신경
　(b) 구역반사 : 설인신경, 미주신경

6) 영상 및 보조검사
　MRI, CT, 방사선 검사, 뇌혈관 조영술, 뇌파 검사, 유발 전위 검사

3. 두부 외상의 종류

(1) 두개골 골절의 종류

1) 골절 모양 및 양상에 따른 대표적 골절 의 종류(4가지)
　① 선상 골절
　② 이개 골절
　③ 함몰 골절
　④ 분쇄 골절

2) 두개골 골절의 부위에 따른 분류
　① 두개관 골절
　② 두개저 골절
　　(a) 관찰소견 (3가지)

(2) 두개내 손상

1) 경막외혈종(Epiduralhematoma=경막상혈종)
　① 진단(CT 소견)
　　CT 상 볼록 렌즈 영상

2) 급성/만성경막하혈종(Acute/ChronicSubduralHematoma)
　① 위험인자(4가지)
　　(a) 고령
　　(b) 알코올 과다 복용
　　(c) 항응고제 투여 및 출혈 경향이 높은 경우
　　(d) 남자
　② 진단검사 (CT소견)
　　(a) 초승달 모양의 음영

3) 미만성 뇌축삭손상
　① 정의
　　CT상 혼수의 원인이 될 만한 병소가 없음에도 불구하고 외상직후부터 6시간이상 혼수상태가 지속되는 경우

4. 두부외상의 치료

(1) 두개강내 압의 상승의 진단 및 치료

1) 두개강내압의 상승에 따른 대표적 증상(3가지)
　① 두통
　② 유두부종
　③ 토사성 구토

2) 두부손상에 따른 두개강내압의 관리
　① 내과적 요법 : 과호흡, 삼투성 제제 및 이뇨제, 저체온 요법
　② 외과적 요법 : 두개골절제술, 뇌실복강 단락술, 뇌실외 배액술

5. 두부손상의 후유증

(1) 식물인간

1) 정의
　① 뇌기능의 광범위한 손상이 있으나 뇌간(brain stem)기능은 유지되고 있는 상태
　② 자발 호흡이 가능하며 활력징후는 정상임
　③ 자신과 주변에 대한 인식이 불가능한 상태로 의사소통이 불가능

(2) 뇌사

1) 뇌사의 정의
　뇌의 모든 기능이 되지 않는 상태

2) 뇌사의 조건
   무호흡, 심혼수, 정확한 진단 및 회복가능성이 없는 기질적 뇌손상
3) 뇌사 판정의 기준
   ① 심혼수 이어야함(GCS 3점)
   ② 무호흡 상태이며 자발 호흡 불가능
   ③ 뇌간 반사 소실, 동공고정 및 확대
   ④ 평탄 뇌파
   ⑤ 자발운동, 제뇌경직, 제피질경직 및 경련 등이 나타나지 않음

Ⅲ 척추 손상

1. 척추

(1) 척주(vertebral column)의 구조

1) 추골의 구조(부위별 개수)
   ① _____
   ② _____
   ③ _____ , _____
   ④ _____ , _____

2) 척추의 관절
   ① 전방관절 : _____
   ② 후방관절 : _____

3) 척추 인대의 종류
   ① _____
   ② _____
   ③ _____
   ④ _____
   ⑤ _____
   ⑥ _____

4) 척추의 운동
   ① 경추 : _____ , _____ , _____ , _____
   ② 흉추 : _____ , _____ , _____
   ③ 요추 : _____

2. 척수 및 척수 신경

(1) 척수(spinal cord)

1) 연수
2) 척수원추

3) 마미

(2) 척수 신경(spinal nerve)

① 경수신경 : _____

② 흉수신경 : _____

③ 요수신경 : _____

④ 천수신경 : _____

⑤ 미수신경 : _____

3. 추간판탈출증

(1) 정의 :
_____

(2) 경추간판탈출증

1) 호발부위 별 주요증상

	제4~5경추	제5~6경추	제6~7경추
압박 신경근			
운동기능 이상 (근력약화)			
감각이상			
반사저하			

2) 진단 검사 (증상 유발 검사)

① _____

② _____

③ _____

(3) 요추간판탈출증

1) 호발부위별 주요 증상

	제3~4요추간	제4~5요추간	제5요추 ~ 제1천추간
압박 신경근			
운동저하 부위			
감각저하 부위			
반사저하 부위			

2) 진단 검사 (증상 유발 검사)
   ① _____
   ② _____

(4) 추간판 탈출증의 치료방법

1) 보존적 치료

   _____ , _____ , _____ · _____ ,
   _____

2) 수술적 치료 적응증
   ① _____
   ② _____
   ③ _____

3) 수술의 종류(수술명)
   ① _____
   ② _____
   ③ _____

(5) 마미증후군

1) 정의

   _____
   _____
   _____

2) 치료
_____

4. 척추 질환의 기왕증

(1) 척추관 협착증
1) 정의
_____

2) 증상
_____

(2) 척추 분리증
1) 정의
_____

2) 진단
_____

(3) 척추 전방 전위증
1) 정의
_____

2) 진단
_____ ,
_____

(4) 강직성 척추염
1) 진단기준
① _____
② _____
③ _____
④ _____
⑤ _____

5. 척수의 손상

(1) 병리

1) 척수진탕의 정의
   _____

2) 척수좌상 정의
   _____

3) 척수쇼크의 정의
   ① _____
   ② _____

(2) 척수손상의 분류

1) 완전 손상
   ① 정의
   _____

2) 불완전손상
   ① 정의
   _____

3) 불완전 척수손상의 임상증후군
   ① _____
   ② _____
   ③ _____
   ④ _____

(3) 척수 손상의 진단

1) 운동 신경검사
   ① _____

2) 지각검사
   ① 유두부 : _____
   ② 배꼽 : _____

　　　③ 서혜부 : _____
　　　④ 회음부 및 항문부 : _____
　3) 미국척수손상협회(ASIA)의 장애척도(ASIA장애척도)
　　　① _____ : _____
　　　② _____ : _____
　　　③ _____ : _____
　　　④ _____ : _____
　　　⑤ _____

◆ 정답

Ⅲ. 척추 손상

1. 척추

(1) 척주(vertebral column)의 구조

 1) 추골의 구조(부위별 개수)
    ① 경추 7개
    ② 흉추 12개
    ③ 요추 5개, 천추 5개
    ④ 3~4개의 미추골로 성인이 되면 천추골 1개, 미추골 1개로 유합

 2) 척추의 관절
    ① 전방관절 : 추간판
    ② 후방관절 : 척추의 하관절 돌기사이의 관절면과 하위 척추의 상관절 돌기의 관절면

 3) 척추 인대의 종류
    ① 전종인대
    ② 후종인대
    ③ 황색인대
    ④ 극상인대
    ⑤ 극간인대
    ⑥ 횡돌기간 인대

 4) 척추의 운동
    ① 경추 : 굴곡, 신전, 측굴, 회전 운동 용이
    ② 흉추 : 굴곡 신전, 회전 운동 용이, 측굴 운동 제한
    ③ 요추 : 굴곡 신전 측굴 운동 용이 회전 운동 제한

2. 척수 및 척수 신경

(1) 척수(spinal cord)

 1) 연수
 2) 척수원추
 3) 마미

(2) 척수 신경(spinal nerve)
    ① 경수신경 : 8쌍

② 흉수신경 : 12쌍
③ 요수신경 : 5쌍
④ 천수신경 : 5쌍
⑤ 미수신경 : 1쌍

3. 추간판탈출증

(1) 정의

추간판의 내용물의 일부가 탈출되어 척수나 신경근을 압박하여 각종 증상을 일으키는 것

(2) 경추간판탈출증

1) 호발부위 별 주요증상

	제4~5경추	제5~6경추	제6~7경추
압박 신경근	경추5번	경추6번	경추7번
운동기능 이상 (근력약화)	삼각근, 상완이두근	주관절,굴곡 완관절 신전	완관절굴곡근
감각이상	삼각근, 상박부 외측	전완부 외측, 1, 2 수지	전완부 중요측, 제 2~3수지
반사저하	상완이두근	이두근반사, 완요근 반사	상완 삼두근

2) 진단 검사 (증상 유발 검사)
① 스펄링 검사
② 두부 압박 검사
③ 잭슨 검사

(3) 요추간판탈출증

1) 호발부위별 주요 증상

	제3~4요추간	제4~5요추간	제5요추 ~ 제1천추간
압박 신경근	제 4요추 신경근	제 5요추 신경근	제 1천추 신경근
운동저하 부위	대퇴사두근 (슬관절 신전)	제 1족지 신전 (족배굴곡 어려움 → 족하수 발생)	족저굴곡 (발끝보행 어려움)
감각저하 부위	내측 족관절 및 족부	제1족지 및 배부	종아리, 족부외측, 발바닥
반사저하 부위	슬개건반사		아킬레스 반사

2) 진단 검사 (증상 유발 검사)
   ① 라세그 검사
   ② 하지 직거상 검사

(4) 추간판 탈출증의 치료방법
 1) 보존적 치료
    침상 안정, 소염진통제, 견인 치료, 온찜질, 보조기 착용.

 2) 수술적 치료 적응증
    ① 보존적 치료로 효과가 없는 경우
    ② 마미증후군, 대소변 장애가 초래되는 경우
    ③ 통증의 재발로 일상생활이 어려운 경우

 3) 수술의 종류(수술명)
    ① 척추 유합술
    ② 후궁절제술, 추간판 절제술
    ③ 내시경적 수핵 제거술

(5) 마미증후군
 1) 정의
    제2~5요추 사이 척추관내 존재하는원추이하의 요천추 신경근으로 구성된 마미신경총이 추간판탈출증 같은 경우 신경근이 압박을 받게 되고 이로인해 하지근력 약화 방광기능이상, 회음부, 항문반사 소실등의 증상을 나타냄

 2) 치료
    응급상황으로 긴급수술필요

4. 척추 질환의 기왕증
(1) 척추관 협착증
 1) 정의
    척추관, 추간공 등이 좁아져서 다양한 신경질환을 일으키는 임상 증후군

 2) 증상
    신경분포를 따르지 않는 요통으로 허리를 구부리면 증상이 완화됨

(2) 척추 분리증
1) 정의
   척추 후궁 협부의 결손
2) 진단
   사면(oblique) 방사선 검사상 "scotty dog sign"(협부 결손)

(3) 척추 전방 전위증
1) 정의
   인접한 상, 하 척추체에 대하여 척추가 전방으로 전위된 것
2) 진단
   척추 정렬 상태를 확인하기 위한 전후방 및 측면 X-ray 촬영
   척추뼈나 신경 압박 정도를 자세히 평가하기 위해 CT나 MRI와 같은 정밀 검사 시행

(4) 강직성 척추염
1) 진단기준
   ① 3개월이상의 운동으로 호전되는 요통
   ② 전후면과 측면에서 요추의 운동 제한
   ③ 흉곽 확장이 정상인에 비해 감소된 경우(같은 나이 또는 성별에 비교하여서)
   ④ 방사선 검사상 편측의 3-4도의 천장 관절염소견
   ⑤ 3-4도의 편측성 천장 관절염

5. 척수의 손상
(1) 병리
1) 척수진탕의 정의
   일시적인 척수 기능의 마비
2) 척수좌상 정의
   척수가 좌상으로 출혈, 부종 등으로 감각 마비 및 운동마비를 보이는 것
3) 척수쇼크의 정의
   ① 척수손상 직후에 수상부위 이하에서 척수기능이 완전히 소실된 상태로 반사운동까지 소실되는 현상
   ② 회복되는 것은 족반사, 항문 반사, 구해면체 반사의 회복으로 알 수 있음

(2) 척수손상의 분류
1) 완전 손상
  ① 정의
    척수 손상 원위부에 운동 및 감각 기능 전체가 소실된 경우
2) 불완전손상
  ① 정의
    척수 손상 원위부에 운동이나 감각 기능의 일부가 보존된 경우
3) 불완전 척수손상의 임상증후군
  ① 전척수 증후군(anterior cord syndrome)
  ② 중심 척수 증후군(central cord syndrome)
  ③ 후방척수증후군(posteriorcord syndrome)
  ④ 측방척수 증후군

(3) 척수 손상의 진단
1) 운동 신경검사
  ① 근력 등급
2) 지각검사(각 부위별 손상 신경의 부위)
  ① 유두부 : T4
  ② 배꼽 : T10
  ③ 서혜부: T12, L1
  ④ 회음부 및 항문부 : S2,3,4
3) 미국척수손상협회(ASIA)의 장애척도(ASIA장애척도)
  ① A 완전손상 : 제 4 ~5 천추분절(항문 주위)에 감각 및 근력 기능이 전혀 없음
  ② B 불완전 손상 : 손상부위 이하 감각은 일부 보존되어 있으나 근력이 전혀 없다.
  ③ C 불완전 손상 : 손상부위 이하 근력은 일부 보존되어 있으나 근력이 3등급 이하
  ④ D 불완전 손상 : 손상부위 이하 감각은 보존되어 있으며 주요 근력의 근력이 3등급 이상이다.
  ⑤ E 정상

IV 말초신경 손상

1. 신경손상 총론

(1) 해부학

1) 중추신경

   ① _____

   ② _____

2) 말초신경계의 분류 (체성 신경계)

   ① _____

   ② _____

3) 자율신경계의 분류

   ① _____

   ② _____

(2) 말초신경 손상 개론

1) Seddon의 말초 신경 손상의 분류

   ① _____

   ② _____

   ③ _____

2) 말초신경 손상의 증상

   ① _____

   ② _____

   ③ 자율신경 기능 이상시 증상 : _____ , _____ , _____

   ④ 지각 고유영역(autonomous zone)의 정의

   _____

   _____

3) 말초 신경 손상의 진단

　① 전기적 검사 : _____ , _____

　② _____

　③ _____

　④ _____ , _____

　⑤ _____

4) 말초 신경 손상의 치료

　① 보존적 치료:
　_____ , _____ , _____ (_____ , _____), _____

　② 수술적 치료:
　_____ , _____ , _____ , _____

2. 말초 신경의 개별 손상

(1) 상완 신경총 손상

1) 위치 : _____

2) 손상 원인

　① _____

　② _____

　③ _____

(2) 요골신경손상

1) 손상원인

　① _____

　② _____

2) 증상

　① 운동이상 및 변형 : _____

　② 감각이상부위 : _____

(3) 척골신경 손상
1) 손상원인
   ① _____
   ② _____

2) 증상
   ① 운동이상 및 변형 : _____
   ② 감각이상 : _____

(4) 정중신경 손상
1) 손상원인
   ① _____
   ② _____
   ③ _____
   ④ _____

2) 증상
   ① 운동이상 및 변형 : _____
   ② 감각이상 : _____

(5) 대퇴신경손상
1) 손상원인

   _____ , _____ , _____ ,
   _____ , _____

2) 증상
   ① _____
   ②

(6) 좌골신경 손상
1) 손상원인

   _____ , _____ , _____

2) 증상

   ① _____ : _____

   ② _____

(7) 총비골신경손상
1) 손상원인

   _____ , _____ , _____ ,
   _____

2) 증상

   ① 운동이상 및 변형 : _____ , _____

   ② 감각이상 : _____

(8) 경골신경 손상
1) 손상원인

   _____ , _____ , _____

2) 증상

   _____ , _____

3. 주요 신경 포착증후군(신경압박병증)
(1) 수근관 증후군
1) 정의

   _____
   _____

2) 진단 검사

   _____ , _____ , _____

3) 치료

　① 보존적 치료

　② 수술적 치료 : _____ , _____

(2) 족근관 증후군

1) 정의

(_____) 의 후면과 (_____)의 내측이 바닥을 이루며 이것을 연결하는 굴근 지대가 천장을 이루는 구조인 족근관을 지나가는 (_____)이 족근관부에서 압박을 받아 임상 증상을 나타나는 증후군

2) 진단 검사

　① _____

　② _____

　③ _____ : _____

　④ 치료 :

◆ 정답

IV. 말초신경 손상
1. 신경손상 총론
(1) 해부학
 1) 중추신경
    ① 뇌
    ② 척수

 2) 말초신경계의 분류 (체성 신경계)
    ① 뇌신경 12쌍
    ② 척수신경 31쌍

 3) 자율신경계의 분류
    ① 교감신경
    ② 부교감 신경

(2) 말초신경 손상 개론
 1) Seddon의 말초 신경 손상의 분류
    ① 신경 진탕
    ② 축삭 절단
    ③ 신경 절단

 2) 말초신경 손상의 증상
    ① 운동마비(이완성 마비)
    ② 감각 마비(완전 신경 손상시 모든 감각 소실)
    ③ 자율신경 기능 이상시 증상 : 청색증, 부종, 손발에 땀이 나지 않음
    ④ 지각 고유영역(autonomous zone)의 정의 : 말초신경의 감각 영역은 인접 신경과 서로 중복되는데 특정신경만이 단독으로 분포하여 그 신경이 손상시 완전한 감각 상실이 되는 부위

 3) 말초 신경 손상의 진단
    ① 전기적 검사 : 근전도, 신경전도
    ② 티넬징후
    ③ 자기 영상 검사
    ④ 발한 검사, 주름검사
    ⑤ 피부저항 검사

4) 말초 신경 손상의 치료

① 보존적 치료

부목, 물리치료, 약물치료 (원인질환 교정, 통증 조절), 신경차단치료

② 수술적 치료

신경봉합술, 신경 이식술, 신경이전술, 신경 박리술

2. 말초 신경의 개별 손상

(1) 상완 신경총 손상

1) 위치

경추5번 ~ 흉추 1번

2) 손상 원인

① 분만마비

② 견인, 낙상에 의한 견관절 탈구

③ 관통상, 열상

(2) 요골신경손상

1) 손상원인

① 상완골 간부 골절

② 토요일밤의 마비, 허니문 마비

2) 증상

① 운동이상 및 변형 : 손목 하수

② 감각이상부위 : 제1물갈퀴 공간의 배측에 감각이 소실

(3) 척골신경 손상

1) 손상원인

① 주관절, 완관절의 열상(내측부)

② 상완골이나 상완 내과 골절 및 주관절 탈구에 의해 손상

2) 증상

① 운동이상 및 변형 : 손가락 벌리기가 제한되고 지속되면 갈퀴손 변형

② 감각이상 : 지각 고유영역인 손바닥의 내측부위와 제5,제4지의 내측 1/2에서 감각 소실

(4) 정중신경 손상
1) 손상원인
① 전완부 열상, 관통상
② 상완골 과상부 골절
③ 볼크만 허혈성 구축
④ 콜레스 골절(수근부 골절)

2) 증상
① 운동이상 및 변형 : 유인원의 손(ape hand deformity)
② 감각이상 : 제 1,2,3 수지와 4수지 일부감각 소실

(5) 대퇴신경손상
1) 손상원인
복부관통상, 하복부 수술시 지혈조작, 대퇴부의 칼, 유리, 총탄에 의한 창상 등에 의해 발생

2) 증상
① 대퇴 사두근의 마비로 인한 슬관절 신전 어려움(특히 계단 오를 때)
② 슬개건 반사 소실

(6) 좌골신경 손상
1) 손상원인
고관절의 후방 탈구 및 골절, 전위성 골반 골절, 총상 등으로 손상

2) 증상
① 운동이상 및 변형 : 슬관절 굴곡 장해와 족부의 배굴과 외반마비
② 족하수 족반사(foot reflex)소실

(7) 총비골신경손상
1) 손상원인
석고고정에 의한 압박, 부종, 슬관절탈구나 비골 및 경골상단부위 골절, 인대파열시 손상

2) 증상
① 운동이상 및 변형 : 족부의 배굴과 외반 불가능, 족하수 및 파행보행
② 감각이상 : 족배부감각 소실

(8) 경골신경 손상
1) 손상원인
슬관절 탈구, 경골근위부 골절, 하퇴부 후방손상, 족근관증후군

2) 증상

발바닥 감각 소실, 족저 굴곡저하, 발가락 끝으로 서는 것이 불가능

3. 주요 신경 포착증후군(신경압박병증)

(1) 수근관 증후군

1) 정의

완관절 장측에서 정중신경이 횡수근 인대 의해 형성된 공간 내에 압박되어 마비되는 나타나는 현상

2) 진단 검사

티넬 증후, 팔렌테스트, 초음파 CT MRI등

3) 치료

① 보존적 치료

② 수술적 치료 : 횡수근인대 절개술, 정중신경 박리술

(2) 족근관 증후군

1) 정의

(경골내과)의 후면과 (종골)의 내측이 바닥을 이루며 이것을 연결하는 굴근 지대가 천장을 이루는 구조인 족근관을 지나가는 (후경골신경)이 족근관부에서 압박을 받아 임상 증상을 나타나는 증후군

2) 진단 검사

① 틴넬 징후

② 신경전도 검사

③ 영상 검사 : CT, MRI검사

④ 치료

하중을 고루 분산시킬수 있는 편한 신발착용, 종아리 근육을 늘려주는 스트레칭 운동, 과체중인 경우 체중감소 오랜시간 걷거나 서있는 활동의 조절 등을 통해 발에 무리가 가지 않게 하거나 스테로이드 국소주사 수술적 감압술 시행

V. 상지부 골절 및 질환

1. 상지부 외상성 병변

(1) 해부학

1) 견갑부를 구성하는 뼈

   ① _____

   ② _____

   ③ _____

2) 견관부의 관절

   ① 견갑골과 쇄골이 흉곽과의 사이에서 형성 : (_____)

   ② 흉골과 쇄골의 사이에서 형성 : (_____)

   ③ _____

   ④ _____

3) 주관절의 종류

   ① _____ - _____

   ② _____ - _____

   ③ _____ : _____

4) 수근부의 관절 및 뼈

   ① 근위 수근골 (4개)

   _____ , _____ , _____ , _____

   ② 원위수근골 (4개)

   _____ , _____ , _____ , _____

   ③ 수근부의 관절 (3개)

   (a) _____

   (b) _____

   (c) _____

5) 견갑부의 근육 중 회전근개

① _____

② _____

③ _____

④ _____

(2) 쇄골골절

1) 쇄골의 역할 (3가지)

① _____

② _____

③ _____

2) 쇄골골절의 치료

① 비수술적 치료 : _____ , _____

② 수술적 치료가 필요한 경우

(a) _____

(b) _____

(c) _____

(d) _____

(e) _____

3) 합병증

① _____

② _____

③ _____

④ _____

(3) 견갑부골절

1) 분류(6가지)

① 견갑극골절

② _____

③ _____

④ _____

⑤ _____

⑥ _____

(4) 견관절 급성 탈구

1) 정복방법

① _____

② _____

③ _____

④ _____

(5) 상완골 근위부 골절

1) Neer의 골절편 분류

① 해부학적 경부(관절편)

② _____

③ _____

④ _____

2) 상완골 근위부 골절의 진단

① 외상 시리즈(Trauma series)

_____ , _____ , _____

3) 치료

① 비수술적 치료 : _____ , _____

② 4분 골절의 경우 (_____) 시행

4) 합병증

① _____

② _____

③ _____

④ _____

⑤ _____

⑥ _____

(6) 상완골 간부 골절

1) 합병증

① _____

② _____

③ _____

④ _____

(7) 주관절 탈구

1) 치료

① 도수정복

② 수술적 치료가 필요한 경우 (4가지)

(a) _____

(b) _____

(c) _____

(d) _____

2) 합병증

① _____

② _____

③ _____

④ _____

⑤ _____

⑥ _____

(8) 전완부 골절

1) 전완부 단독 골절

2) 전완부 동시 골절

　① 합병증

　　(a) _____

　　(b) _____

　　(c) _____

　　(d) _____

　　(e) _____

3) 몬테지아 골절

　① 정의

　　_____

　② 합병증

　　(a) _____

　　(b) _____

　　(c) _____

　　(d) _____

4) 갈레아찌 골절

　① 정의

　　_____

(9) 수근부 골절

1) 콜레스골절

　① 정의

　　_____

　② 합병증(3가지)

　　(a) _____

　　(b) _____

　　(c) _____

2) 스미스 골절(역콜레스 골절)

　① 정의

　　손을 뻗힌 상태에서 손등을 짚고 넘어졌을 때 발생하는 골절로 원위골골편이 (＿＿＿＿)
　　전위되어 방사선소견상 (＿＿＿＿) 변형

3) 바톤 골절

　① 정의 : ＿＿＿＿＿＿＿＿＿＿＿＿＿＿＿

(10) 수부의 골절

구분	골절명칭	설명
①		중수골 기저부의 관절내 골절로 전위 및 탈구와 아탈구 동반
②	Rolando(롤란도) 골절	
③		제5중수골의 경부골절

2. 수지의 변형 및 비외상성 병변

(1) 수지의 변형

1) 추지

　① 정의

　＿＿＿＿＿＿＿＿＿＿＿＿＿＿＿＿＿＿＿＿＿＿

　② 분류

　＿＿＿＿＿＿ , ＿＿＿＿＿＿

2) 백조목 변형

　① 정의

　＿＿＿＿＿＿＿＿＿＿＿＿＿＿＿＿＿＿＿＿＿＿

3) 단추 구멍 변형

　① 정의

　＿＿＿＿＿＿＿＿＿＿＿＿＿＿＿＿＿＿＿＿＿＿

(2) 주관절 병변
 1) 테니스 주관절
    ① 정의
    _____

    ② 치료
    _____

(3) 수부의 포착성 건막염
 1) 드꿰르벵병
    ① 정의
    _____

    ② 진단 검사 : 휭켈스타인 검사
    ③ 치료
    _____ , _____ , _____

 2) 방아쇠 수지
    ① 정의 및 원인
    _____ , _____

    ② 치료
    _____

V. 상지부 골절 및 질환

1. 상지부 외상성 병변

(1) 해부학

1) 견갑부를 구성하는 뼈
   ① 쇄골
   ② 견갑골
   ③ 상완골 근위부

2) 견관부의 관절
   ① 견갑골과 쇄골이 흉곽과의 사이에서 형성 : (견갑 흉곽 관절)
   ② 흉골과 쇄골의 사이에서 형성 : (흉쇄관절)
   ③ 관절와 상완관절
   ④ 견봉쇄골관절

3) 주관절의 종류
   ① 상완 – 척골(완척) 관절
   ② 상완 – 요골(완요) 관절
   ③ 상요척관절: 요골과 척골사이의 관절

4) 수근부의 관절 및 뼈
   ① 근위 수근골 (4개)
      주상골, 월상골, 삼각골, 두상골
   ② 원위수근골(4개)
      대능형골, 소능형골, 유두골, 유구골
   ③ 수근부의 관절 (3개)
      (a) 요수근관절(radiocarpal joint)
      (b) 중수근관절(midcarpal joint)
      (c) 원위 요척관절(distal radio-ulnar joint)

5) 견갑부의 근육 중 회전근개
   ① 극상근
   ② 극하근
   ③ 견갑하근
   ④ 소원근

(2) 쇄골골절

1) 쇄골의 역할 (3가지)
   ① 상완신경총과 쇄골하 동맥을 보호
   ② 양측 견관절부의 정상적 넓이 유지
   ③ 견관절의 안정성을 유지하고 운동의 지렛대 역할을 함

2) 쇄골골절의 치료
   ① 비수술적 치료 : 도수정복 후 고정, 8자 붕대
   ② 수술적 치료가 필요한 경우
      (a) 불유합
      (b) 신경, 혈관 손상
      (c) 연부조직삽입으로 골절편의 분리
      (d) 쇄골의 외측골절과 오구쇄골인대 파열이 동반된 경우
      (e) 골편의 전위

3) 합병증
   ① 불유합
   ② 혈관 및 신경손상
   ③ 외상성 관절염
   ④ 부정유합

(3) 견갑부골절

1) 분류(6가지)
   ① 견갑극 골절
   ② 관절와 골절
   ③ 체부 골절
   ④ 경부 골절
   ⑤ 견봉돌기 골절
   ⑥ 오구돌기 골절

(4) 견관절 급성 탈구

1) 정복방법
   ① kocher방법(코커방법)
   ② Hippocrates방법(히포크라테스 방법)
   ③ Milch 방법
   ④ Stimson 방법

(5) 상완골 근위부 골절

1) Neer의 골절편 분류
   ① 해부학적 경부(관절편)
   ② 대결절
   ③ 소결절
   ④ 외과적경부(간부)

2) 상완골 근위부 골절의 진단
   ① 외상 시리즈(Trauma series)
      견갑골 전후면, 측면, 견갑골 액와면 촬영

3) 치료
   ① 비수술적 치료 : 8자 붕대, 팔걸이
   ② 4분 골절의 경우 (인공관절 치환술) 시행

4) 합병증
   ① 액와동맥 손상
   ② 흉곽손상
   ③ 상완신경총 손상
   ④ 관절 강직
   ⑤ 불유합, 부정유합
   ⑥ 무혈성괴사

(6) 상완골 간부 골절

1) 합병증
   ① 요골신경손상
   ② 감염
   ③ 부정유합 및 불유합
   ④ 혈관손상

(7) 주관절 탈구

1) 치료
   ① 도수정복
   ② 수술적 치료가 필요한 경우 (4가지)
      (a) 도수정복의 실패, 도수정복이 불가능한 경우

                (b) 개방창 동반, 혈관손상이 동반된 경우
                (c) 정복 후 재탈구
                (d) 오래된 탈구
        2) 합병증
            ① 요골, 정중, 척골 신경 등의 신경손상
            ② 혈관 손상
            ③ 화골성 근염
            ④ 재발성 탈구
            ⑤ 골연골 골절
            ⑥ 구획증후군

    (8) 전완부 골절
        1) 전완부 단독 골절

        2) 전완부 동시골절
            ① 합병증
                (a) 구획 증후군
                (b) 혈관 및 신경손상
                (c) 감염, 재골절
                (d) 불유합 및 부정유합
                (e) 요골 척골 결합

        3) 몬테지아 골절
            ① 정의
                요골두 탈구와 척골근위부 골절이 동반된 경우
            ② 합병증
                (a) 불유합
                (b) 부정유합
                (c) 감염
                (d) 각형성

        4) 갈레아찌 골절
            ① 정의
                요골 원위부의 골절과 하요척관절의 탈구가 동반된 골절

(9) 수근부 골절
1) 콜레스 골절
   ① 정의
   손목이 신전된 상태에서 넘어졌을 때 발생 요골원위부 골절
   ② 합병증 (3가지)
   (a) 부정유합
   (b) 정중신경 손상
   (c) 장무지신전건 파열
2) 스미스 골절(역콜레스 골절)
   ① 정의
   손을 뻗힌 상태에서 손등을 짚고 넘어졌을 때 발생하는 골절로 원위골골편이 (전방 굴곡) 전위되어 방사선 소견 상 (정원삽모양) 변형
3) 바톤 골절
   ① 정의 : 요골 원위부 관절 내 골절

(10) 수부의 골절

구분	골절명칭	설명
①	제1형 Benett 골절	중수골 기저부의 관절내 골절로 전위 및 탈구와 아탈구 동반
②	제2형 Rolando 골절	관절내 분쇄 골절로 방사선 검사에서 T자 또는 Y골절로 관찰
③	Boxer 골절	제5중수골의 경부골절

2. 수지의 변형 및 비외상성 병변
(1) 수지의 변형
1) 추지
   ① 정의
   손가락끝 원위지절이 갑자기 꺽이면서 건손상이나 골절에 의해 발생하는 수지 변형
   ② 분류
   건성 추지, 골성 추지
2) 백조목 변형
   ① 정의
   근위지간절이 과신전, 중수지 관절과 원위 지관절은 굴곡되는 형태

3) 단추 구멍 변형
  ① 정의
    중앙 신전건이 파열된 후 근위지 관절은 굴곡되며 원위지관절은 과신전되는 변형

(2) 주관절 병변
 1) 테니스 주관절
   ① 정의
     외측 상과염으로 과사용 증후군의 일종
   ② 치료
     물리치료 및 약물치료, 스테로이드 주사 외에 호전이 없을시 수술적 치료

(3) 수부의 포착성 건막염
 1) 드꾀르벵병
   ① 정의
     수부의 협착성건막염으로 손목의 요측의 통증을 호소
   ② 진단 검사 : 횡켈스타인 검사
   ③ 치료
     부목고정, 비스테로이드 소염제 복용이나 스테로이드 주사, 건 박리술
 2) 방아쇠 수지
   ① 정의 및 원인
     수지굴건의 결절, 중수골 경부의 전방에 있는 A1 활차가 비후되어 발생하는 협착성 건초염
   ② 치료
     스테로이드약물 요법, 스테로이드 주사요법외에 효과가 없을시 활차 절개술 등의 수술요법

Ⅵ. 골반 및 하지부 골절 및 질환

1. 골반 및 고관절의 외상성 병변

(1) 해부학

1) 골반부를 구성하는 뼈
   ① _____
   ② _____
   ③ _____
   ④ _____
   ⑤ _____

2) 골반을 구성하는 관절
   ① _____ : _____
   ② _____ : _____

(2) 비구골절

1) 정의
   _____

2) 비구골절의 합병증
   ① _____
   ② _____
   ③ _____
   ④ _____
   ⑤ _____

(3) 고관절 탈구

1) 고관절 탈구의 치료법
   ① _____
   ② _____
   ③ _____

2) 고관절 탈구의 합병증
① _____
② _____
③ _____
④ _____

(4) 대퇴골 경부골절
1) 대퇴골 경부골절 합병증
① _____
② _____
③ _____
④ _____

(5) 대퇴골 전자간 골절

(6) 대퇴골 전자하 골절

(7) 대퇴골 간부 골절의 치료
1) 치료
① 비수술적 치료 : _____ , _____
② 수술적 치료 : _____ , _____

2) 대퇴골 간부골절의 합병증
① _____
② _____
③ _____
④ _____
⑤ _____

2. 슬부의 외상성 병변

(1) 해부학

1) 슬부의 골성 구조(슬관절을 구성하는 뼈)

   ① _____

   ② _____

   ③ _____

2) 슬관절의 외측 안정성에 관여하는 구조물

   ① _____

   ② _____

   ③ _____

   ④ _____

3) 슬관절의 내측 안정성에 관여하는 구조물

   ① _____

   ② _____

   ③ _____

   ④ _____

(2) 슬관절부, 경골 및 비골의 손상

1) 슬관절 탈구의 합병증

   ① _____ - _____

   ② _____

2) 슬개골 골절 및 탈구의 수술적 적응증

   ① _____ , _____

   ② _____ , _____ , _____

   ③ _____ , _____

3. 슬내장

(1) 반월상 연골 파열

1) 반월상 연골파열의 손상 기전
   ① _____
   ② _____ : _____ , _____ : _____

2) 증상
   ① _____
   ② _____ : _____
   ③ _____ : _____
   ④ _____
   ⑤ _____

3) 진단방법
   ① 신체 검진 방법
      (a) _____
      (b) _____
      (c) _____
   ② 영상 검사 (2가지) : _____ , _____
   ③ 확진검사 : _____

4) 치료
   ① _____ : _____ , _____
   ② _____ : _____ , _____ , _____

(2) 슬내장

1) 정의
   _____

2) 슬내장의 원인 및 손상이 의심되는 조직
   ① _____
   ② _____

③ _____

④ _____

⑤ _____

(3) 측부인대 파열

1) 내측 측부인대 파열

　① 원인

　　(_____) 또는 (_____)에 가해지는 과도한 (_____) 및 외회전력

　② 내측 측부인대 파열 치료

　　_____

2) 외측 측부인대 파열

　① 원인

　　무릎 관절의 내측에서 외측으로 가해지는 과도한 (_____)

(4) 후방십자인대 파열

1) 진단(신체 검진)

　① _____

　② _____

2) 영상검사

　_____ , _____

4. 족부의 외상성 병변

(1) 해부학

1) 족부의 골성 구조

　① 족근골

　　(a) 후족부 : _____ , _____

　　(b) 중족부 : _____ , _____ , _____

　② 중족골

　③ 지골

2) 족부의 관절
   ① 중족- 족근관절 : _____
   ② 후족- 중족 관절 : _____

(2) **족부의 골절**
1) 거골골절 및 탈구의 합병증
   ① _____ , _____
   ② _____
2) 종골 골절
   ① 주된 손상 기전 : _____
3) 중족골 골절

> 정답

VI. 골반 및 하지부 골절 및 질환
1. 골반 및 고관절의 외상성 병변
(1) 해부학
 1) 골반부를 구성하는 뼈
    ① 천골
    ② 미골
    ③ 장골
    ④ 좌골
    ⑤ 치골

 2) 골반을 구성하는 관절
    ① 천장 관절 : 활막관절
    ② 치골결합 : 섬유연골관절

(2) 비구골절
 1) 정의
    골반중 대퇴골과 고관절을 이루는 비구에 발생한 골절

 2) 비구골절의 합병증
    ① 감염
    ② 좌골신경손상
    ③ 대퇴골두 무혈성 괴사
    ④ 외상성 관절염
    ⑤ 고관절 아탈구

(3) 고관절 탈구
 1) 고관절 탈구의 치료법
    ① Allis(엘리스) 정복법
    ② Bigelow (비겔로우)정복법
    ③ Stimson (스팀슨)정복법

 2) 고관절 탈구의 합병증
    ① 외상 후 관절염
    ② 대퇴골두 무혈성괴사
    ③ 좌골신경손상

④ 재탈구

(4) 대퇴골 경부골절
1) 대퇴골 경부골절 합병증
① 무혈성 괴사
② 불유합
③ 고정상실
④ 감염

(5) 대퇴골 전자간 골절

(6) 대퇴골 전자하 골절

(7) 대퇴골 간부 골절
1) 치료
① 비수술적 치료: 도수정복 및 석고고정, 골격 견인
② 수술적 치료 : 외고정 및 내고정 등의 수술법. 골수강내 금속정 삽입술을 가장 많이 사용
2) 대퇴골 간부골절의 합병증
① 신경손상
② 혈관손상, 감염
③ 부정유합, 불유합
④ 재골절
⑤ 내고정의 실패

2. 슬부의 외상성 병변

(1) 해부학
1) 슬부의 골성 구조(슬관절을 구성하는뼈)
① 대퇴골 원위부
② 슬개골
③ 경골 근위부
2) 슬관절의 외측 안정성에 관여하는 구조물
① 외측측부인대
② 장경대
③ 슬와건
④ 대퇴이두건

3) 슬관절의 내측 안정성에 관여하는 구조물
　① 내측측부인대
　② 반막양근
　③ 거위발건
　④ 사슬와인대

(2) 슬관절부, 경골 및 비골의 손상
1) 슬관절 탈구의 합병증
　① 혈관손상 – 슬와동맥
　② 총비골신경손상
2) 슬개골 골절 및 탈구의 수술적 적응증
　① 신전 기능의 장애, 개방성 골절
　② 2mm 이상 관절면 불일치, 3mm 이상 전위된 골절, 심한 분쇄골절
　③ 관절내 유리체, 골연골골절

3. 슬내장

(1) 반월상 연골 파열
1) 반월상 연골파열의 손상 기전
　① 슬굴곡위에서 회전운동이 가해질 때
　② 대퇴의 내회전 : 내측 반월상연골이 손상, 대퇴의 외회전 : 외측 반월상연골이 손상
2) 증상
　① 신전운동제한
　② 압통 : 관절간격(Joint line)을 따라서 손상된 부위에 일치
　③ Locking(잠김현상) : 순간적인 완전신전이 불가능하게 됨
　④ 슬관절의 불안정
　⑤ 대퇴 사두근 위축
3) 진단방법
　① 신체 검진 방법
　　(a) McMurray Test
　　(b) 웅크리기 검사
　　(c) Apley 검사
　② 영상 검사 (2가지) : MRI, 관절 조영술

③ 확진검사 : 관절경 검사
4) 치료
① 보존적 치료 : 불완전파열, 십자인대손상 같은 다른 손상이 없는 경우 시행
② 수술적 치료: 연골봉합술, 절제술, 이식술

(2) 슬내장
1) 정의
외상후 슬관절에 운동통, 관절액 증가, 운동제한 등의 기능장애가 일어나는 상태를 총칭함
2) 슬내장의 원인 및 손상이 의심되는 조직
① 반월상연골파열
② 관절내유리체
③ 내측측부인대손상
④ 추벽증후군
⑤ 전후방 십자인대손상

(3) 측부인대 파열
1) 내측 측부인대 파열
① 원인
(원위 대퇴골) 또는 (근위경골 외측)에 가해지는 과도한 (외반력) 및 외회전력
② 내측 측부인대 파열 치료
비수술적치료 우선 적용
2) 외측 측부인대 파열
① 원인
무릎 관절의 내측에서 외측으로 가해지는 과도한 (내반력)

(4) 후방십자인대 파열
1) 진단 (신체 검진)
① 후방전위 검사
② 대퇴 사두근 활성화검사
2) 영상검사
스트레스 방사선 검사, mri검사

4. 족부의 외상성 병변

(1) 해부학

1) 족부의 골성 구조
   ① 족근골
      (a) 후족부 : 거골, 종골
      (b) 중족부 주상골, 설상골(3개), 입방골
   ② 중족골
   ③ 지골

2) 족부의 관절
   ① 중족 – 족근관절 : 리스프랑 관절
   ② 후족 – 중족 관절 : 쇼파 관절

(2) 족부의 골절

1) 거골골절 및 탈구의 합병증
   ① 부정유합, 무혈성 괴사
   ② 외상성 관절염

2) 종골 골절
   ① 주된 손상 기전 : 추락

3) 중족골 골절

Part II. 질병

I. 골반근골격계, 관절질환

1. 골관절염

(1) 골관절염의 정의

관절을 이루는 정상 조직인 (_____), (_____), (_____), (_____) 등의 조직의 손상으로 인한 (_____)과 (_____)을 나타내는 질환

(2) 골관절염의 원인

1) _____ : _____

2) _____

3) _____

4) _____

5) _____

(3) 진단 및 치료

1) 진단검사

① _____

② _____

③ _____

④ _____

2) 치료

① _____

② _____

2. 류마티스관절염

(1) 진단기준

1) 적용대상

① _____

② _____

2) 진단기준 항목

① _____

② _____ : _____ , _____

③ _____ : _____

④ _____ : _____

3. 통풍성 관절염

(1) 정의

(_____)이 혈액 중에 쌓이는(_____)으로 인한 (_____)이 (_____)과 조직에 침착되면서 나타나는 다양한 질병군으로써 혈중 (_____)의 증가, (_____), (_____)과 주위에 (_____)에 의한 (_____)

(2) 위험인자

① _____

② _____

③ _____

④ _____

(3) 임상 양상(임상 단계)

① _____

② _____

③ _____

④ _____

(4) 진단 검사

  ① _____

  ② _____ : _____

4. 골다공증

(1) 원인

 1) 주위험인자

  ① _____

  ② _____

  ③ _____

(2) 진단 및 치료

 1) 골다공증성 골절 호발 부위

  ① _____

  ② _____

  ③ _____

 2) 진단 검사 : _____

 3) 진단기준 : _____

> 정답

I. 근골격계, 관절질환

1. 골관절염

(1) 골관절염의 정의

관절을 이루는 정상 조직인 (연골), (윤활막), (인대), (연골아래 골) 등의 조직의 손상으로 인한 (통증)과 (기능손실)을 나타내는 질환

(2) 골관절염의 원인

1) 나이 : 고령

2) 성별(여성)

3) 비만

4) 반복적인 관절 사용

5) 과거의 외상

(3) 진단 및 치료

1) 진단 검사
   ① x-선 소견
   ② 자기공명영상(MRI)
   ③ 진단적 관절경
   ④ 관절액 천자

2) 치료
   ① 비수술적치료
   ② 수술적치료

2. 류마티스관절염

(1) 진단기준

1) 적용대상
   ① 최소 1개 이상의 관절에서 임상적으로 명확한 윤활막염(종창)이 있는 새로 발병한 환자
   ② 다른 질환으로 잘 설명되지 않는 윤활막염이 새로 발병한 환자

2) 진단기준 항목
   ① 관절 침범갯수

② 혈청 검사 : 류마티스 인자, 항 CCP항체
③ 급성기염증반응물질 : C반응 단백(CRP)와 적혈구 침강속도(ESR) 수치상승
④ 증상의 발생 기간 : 6주

3. 통풍성 관절염

(1) 정의

(요산)이 혈액 중에 쌓이는 (고요산 혈증)으로 인한 (요산결정)이 (관절강)과 조직에 침착되면서 나타나는 다양한 질병군으로써 혈중 (요산농도)의 증가, (급성 관절염의 재발성 발작), (관절강)과 주위에 (요산 결정)에 의한 (결절 형성)

(2) 위험인자

1) 술

2) 비만

3) 고요산혈증

4) 유전

(3) 임상 양상(임상 단계)

1) 무증상 고요산 혈증

2) 급성 통풍성 관절염 : 통풍발작

3) 무발작기간의 통풍

4) 만성 결절성 통풍(통풍성 관절염)

(4) 진단 검사

1) 혈중 요산농도

2) 관절내 윤활액 검사 : 윤활액 내 요산염 결정체가 관찰

4. 골다공증

(1) 원인

1) 주위험인자

① 모친의 관절 골절 병력
② 45세 이전의 골절 병력
③ 장기간 스테로이드 사용

(2) 진단 및 치료

1) 골다공증성 골절 호발 부위
   ① 척추
   ② 상완골 원위부
   ③ 대퇴골

2) 진단 검사 : 골밀도 검사

3) 진단기준 : T스코어가 -2.5이하

Ⅱ 신경계통 질환

1. 뇌혈관 질환

(1) 위험인자

1) 조절할수 있는 위험인자
   - ① _____
   - ② _____
   - ③ _____
   - ④ _____
   - ⑤ _____

2) 조절 할 수 없는 위험인자
   - ① _____
   - ② _____
   - ③ _____
   - ④ _____
   - ⑤ 출생시 저체중

(2) 분류

1) 허혈성 뇌혈관 질환
   - ① _____
   - ② _____
     - (a) _____
     - (b) _____
     - (c) _____

2) 출혈성 뇌혈관 질환
   - ① _____
   - ② _____
   - ③ _____

④ 경막외, 경막하 출혈

(3) 모야모야병

1) 정의

_____

2) 진단 : _____

3) 치료 : _____

2. 기타 신경계통 질환

(1) 파킨슨병

1) 정의

_____

2) 운동증상

① _____
② _____
③ _____
④ _____

3) 진단

① _____ - _____
② _____

4) 치료

① _____

(2) 안면신경 마비

1) 원인

① 중추성

(a) _____

(b) _____ , _____

② 말초성
    (a) _____
    (b) _____
    (c) _____
    (d) _____ , _____

2) 증상

_____ , _____ , _____ , _____

3) 치료

_____ , _____ , _____ , _____

◆ 정답

II. 신경계통 질환
1. 뇌혈관 질환
(1) 위험인자

1) 조절할수 있는 위험인자
   ① 고혈압
   ② 당뇨(고혈당)
   ③ 고지혈증
   ④ 흡연
   ⑤ 음주 등

2) 조절 할 수 없는 위험인자
   ① 나이
   ② 가족력
   ③ 성별(남자)
   ④ 인종
   ⑤ 출생시 저체중

(2) 분류

1) 허혈성 뇌혈관 질환
   ① 일과성 뇌허혈발작
   ② 뇌경색
      (a) 혈전성 뇌경색
      (b) 심인성 뇌경색
      (c) 열공성 뇌경색

2) 출혈성 뇌혈관 질환
   ① 뇌실질내 출혈
   ② 뇌지주막하 출혈
   ③ 뇌실내 출혈
   ④ 경막외, 경막하 출혈

(3) 모야모야병

1) 정의

　내경동맥이 대뇌 기저부 위치에 양측으로 협착 또는 폐쇄되는 만성 진행성 뇌혈관 질환

2) 진단 : 뇌혈관 조영술

3) 치료 : 뇌혈관 문합술

2. 기타 신경계통 질환

(1) 파킨슨병

1) 정의

　중뇌흑질에 존재하는 도파민 분비 신경세포의 소실로 나타나는 질환

2) 운동증상

　① 안정 시 진전(tremor)

　② 근육 경직

　③ 운동완만

　④ 자세 불안정 및 보행이상

3) 진단

　① 도파민-단일광자방출단층촬영

　② 뇌 MRI

4) 치료

　① 약물요법(레보도파)

(2) 안면신경 마비

1) 원인

　① 중추성

　　(a) 뇌종양

　　(b) 뇌혈관 장애, 뇌염 등

　② 말초성

　　(a) 원인불명(벨마비)

　　(b) 대상포진 바이러스(람세이헌트 증후군)

　　(c) 단순 헤르페스 바이러스

　　(d) 외상, 골절 중이염의 합병증

2) 증상
안면부 또는 귀뒤의 감각 이상, 미각 변화, 청각 과민 눈물 분비 감소, 미주신경 약화

3) 치료
스테로이드 제제, 항바이러스 제제, 눈관리(안약), 수술적 치료

Ⅲ 순환기계 질환

1. 순환기계 해부 및 진단 검사

(1) 심장의 해부
1) 심방과 심실

2) 판막
   ① _____
   ② _____
   ③ _____
   ④ _____

3) 관상동맥
   ① _____
   ② _____
      (a) _____
      (b) _____

4) 심장벽
   ① _____
   ② _____
   ③ _____

(2) 순환기계 검사
1) 혈압에 영향을 주는 내적요인
   ① _____
   ② _____
   ③ _____
   ④ _____

2) 심전도의 구성

　① 파형(wave)

　　(a) _____

　　(b) _____

　　(c) _____

　② 간격

　　(a) _____

　　(b) _____

2. 고혈압

(1) 2013년 대학 고혈압학회 기준 고혈압의 분류

혈압분류	수축기 혈압(mmHg)	혹은(or) 또는 그리고(and)	이완기 혈압(mmHg)
정상			
고혈압전단계			
1기			
2기			

1) 원발성 고혈압

2) 속발성 고혈압 - 흔한 원인

　① _____
　② _____
　③ _____
　④ _____
　⑤ _____

(2) 고혈압의 표적장기손상

1) 뇌혈관

　① _____ , _____
　② _____

2) 심장
　① _____
　② _____
　③ _____

3) 눈
　① _____
　② _____
　③ _____

4) 혈관
　① _____
　② _____

5) 신장
　① _____
　② _____

3. 주요 심혈관 질환

(1) 협심증

1) 정의
　_____

2) 분류
　① _____
　② _____
　③ _____

3) 치료
　① 약물 치료
　② 수술적 치료
　　(a) _____
　　(b) _____

(2) 심근경색

1) WHO 진단 기준
   ① _____
   ② _____
   ③ _____

2) 심근효소(심장 표지자)
   ① _____
   ② _____ , _____

3) 분류
   ① _____
   ② _____

4) 치료
   ① _____
      (a) _____
      (b) _____

(3) 부정맥

1) 정의

2) 진단
   ① _____
   ② _____
   ③ _____
   ④ _____
   ⑤ _____

3) 치료
   ① _____
   ② _____
   ③ _____ , _____
   ④ _____

4. 대동맥 질환

(1) 대동맥박리
1) 정의
___

(2) 대동맥류
1) 정의
___

5. 기타 말초혈관질환

(1) 레이노이드증후군
1) 정의
___

(2) 버거씨병
1) 정의
___

(3) 동맥경화성 만성 동맥 폐쇄질환
1) 위험인자
  ① ___
  ② ___
  ③ ___
  ④ ___
  ⑤ ___

2) 증상
  ① ___ , ___
  ② ___ , ___

3) 치료
① _____ , _____ , _____ , _____
② _____
③ _____

(4) 하지정맥류

1) 정의
_____
_____

2) 위험인자
① _____
② _____
③ _____
④ _____
⑤ _____

3) 진단
① _____ : _____

4) 치료
① _____
② _____
③ _____
④ _____

6. 선천성 심장질환

(1) 비청색증성 심장기형

1) _____
2) _____
3) _____

4) _____

5) _____

(2) 청색증형 심장기형

1) 팔로사징의 심장기형 4가지

① _____

② _____

③ _____

④ _____

Ⅲ. 순환기계 질환

1. 순환기계 해부 및 진단 검사

(1) 심장의 해부

1) 심방과 심실

2) 판막
   ① 삼첨판막
   ② 승모판막
   ③ 대동맥판막
   ④ 폐동맥판막

3) 관상동맥
   ① 우관상동맥
   ② 좌관상동맥
      (a) 좌회선지
      (b) 좌전하행지

4) 심장벽
   ① 심내막
   ② 심근
   ③ 심외막

(2) 순환기계 검사

1) 혈압에 영향을 주는 내적요인
   ① 나이(소아 < 성인)
   ② 성별(남 > 여)
   ③ 인종(흑인 > 백인)
   ④ 유전

2) 심전도의 구성
   ① 파형(wave)
      (a) P파
      (b) QRS파
      (c) T파

② 간격
   (a) P-R 간격
   (b) Q-T 간격

2. 고혈압

(1) 2013년 대학 고혈압학회 기준 고혈압의 분류

혈압분류	수축기 혈압(mmHg)	혹은(or) 또는 그리고(and)	이완기 혈압(mmHg)
정상	120 미만	그리고(and)	80 미만
고혈압전단계	120~139	혹은(or)	80~89
1기	140~159	혹은(or)	90~99
2기	160 또는 그 이상	혹은(or)	100 또는 그 이상

1) 원발성 고혈압

2) 속발성 고혈압 – 흔한 원인
   ① 원발성 고알도스테론 혈증
   ② 폐쇄성 수면 무호흡 증후군
   ③ 신장 혈관 질환
   ④ 만성 신부전
   ⑤ 약물에 의한 고혈압

(2) 고혈압의 표적장기손상

1) 뇌혈관
   ① 허혈성 뇌졸중, 일과성 뇌허혈발작
   ② 뇌출혈

2) 심장
   ① 심근경색
   ② 협심증
   ③ 심부전

3) 눈
   ① 망막출혈
   ② 망막삼출
   ③ 유두부종

4) 혈관
   ① 말초혈관 질환
   ② 경동맥협착

5) 신장
   ① 신기능 부전
   ② 단백뇨

3. 주요 심혈관질환

(1) 협심증

1) 정의

   심근의 산소요구량에 비해 산소가 모자랄 때 발생하는 흉통

2) 분류
   ① 안정형협심증
   ② 불안정형 협심증
   ③ 이형 협심증

3) 치료
   ① 약물 치료
   ② 수술적 치료
      (a) 경피적 관상 동맥 중재술
      (b) 관상동맥 우회로 조성술

(2) 심근경색

1) WHO 진단 기준
   ① 전형적인 흉통
   ② 심전도 소견상 ST분절의 상승이나 Q파의 출혈 등 급성 심근경색증 시 나타날 수 있는 소견이 있는 경우
   ③ 혈청 심근효소(Serum)의 상승이 있는 경우

2) 심근효소(심장 표지자)
   ① 크레아틴 키나아제(CK -MB)
   ② 트로포닌 I, 트로포닌 T

3) 분류
   ① ST분절 비상승 심근경색증

② ST 분절 상승 심근경색증
4) 치료
① 관상동맥 중재술
(a) 관상동맥 스텐트 삽입술
(b) 관상동맥 풍선 성형술

(3) **부정맥**
1) 정의
2) 진단
① 심전도
② 24시간 심전도
③ 운동부하심전도 검사
④ 심장 전기생리학 검사
⑤ 심장 초음파 검사
3) 치료
① 약물치료
② 전극도자 절제술
③ 삽입형 제세동기, 인공심박동기 삽입
④ 전기적 심율동 전환

4. 대동맥 질환

(1) **대동맥박리**
1) 정의
   대동맥혈관 내막의 일차적인 파열로 인해 대동맥내 혈류가 중막으로 흘러 들어와 대동맥 혈류가 원래 흐르던 곳에서 찢어진 대동맥막 사이로 흘러 들어가 다른 내강을 만드는 것

(2) **대동맥류**
1) 정의
   대동맥의 어느 한 부분이 정상 지름의 1.5배보다 커지면서 혈관벽이 부풀어 돌기나 풍선 형태로 변형되는 것

5. 기타 말초혈관질환

(1) 레이노이드증후군

1) 정의

추위, 스트레스 또는 원인불명으로 말초혈관의 수축 및 혈액순환 장애로 양쪽 손발 끝에 청색증, 통증, 손발 저림과 감각저하 발생

(2) 버거씨병

1) 정의

폐쇄성 혈전혈관염이라 하며 말초 동맥의 혈전성 염증으로 인한 동맥의 폐색에 의한 증상 발생

(3) 동맥경화성 만성 동맥 폐쇄질환

1) 위험인자
① 50세 이상 남성
② 고혈압
③ 흡연
④ 당뇨
⑤ 고지혈증

2) 증상
① 하지의 간헐적 파행, 통증
② 병변부위의 창백하고 차가운 피부, 심하면 맥박 소실

3) 치료
① 고혈압, 당뇨 비만, 고지혈증, 흡연 등 위험인자관리
② 운동치료
③ 수술치료

(4) 하지정맥류

1) 정의

판막의 기능 장애로 인한 혈액의 역류로 하지의 표재정맥이 비정상적으로 부풀고 꼬불꼬불해져 있는 상태

2) 위험인자
① 연령
② 성별(남 < 여)
③ 유전

④ 비만
⑤ 장시간의 직립자세
3) 진단
① 혈관 초음파 : 혈액역류 소견
4) 치료
① 압박스타킹 또는 탈력 붕대
② 경화요법
③ 레이저 고주파 절제술
④ 외과적 발거술

6. 선천성 심장질환
(1) 비청색증성 심장기형
1) 심실중격결손
2) 심방중격결손
3) 동맥관 개존증
4) 대동맥 축착증
5) 난원공 개존증

(2) 청색증형 심장기형
1) 팔로사징의 심장기형 4가지
① 폐동맥협착
② 심실중격결손
③ 대동맥 기승
④ 우심실 비대

Ⅳ 소화기계질환

1. 소화기계 구조

(1) 소화관

1) 식도

2) 위

3) 소장

　① _____

　② _____

　③ _____

4) 대장

　① _____

　② _____

　　(a) _____

　　(b) _____

　　(c) _____

　　(d) _____

　③ _____

(2) 소화선

1) _____

2) _____

3) _____

4) _____

2. 위의 염증성 질환

(1) 위염

1) 급성위염의 분류

　① _____
　② _____

2) 만성위염의 분류

　① _____
　② _____
　③ _____

(2) 소화성 궤양

1) 소화성 궤양의 흔한 원인

　① _____
　② _____
　③ _____
　④ _____

2) 소화성 궤양의 합병증

　① _____
　② _____
　③ _____

3. 위암

(1) 원인

1) 위암의 위험인자(후천적 원인)

　① _____
　② _____ , _____ , _____
　③ _____
　④ _____

(2) 분류

1) 조기위암

　① 정의 : _____

2) 진행성 위암

　① 정의 : _____

(3) 진단 검사

1) _____

2) _____

3) _____

(4) 치료

　① _____

　② _____

　③ _____

4. 장질환

(1) 염증성 장질환

1) 염증성 장질환의 분류

　① _____

　② _____

(2) 장폐쇄질환

1) 장폐색의 주된 원인

　① _____

　② _____

　③ _____

2) 장폐색의 분류

① _____

② _____

5. 대장암

(1) 진단 및 치료

1) 대장암의 위험인자

① _____ - _____

② _____

③ _____

④ _____

2) 진단 검사

① _____

② _____ , _____ - _____

③ _____

④ _____

⑤ _____

3) 대장 점막내암의 정의

_____

_____

6. 간질환

(1) 간염의 원인

1) 간염의 원인

① _____

② _____

③ _____

④ _____

(2) 만성b형 바이러스간염
1) 감염경로
① _____
② _____
③ _____
④ _____ , _____

2) 경과
① _____
② _____
③ _____
④ _____
⑤ _____

3) 진단
① _____
② _____
③ _____
④ _____

(3) 지방간
1) 원인
① _____
② _____
③ _____ , _____

(4) 간경변
1) 원인
① _____
② _____
③ _____

④ _____

2) 간경변의 합병증

① _____
② _____
③ _____
④ _____

7. 간암

(1) 원인, 진단

1) 위험인자

① _____
② _____
③ _____
④ _____ , _____ , _____ (_____ , _____ , _____)

2) 진단검사

① _____
② _____ : _____
③ _____ , _____ , _____
④ _____

(2) 치료

1) 외과적 수술

① _____
② _____

2) 중재적 시술

① _____
② _____
③ _____

8. 위장관 출혈

(1) 상하부 위장관 출혈의 기준

 1) _____

(2) 상부위장관 출혈의 양상 및 원인

 1) 양상

    ① _____

 2) 원인

    ① _____
    ② _____
    ③ _____

(3) 하부위장관 출혈의 양상 및 원인

 1) 양상

    ① _____

 2) 원인

    ① _____
    ② _____
    ③ _____

◆ 정답

IV. 소화기계질환

1. 소화기계 구조

(1) 소화관

1) 식도

2) 위

3) 소장
   ① 십이지장
   ② 공장
   ③ 회장

4) 대장
   ① 맹장
   ② 결장
      (a) 상행 결장
      (b) 횡행 결장
      (c) 하행 결장
      (d) S자 결장
   ③ 직장

(2) 소화선

1) 침샘

2) 간

3) 췌장

4) 담낭

2. 위의 염증성 질환

(1) 위염

1) 급성위염의 분류
   ① 미란성 위염
   ② 출혈성 위염

2) 만성위염의 분류
   ① 표재성 위염
   ② 위축성 위염
   ③ 장상피 화생

(2) 소화성 궤양

1) 소화성 궤양의 흔한 원인
   ① 헬리코박터 감염
   ② 신체적 스트레스
   ③ 비스테로이드성 소염진통제
   ④ 흡연

2) 소화성 궤양의 합병증
   ① 위장관 급성 천공
   ② 출혈
   ③ 위장관 출구 폐쇄

3. 위암

(1) 원인

1) 위암의 위험인자(후천적 원인)
   ① 식이(질산염화합물)
   ② 위축성 위염, 장상피 화생, 선종성 용종
   ③ 악성빈혈
   ④ 헬리코박터

(2) 분류
1) 조기위암
   ① 정의 : 림프절로의 전이 유무에 관계없이 암 세포가 점막 또는 점막 하층에 국한된 경우
2) 진행성 위암
   ① 정의 : 암이 점막하층을 지나 근육층 이상을 뚫고 들어갔을 경우

(3) 진단 검사
1) 영상검사
2) 내시경 검사
3) 조직검사

(4) 치료
  ① 위절제술(위전절제술, 위아전절제술)
  ② 위점막절제술
  ③ 보조적인 항암약물요법 또는 방사선 치료

4. 장질환

(1) 염증성 장질환
 1) 염증성 장질환의 분류
    ① 궤양성 대장염
    ② 크론병

(2) 장폐쇄질환
 1) 장폐색의 주된 원인
    ① 종양
    ② 탈장
    ③ 장유착

 2) 장폐색의 분류
    ① 기계적 장폐색
    ② 마비성 장폐색

5. 대장암

(1) 진단 및 치료
 1) 대장암의 위험인자
    ① 식생활 습관- 붉은 고기 (육류) 음주,
    ② 선종성 용종
    ③ 염증성 장질환
    ④ 유전적 요인

 2) 진단 검사
    ① 대장내시경검사(S자 결장경 검사)
    ② 복부 CT, MRI PET -CT검사
    ③ 대장 조영 검사
    ④ 분변 잠혈 검사
    ⑤ 종양 표지자 검사

3) 대장 점막내암의 정의

대장의 상피세포층에서 발생한 악성종약 세포가 기저막을 뚫고 내려감 점막고유층, 점막근층은 침범하였으나 점막하층(Submucosa)까지는 침범하지 않은 상태

6. 간질환

(1) 간염의 원인

1) 간염의 원인

① 외상
② 바이러스
③ 알콜 남용
④ 약물

(2) 만성b형 바이러스간염

1) 감염경로

① 모체 수직감염
② 체액 또는 혈액
③ 성적인 접촉
④ 수혈, 오염된 주사기 재사용

2) 경과

① 면역관용기
② 면역 제거기
③ 비활동성 바이러스 보유기(면역 비활동기)
④ HBe항원 음성 만성 b형 간염
⑤ 면역 소실기

3) 진단

① 6개월이상 b형 간염 바이러스 항원 양성
② 혈청 HBV DNA상승
③ AST/ALT의 지속적 또는 간헐적 상승
④ 간조직 검사상 중등도 이상의 괴사염증소견을 갖는 만성 간염

(3) 지방간

1) 원인

① 비만

② 고지혈증
③ 당뇨, 과도한 음주

(4) 간경변
1) 원인
① 만성 b형간염(바이러스 간염)
② 약물 또는 독소
③ 지속적인 과음
④ C형 간염

2) 간경변의 합병증
① 문맥압 항진증 및 식도 정맥류
② 간성뇌증(hepaticencephalopathy)
③ 혈액응고 기능의 저하
④ 체내 단백질 합성 저하로 인한 알부민 수치 감소와 이에 따른 부종 및 복수

7. 간암

(1) 원인, 진단
1) 위험인자
① 간경변증
② B형 간염 바이러스 간염
③ C형 간염 바이러스 간염
④ 연령, 성별, 기타(알콜 성 간질환, 혈색소증, 아플라톡신)

2) 진단검사
① 초음파검사
② 알파태아단백(alpha-fetoprotein 또는 AFP) : 간암의 종양표지자
③ 전산화단층촬영(CT), 자기공명촬영(MRI), 혈관조영술 등
④ 조직검사

(2) 치료
1) 외과적 수술
① 간절제술
② 간이식술

2) 중재적 시술
① 고주파열치료술
② 경피적 에탄올 주입술
③ 경동맥 화학 색전술

8. 위장관 출혈

(1) 상하부 위장관 출혈의 기준
  1) 트라이츠 인대

(2) 상부위장관 출혈의 양상 및 원인
  1) 양상
    ① 선홍색의 토혈과 흑색변의 증상
  2) 원인
    ① 소화성 궤양
    ② 식도 및 위정맥류
    ③ 위암 등

(3) 하부위장관 출혈의 양상 및 원인
  1) 양상
    ① 붉은(선홍색) 색의 피가 섞여서 나오는 혈변
  2) 원인
    ① 대장암
    ② 치핵(치열)
    ③ 염증성 장질환

Ⅴ 내분비 질환

1. 당뇨

(1) 당뇨의 원인, 분류 및 진단

1) 진단검사
    ① _____
    ② _____
    ③ _____
    ④ _____
    ⑤ _____

2) 당뇨의 분류
    ① _____
    ② _____
    ③ _____

3) 제2형 당뇨의 위험인자
    ① _____ , _____
    ② _____
    ③ _____
    ④ _____
    ⑤ _____

4) 당뇨의 급성 합병증
    ① _____
    ② _____
    ③ _____

5) 당뇨의 만성 합병증
    ① _____ - _____ , _____ , _____
    ② _____

③ _____
④ _____

2. 갑상선 질환

(1) 갑상선 중독증

1) 갑상선 중독증의 원인

① _____
② _____
③ _____

2) 갑상선 중독증의 진단 및 치료

① _____
② _____
③ _____

(2) 갑상선암

1) 갑상선암의 종류

① _____
② _____
③ _____
④ _____

2) 갑상선암의 진단검사

① _____ : _____
② _____
③ _____

3) 치료방법

① _____
② _____
③ _____

V. 내분비 질환

1. 당뇨

(1) 당뇨의 원인, 분류 및 진단

1) 진단검사
   ① 요당검사
   ② 공복혈당검사
   ③ 당화혈색소검사
   ④ 포도당 부하검사
   ⑤ C-펩타이드 검사

2) 당뇨의 분류
   ① 제1형 당뇨
   ② 제2형 당뇨
   ③ 임신성 당뇨

3) 제2형 당뇨의 위험인자
   ① 신체활동 저하, 비만
   ② 직계 가족의 당뇨병 과거력
   ③ 고위험인종
   ④ 과거 혈당 조절 장애
   ⑤ 임신성 당뇨 또는 거대아 출산 과거력

4) 당뇨의 급성 합병증
   ① 당뇨병성 케톤산증
   ② 당뇨병성 비케토션 혼수
   ③ 저혈당

5) 당뇨의 만성 합병증
   ① 심혈관계질환 – 동맥경과, 뇌경색, 관상동맥질환
   ② 당뇨병성 망막병증(Diabetic retinopathy)
   ③ 당뇨병성 신증(Diabetic nephropathy)
   ④ 당뇨병성 신경병증(Diabetic neuropathy)

2. 갑상선 질환

(1) 갑상선 중독증

 1) 갑상선 중독증의 원인

　① 그레이브스병

　② 중독성 갑상선 선종

　③ 중독성 다결절성 갑상선종

 2) 갑상선 중독증의 진단 및 치료

　① 혈액검사상 갑상선 호르몬의 수치검사

　② 항 갑상선제 및 방사선 동위원소 투여

　③ 갑상선 절제술

(2) 갑상선암

 1) 갑상선암의 종류

　① 유두암

　② 여포암

　③ 수질암

　④ 미분화암

 2) 갑상선암의 진단검사

　① 혈액검사: 갑상선 기능검사

　② 갑상선 초음파

　③ 갑상선 세침흡인 검사

 3) 치료방법

　① 갑상선 엽절제술

　② 갑상서 전절제술

　③ 경구용 요오드 동위원소 치료

Ⅵ. 호흡기계 질환

1. 개요

(1) 호흡기 질환의 진단

1) 만성기침의 주요원인
   ① _____
   ② _____
   ③ _____
   ④ _____

2) 폐기능 검사 항목
   ① _____
   ② _____
   ③ _____

3) 인플루엔자 접종대상자
   ① _____
   ② _____
   ③ _____
   ④ _____
   ⑤ _____

2. 만성 폐쇄성 폐질환

(1) 원인 및 진단

1) 위험인자
   ① _____
   ② _____ , _____
   ③ _____ : _____ , _____
   ④ _____ : _____

2) 주요증상

① _____

② _____

③ _____

3) 진단 검사

① _____

② _____

③ _____

4) 진단기준

_____ :

_____

3. 기관지 천식

(1) 원인 및 진단

1) 위험인자

① 개체요인 : _____ , _____

② 환경요인 : _____

③ 악화 요인 : _____ , _____ , _____ , _____ _____ , _____

2) 증상

① _____

② _____

③ _____

3) 진단

① _____

② _____

③ _____ , _____

④ _____ : _____ , _____

4) 치료
① _____ , _____
② _____
③ _____

4. 폐암

(1) 분류
1) _____
2) _____ : _____ , _____ , _____

(2) 위험요인
1) _____
2) 환경적 원인 : _____ , _____ , _____ , _____
3) 동반된 폐질환 : _____
4) _____

(3) 폐암의 진단 및 치료
1) 방사선 영상 검사
① _____
② _____
③ _____

2) 객담검사

3) 조직검사
① _____
② _____

4) 폐암의 치료
① _____
② _____
③ _____

정답

VI. 호흡기계 질환

1. 개요

(1) 호흡기 질환의 진단

1) 만성기침의 주요원인
  ① 기관지천식
  ② 후비루증후군
  ③ 위식도 역류
  ④ 만성기관지염 또는 기관지 확장증

2) 폐기능 검사 항목
  ① 노력성 폐활량
  ② 1초간 노력성 호기량(FEV1)
  ③ 1초간 노력성 호기량과 노력성 폐활량의 비(FEV1/FVC)

3) 인플루엔자 접종대상자
  ① 65세 이상 노인
  ② 집단 시설에 치료중인 사람
  ③ 의료인 또는 환자 가족
  ④ 만성 질환자
  ⑤ 폐질환 또는 심장질환

2. 만성 폐쇄성 폐질환

(1) 원인 및 진단

1) 위험인자
  ① 흡연
  ② 기관지 과민반응, 호흡기 감염(유소년기 심한 호흡기 감염)
  ③ 직업적 노출: 분진, 화학물질
  ④ 유전적원인: 알파-1 항트립신 결핍증

2) 주요증상
  ① 기침
  ② 호흡곤란
  ③ 만성 객담

3) 진단 검사
① 폐활량 측정법
② 동맥혈 가스분압검사
③ 흉부엑스레이

4) 진단기준
폐활량 측정법 : FEV1 / FVC <0.7이면 완전히 가역적이지 않은 기류제한이 존재함을 의미

3. 기관지 천식

(1) 원인 및 진단

1) 위험인자
① 개체요인 : 알러지체질 비만, 성별
② 환경요인 : 알레르겐(집먼지진드기, 꽃가루..)
③ 악화 요인 : 감기, 대기오염, 흡연,실내오염 스트레스, 운동 등

2) 증상
① 호흡곤란
② 천명음
③ 기침

3) 진단
① 기관지유발시험(bronchoprovocation) = 천식 유발검사
② 기관지확장제 반응검사 방법
③ 객담검사, 흉부 엑스레이 검사
④ 원인 검사: 알레르기 피부검사, 혈청검사

4) 치료
① 흡입 스테로이드, 기관지확장제
② 면역요법
③ 회피요법

4. 폐암

(1) 분류

1) 소세포암

2) 비소세포암 : 선암, 편평 상피 세포암, 대세포암

(2) 위험요인
1) 흡연
2) 환경적 원인 : 비소, 석면, 대기오염, 방사선 등
3) 동반된 폐질환 : COPD(만성 폐쇄성 폐질환, 미만성 폐섬유화증)
4) 유전

(3) 폐암의 진단 및 치료
1) 방사선 영상 검사
   ① 흉부엑스레이
   ② 흉부 CT
   ③ 양전자방출 단층촬영(PET CT)
2) 객담검사
3) 조직검사
   ① 기관지내시경 검사
   ② 경피적 생검
4) 폐암의 치료
   ① 외과적 수술
   ② 항암약물 요법
   ③ 항암방사선 요법

Ⅶ. 비뇨생식기 질환

1. 비뇨기계 질환

(1) 전립선비대증

1) 정의
   _____

2) 임상 증상
   ① _____ , _____ , _____
   ② _____ , _____
   ③ _____ , _____

3) 진단 검사
   ① ___ , _____
   ② _____
   ③ _____
   ④ _____
   ⑤ _____ , _____

4) 치료
   ① _____
   ② _____ : _____
   ③ _____ : _____

(2) 요실금

1) 요실금의 종류
   ① _____
   ② _____
   ③ _____
   ④ _____

(3) 요로결석

1) 부위별 요로결석

① _____

② _____

③ _____

2) 요로결석의 발생 위험인자

① _____

② _____

③ _____

④ _____ : _____ , _____ , _____

3) 증상 및 진단

① _____ , _____

② _____ , _____ , _____

4) 치료

① _____ , _____

② _____

③ _____

(4) 만성 콩팥병(신장병)

1) 만성콩팥병(신부전)의 원인

① ____ , ____

② _____

③ _____

④ _____

2) 만성 콩팥병의 정의

_____

① _____

② _____

③ _____
④ _____

3) 만성 콩팥병의 진단 검사

① _____ : _____ , _____

② _____ : _____ , _____ , _____

③ _____ : _____ , _____ , _____

④ _____

4) 만성신부전의 치료

① _____

② _____

③ _____

    (a) _____

    (b) _____

④ _____

> 정답

VII. 비뇨생식기 질환

1. 비뇨기계 질환

(1) 전립선비대증

1) 정의

   전립선의 비대로 하부 요로증상 및 방광 출구 폐쇄의 증상을 나타내는 것

2) 임상 증상

   ① 지연뇨, 핍뇨, 야간뇨

   ② 잔뇨감, 요폐색

   ③ 요역류 현상, 수신증

3) 진단 검사

   ① 문진, 직장수지검사,

   ② 잔뇨검사

   ③ 요역동학 검사

   ④ 혈청 전립선 특이항원(PSA)

   ⑤ 경직장 초음파, 방광경 검사

4) 치료

   ① 대기요법

   ② 약물치료 : 알파 교감신경 억제제

   ③ 수술치료: 전립선 절제 및 전립선 기화술

(2) 요실금

1) 요실금의 종류

   ① 복압성 요실금

   ② 절박성 요실금

   ③ 범람성(일류성, over flow)요실금

   ④ 혼합성 요실금

(3) 요로결석

1) 부위별 요로결석

   ① 신장내결석

   ② 방광내 결석

   ③ 요로 및 요도결석

2) 요로결석의 발생 위험인자
　① 부갑상선 기능항진증
　② 장에서의 칼슘 흡수증가
　③ 신장에서의 칼슘배출 증가(고칼슘뇨)
　④ 식이적 요인: 칼슘, 수산, 퓨린 과도한 섭취

3) 증상 및 진단
　① 복통, 혈뇨등의 증상
　② 초음파, 엑스레이, 소변검사

4) 치료
　① 수액 공급, 통증 조절
　② 체외충격파 쇄석술
　③ 내시경을 통한 결석 제거(요관 내시경)

(4) 만성 콩팥병(신장병)

1) 만성콩팥병(신부전)의 원인
　① 당뇨, 고혈압
　② 사구체 신염
　③ 자가면역질환(루푸스)
　④ 유전질환인 상염색체 우성 다낭성신종

2) 만성 콩팥병의 정의
신장 손상의 증거가 있거나, 사구체 여과율(GFR)이 60 ml/min/1.73m^{2}미만으로 감소한 상태가 3개월 이상 지속되는 상태로 신장 손상의 증거임
　① 알부민 뇨가 있거나
　② 소변내 이상 침사 소견이 있는 경우
　③ 콩팥 영상 검사상 이상이 있는 경우
　④ 콩팥 조직 검사상 이상 소견이 있는 경우 혹은 소변 또는 혈액 검사 상 이상소견이 있는 경우 등

3) 만성 콩팥병의 진단 검사
　① 소변검사 : 요침사 검사, 단백뇨 검사
　② 혈액검사 : 사구체 여과율, 혈중 요소질소 농도, 혈중 크레아틴 농도
　③ 영상검사 : 신요관방광 사진, 경정맥 요로 조영술, 초음파 검사
　④ 조직검사

4) 만성신부전의 치료
① 약물치료
② 식이요법
③ 투석치료
   (a) 복막투석
   (b) 혈액투석
④ 신장이식

VIII 종양

1. 개요

(1) 암(악성 종양)의 총론

1) 악성 종양의 특징
   ① _____
   ② _____

2) 악성 종양의 전암 병원
   ① _____ : _____
   ② _____ : _____
   ③ _____ : _____
   ④ _____ : _____

3) 암의 종류(조직학적 분류)
   ① ____ : _____
   ② ____ : _____

(2) 암의 진단 및 치료

1) 암의 진단 - 종양 표지자
   ① 간암 : _____
   ② 난소암 : _____
   ③ 전립선암 : _____

2) 암의 치료 방법
   ① _____
   ② _____
   ③ _____
   ④ _____
   ⑤ _____

(3) 조혈모세포이식술

1) 채취방법에 따른 분류

　① _____
　② _____
　③ _____

2) 조혈모세포 이식 공여자에 따른 분류

　① _____
　② _____
　③ _____

3) 조혈모세포 이식술의 적응증

　① _____
　② 혈액계 질환 : _____ , _____ , _____
　③ _____ , _____
　④ _____

(4) 국가암 검진 프로그램

1) 대상 암의 종류 및 방법

　① _____ : _____ , _____
　② _____ : _____
　③ _____ : _____
　④ _____ : _____
　⑤ _____ : _____
　⑥ _____ : _____
　＊ _____ : _____

◆ 정답

VIII. 종양

1. 개요

(1) 암(악성 종양)의 총론

1) 악성 종양의 특징
    ① 주위 정상 조직의 침윤
    ② 다른곳으로의 전이

2) 악성 종양의 전암 병변
    ① 위암 : 위축성 위염 장상피 화생
    ② 식도암 : 바렛식도
    ③ 대장암 : 대장선종
    ④ 자궁경부암 : 자궁경부이형성증

3) 암의 종류(조직학적 분류)
    ① 암종 : 상피성 조직
    ② 육종 : 비상피성 조직

(2) 암의 진단 및 치료

1) 암의 진단 – 종양 표지자
    ① 간암 : AFP
    ② 난소암 : CA 125
    ③ 전립선암 : PSA

2) 암의 치료 방법
    ① 수술적 치료
    ② 항암약물요법
    ③ 항암방사선치료
    ④ 면역 요법
    ⑤ 조혈모세포 이식술

(3) 조혈모세포 이식술

1) 채취방법에 따른 분류
    ① 제대혈 이식
    ② 말초 조혈모세포 이식
    ③ 골수 조혈모세포이식

2) 조혈모세포 이식 공여자에 따른 분류
   ① 동계조혈모세포(일란성쌍둥이)
   ② 동종 조혈모세포 이식
   ③ 자가조혈모세포 이식

3) 조혈모세포 이식술의 적응증
   ① 악성림프종
   ② 혈액계 질환 : 급성 백혈병, 만성 골수성 백혈병, 골수 이형성증후군 등
   ③ 재생불량성 빈혈, 혈소판 감소증 등
   ④ 다발성 골수종

(4) 국가암 검진 프로그램

1) 대상 암의 종류 및 방법
   ① 위암 : 만 40세 이상 남녀 2년마다 위장관 조영검사, 위내시경검사
   ② 간암 : 만 40세 이상 남녀로 간암 발생 고위험군에 6개월마다 간초음파 및 AFP검사
   ③ 유방암 : 40세 이상의 여성 2년마다 유방촬영과 의사에 의한 유방진찰 권장
   ④ 대장암 : 50세 이상 남녀 1년마다 분변잠혈반응검사 이상 소견시 대장 내시경 검사 또는 대장조영술
   ⑤ 자궁경부암 : 20세 이상 여성 2년마다 자궁경부세포검사(pap smear)
   ⑥ 폐암 : 만 54세 이상 만 74세 이하의 남·여 폐암 발생 고위험군 대상 2년마다 저선량흉부 CT
   * 고위험군 : 30갑년[하루 평균 담배소비량(갑) X 흡연기간(년)] 이상의 흡연력을 가진자

Ⅸ 감각계 질환

1. 전신홍반성루푸스
(1) 정의 : _____

(2) 진단기준
 1) 피부증상
   ① _____
   ② _____ : _____ , _____
   ③ _____
   ④ _____

 2) _____

 3) _____

 4) _____

 5) _____

 6) _____ , _____

 7) 혈액검사상 항체 검사 양성소견
   ① _____ : _____

2. 대상포진
(1) 정의
  _____

(2) 원인 및 진단, 치료
 1) 위험인자
   ① _____
   ② _____
   ③ _____

④ _____

2) 증상

　① _____

　② _____ , _____

3) 치료

　① _____

　② _____ : _____ , _____

　③ _____

　④ _____

4) 합병증

　① _____

　② _____

　③ _____

　④ _____

3. 백내장

(1) 개요

1) 정의

　_____

2) 분류

　① _____ : _____ , _____ , _____

　② _____

　③ _____ : _____

　④ _____

　⑤ _____

　⑥ _____ : _____

(2) 진단 및 치료

1) 진단 검사 및 진단기준

　　　_____ : _____

2) 치료

　　_____ , _____ , _____

4. 녹내장

(1) 정의

　　_____

(2) 위험인자

　　____ , ____ , _____ , _____ , _____ , _____ , _____ ,
　　_____

(3) 진단 및 치료

1) 분류

　　① _____
　　② _____

2) 진단 검사

　　_____ , _____ , _____ , _____

3) 치료

　　_____ , _____ , _____ , _____

5. 난청

(1) 귀의 해부학적 구조

1) 외이 : _____ , ____

2) 중이 : ____ , _____ , ____ , ____

3) 내막 : _____ , _____ , _____

(2) 난청의 분류(원인에 따른)

1) 전음성 난청 : _____

2) 감각 신경성 난청(Sensorineural hearing loss) 흔한 원인 : ____ , _____ , ____

3) 혼합성 난청 : ____ , _____

(3) 진단 검사

① _____
② _____
③ _____

6. 화상

(1) 화상의 종류

1) 깊이에 따른 분류

① _____ : _____
② _____ : _____ , _____
③ _____ : _____

2) 화상의 면적(넓이) 측정방법

① _____
② _____

> 정답

IX. 감각계 질환

1. 전신홍반성루푸스

(1) 정의

다양한 자가 항원에 대한 자가항체가 존재하여 피부, 신장, 폐, 심장, 근육, 조혈 기관, 관절 등에 침범하여 염증반응과 조직손상을 일으키는 전신자가면역 질환

(2) 진단기준

1) 피부증상
   ① 뺨의 발진
   ② 원판 모양의 발진 : 몸통, 팔 다리에 동그랗고 융기된 원형 발진
   ③ 광과민성
   ④ 구강궤양

2) 관절염

3) 신장질환

4) 신경질환

5) 장막염

6) 혈액, 면역질환

7) 혈액검사상 항체 검사 양성소견
   ① 항핵 항체(ANA항체) : 양성(+)

2. 대상포진

(1) 정의

수두대상포진(Varicella) 바이러스에 의해 초래되는 질환

(2) 원인 및 진단, 치료

1) 위험인자
   ① 60세 이상의 고령
   ② 스트레스
   ③ 면역체계가 억제된 질병(예: AIDS, 암)
   ④ 면역체계를 악화시킬수 있는 약물이나 치료

2) 증상
① 신경통
② 피부의 붉은 반점, 물집

3) 치료
① 항바이러스제
② 통증 조절: 진통제, 신경 차단술
③ 경구 스테로이드제
④ 피부 국소 치료

4) 합병증
① 대상포진 후 신경통
② 2차 세균감염
③ 전신성 대상 포진
④ 뇌염 및 뇌수막염

3. 백내장

(1) 개요

1) 정의
수정체가 혼탁해지는 질환

2) 분류
① 노년백내장 : 50세 이후, 초로백내장(40대), 연소백내장(40대미만)
② 외상백내장
③ 합병 백내장 : 심한 안질환 이후 초래되는 백내장
④ 후발 백내장
⑤ 당뇨백내장
⑥ 중독 백내장 : 장기간의 스테로이드 사용 후 발생 가능

(2) 진단 및 치료

1) 진단 검사 및 진단기준
① 세극등 현미경 검사 : 수정체 혼탁도 확인

2) 치료
① 백내장 적출술(낭내적출, 낭외적출), 수정체 초음파 유화술, 인공 수정체 삽입술

4. 녹내장

(1) 정의

시신경 및 신경섬유층이 손상되어 시야가 점점 좁아지는 질환

(2) 위험인자

높은 안압, 나이, 녹내장 가족력, 당뇨, 고도 근시, 눈의 외상력, , 고혈압 등 심혈관질환, 약물 (스테로이드 약물의 장기 복용)

(3) 진단 및 치료

1) 분류
   ① 개방성 녹내장
   ② 폐쇄성 녹내장

2) 진단 검사

   안압검사, 시신경유두 검사, 시야검사, 전방각경검사 등

3) 치료

   약물치료(안압하강), 레이저치료(홍채 절개술, 레이저 성형술), 섬유주절제술, 녹내장임플란트삽입술

5. 난청

(1) 귀의 해부학적 구조

1) 외이 : 이개(귓바퀴), 외이도

2) 중이 : 고막, 고실(추골, 침골, 등골), 이관, 유양동

3) 내이 : 달팽이관(와우), 전정기관, 반고리관

(2) 난청의 분류(원인에 따른) 및 진단

1) 전음성 난청 : 외이나 중이의 이상으로 음전달에 문제가 발생하여 청력이 감소

2) 감각 신경성 난청(Sensorineural hearing loss) 흔한 원인 : 노인, 유전성질환, 소음

3) 혼합성 난청 : 전음성, 감각신경성 난청 두 종류의 난청이 동시에 존재할 때

(3) 진단 검사

① 웨버검사(weber test)
② 린네검사(Rinne test)
③ 순음 청력검사

6. 화상

(1) 화상의 종류

1) 깊이에 따른 분류

① 1도 화상 : 표피만 화상을 입는 경우

② 2도 화상 : 진피의 일부에 화상, 물집이 생기며, 물집 하부의 진피의 일부가 손상된 것

③ 3도 화상 : 피부 전층에 화상

2) 화상의 면적(넓이) 측정방법

① 9의 법칙 (Rule of 9's)

② 룬드 브라우더 차트(어린아이)

|저|자|소|개|

임정원

약력

- 신체손해사정사
- 가톨릭대학교 간호대학 졸업

現)
- 이패스코리아 손해사정사 의학이론 전임강사
- ABL생명 클레임부 보험지급 심사 담당(실손 보험금 담당)

前)
- 보험심사 간호사회 회원
- 아주대학교 외과 병동 근무
- 한미약품 마케팅부 근무
- 삼성생명 지급심사 파트 근무

2025 의학이론 정리노트 • 기출문제 100제 •

개정 1판 인쇄 | 2025년 1월 20일
개정 1판 발행 | 2025년 2월 7일

편저자 임정원
발행인 이재남
발행처 (주)이패스코리아
　　　 서울시 영등포구 경인로 775 에이스하이테크시티 2동 1004호
　　　 전화 02-722-1149　팩스 070-8956-1148
　　　 홈페이지 www.sonsakorea.com
　　　 이메일 cha4178@epasskorea.com
등록번호 제318-2003-000119호(2003년 10월 15일)

※ 잘못된 책은 교환해드립니다.